JN451476

바다를 둘러싼 법적 쟁점과 과제 Ⅳ

김인유
김철수
이용희
정 대
정영석
지상규
한병호

pnc publishing and culture
피앤씨미디어

제4권 머리말

1980년 국립 한국해양대학교에 해사법학과(현 해사법학부)가 설치된 지 어느 덧 40여년이 되어 가고 있다. 해사법학부는 지금까지 우리나라의 해양 분야 법률 전문가를 지속적으로 교육하여 배출하고 있다. 해사법학부의 교수진은 해양의 다양한 법적 문제를 해결할 수 있는 능력을 갖춘 인재를 양성하기 위하여 혼신의 힘을 기울이고 있다. 이와 함께, 해양 관련 법제 분야에서 국내 어느 대학과도 비교할 수 없을 정도로 활발한 학문적 활동을 하고 있으며, 우수한 학문적 성과를 거두어 오고 있다. 특히, 해상법과 해양법의 분야의 연구는 해사법학부가 독보적이라고 할 수 있다.

해사법학부의 교수진은 해양특성화를 기반으로 한 저서의 출판을 오래전부터 기획하고 있었는데, 해사법학부가 국립대학 혁신지원사업(PoINT)에 참여하게 되면서 출판 지원을 받을 수 있게 되었다. 2017년 12월말, 해사법학부의 교수진은 「바다를 둘러싼 법적 쟁점과 과제」라는 제목의 저서를 출간하였는데, 기존에 연구하여 발표했던 논문들을 수정 및 보완하거나 본서의 특징에 맞도록 새로 집필하였다.

이어서 2018년 12월말, 국립대학 육성사업으로부터 출판 지원을 받아 「바다를 둘러싼 법적 쟁점과 과제 II」를 출간하였고, 이어서 2019년에는 「바다를 둘러싼 법적 쟁점과 과제 III」을 출간하였다.

올해에도 해사법학부는 국립대학 육성사업으로부터 출판 지원을 받게 되었다. 이번에는 「바다를 둘러싼 법적 쟁점과 과제 IV」라는 제목으로 본서를 준비하였다. 본서의 제1편은 「공법적 쟁점과 과제」라는 제도으로 해사법학부의 공법전공 교수들이 집필하였다. 첫째, 한병호 교수는 "아프리카 지역 국가의 헌법상 해양관할권 규정에 관한 연구"라는 논문을 집필하였다. 둘째, 이용희 교수는 "해양지형물의 해양법적 의미와 효과에 관한 고찰"이라는 논문을 집필하였다.

본서의 제2편은 「사법적 쟁점과 과제」라는 제목으로 해사법학부의 사법전공 교수들이 집필하였다. 국제거래 분야, 해상운송계약, 해상보험계약 및 해운정책 분야의 논문을 중심으로 집필하였다. 첫째, 국제거래 분야에서는 김철수 교수가 "인코텀즈 2020에서의 위험의 이전"이라는 논문을 집필하였다.

둘째, 해상운송계약의 분야에서는 김인유 교수가 "자율운항선박과 민사책임"이라는 논문을 집필하였고, 정영석 교수가 "해사법의 개념과 분류"라는 논문을 집필하였으며, 지상규 교수가 "항만위험물 안전운송 및 취급에 관한 IMO 권고 규정의 검토 및 국내 법규의 문제점에 대한 연구"를 집필하였다.

셋째, 해상보험계약의 분야에서는 지상규 교수가 "해상보험상의 피보험이익과 손해보상에 관한 고찰"이라는 논문을 집필하였다.

넷째, 해운정책 분야에서는 정대 교수가 "해운재건정책에 대한 법제도적 고찰"이라는 논문을 집필하였다.

특별히 이번 제4권에는 「바다헌장」의 내용과 그 해설을 첨부하였는데, 이 「바다헌장」은 해사법학부 이용희 교수가 기초위원으로 참여하여 그 기틀을 마련한 것이다.

우리 해사법학부는 문재인 대통령께서 1984년 민사소송법 강의를 하셨던 유서 깊은 학부라고 할 수 있다. 이와 함께 해양강국을 견인하는 다양한 법률 전문가를 지속적으로 교육하여 배출하고 있다고 자부할 수 있다. 향후 우리 해사법학부의 교수진은 미래 4차 산업혁명 시대의 해양강국을 선도할 수 있는 법률 전문가를 지속적으로 양성하도록 최선의 교육을 하고자 한다.

해사법학부 교수진의 학문적 성과를 정리한 본서가 바다와 관련한 법제 분야의 연구자와 실무자에게 유익한 학술적 자료가 되고, 나아가 바다에 관한 법제 분야의 연구 활성화에 작은 기여를 할 수 있기를 기대한다.

2020년 12월 1일

공저자 일동 식

바다 헌장

바다 헌장

바다는 뭇 생명의 근원이자 생존의 토대이며 현재와 미래를 위해 소중하게 아끼고 가꾸어야 할 인류의 마지막 희망이다.

바다는 한민족 번영의 기틀이며, 세계의 바다는 우리 겨레의 원대한 꿈과 이상이 펼쳐질 터전이다.

우리는 바다의 중요성을 깊이 새겨 슬기롭게 가꾸며 풍요로운 바다를 미래 세대에게 물려주어 바다를 통한 인류 공영에 이바지한다.

이에 우리 모두는 생명의 바다, 풍요의 바다, 공생의 바다를 이루기 위하여 다음을 실천한다.

하나, 바다는 우리의 생명이다. 우리는 바다 생태계를 건강하게 지키고 깨끗하게 가꾸어 나간다.

하나, 바다는 우리의 희망이다. 우리는 바다자원을 친환경적으로 개발하여 지속적으로 이용할 수 있게 한다.

하나, 바다는 풍요의 원천이다. 우리는 첨단 해양과학기술을 개발하고 고부가가치 해양산업을 육성한다.

하나, 바다는 우리의 미래다. 우리는 바다인재를 기르고 원대한 바다경영을 통하여 세계일류의 해양력을 키운다.

하나, 바다는 세계로 나아가는 길목이다. 우리는 해양주권과 안전을 확고히 하고 드넓은 대양에서 우리의 웅지를 펼친다.

하나, 바다는 민족의 기상이다. 우리는 진취적인 해양사상을 북돋우고 새로운 해양문화를 일궈낸다.

하나, 바다는 평화의 마당이다. 우리는 바다를 평화적으로 이용하고 보전하여 국제사회에 이바지한다.

바다 헌장(영문본)

THE OCEAN CHARTER

We, AS A MARITIME NATION, AGREE:

The ocean is the very foundation of human life and existence, and it remains the last resort for humankind to protect and develop for its present and future;

The ocean is the cornerstone to build the prosperity of our nation and to realize our dreams and ideals on; and,

Convinced of the importance of the ocean, we are determined to develop it with prudence and to bequeath its abundant resources to posterity, thereby to contribute to the welfare of humankind.

Hence, we commit ourselves herewith toward developing the ocean of life, abundance and universal co−prosperity with the following Action Plan:

Ⅰ. The ocean is our life. We shall protect and preserve its sound and clean ecosystem.

Ⅱ. The ocean is our hope. We shall develop its resources in an environment−friendly and sustainable manner.

Ⅲ. The ocean is the source of our prosperity. We shall develop creative marine science and technology, and foster high value−added marine industries.

Ⅳ. The ocean is our future. We shall cultivate marine expertise and capabilities through long−term ocean management.

Ⅴ. The ocean is our gateway to the world. We shall protect our maritime sovereignty and security, and pursue our maritime aspirations.

Ⅵ. The ocean is a spirit of our nation. We shall promote progressive maritime spirit, and create a new ocean culture.

Ⅶ. The ocean is a sphere of peace. We shall contribute to the international community through its peaceful use.

바다 헌장 해설

<기본방향>

◈ 바다의 보편적 가치, 바다가 우리민족에게 주는 의미와 기회, 우리의 시대적 소명 등을 **'생명'·'풍요'·'공생'**의 바다라는 이념으로 표현

◈ 헌장의 이념을 구체화하기 위한 **해양생태·자원·과학기술 및 해양주권·안전, 국제사회 기여원칙과 책무를 천명**

□ 헌장은 우선 **생명의 근원**이자 인류의 터전인 바다의 보편적 가치와 중요성을 규정하고

□ 더불어 민족번영의 기틀로서의 바다의 역사적 의미와 바다가 **세계로 뻗어나갈 우리 민족의 꿈과 이상의 터전**임을 강조함

□ 다음으로 바다를 소중하게 가꾸어 미래세대에게 물려줄 우리의 의무와 바다를 통해 세계와 손잡고 인류전체의 공존·공영에 기여할 책무를 천명함

□ 끝으로 헌장의 기본이념인 '생명', '풍요', '공생'의 바다를 위한 구체적인 실천 의지를 강조함

□ **헌장이념의 실천을 위하여** 해양생태·자원개발·산업육성·교육 및 해양력 배양·주권 및 안전·문화 및 국제협력 등 7대 실천강령을 규정

○ 첫째, **바다의 중요성 및 해양생태보전의무**를 규정함

○ 둘째, 바다자원의 친환경적 개발과 미래세대를 위한 **지속가능한 이용(Sustainable Use) 및 생물다양성(Bio-diversity) 보장**을 위한 現세대의 책임을 담음

○ 셋째, **해양과학기술(MT: Marine Tech)에 대한 투자 증대 및 해양과학기술의 산업화**를 통한 해양산업의 발전과 다각화 의지를 표명

○ 넷째, 해양인재 양성과 바다를 잘 활용하여 **세계일류의 해양력(Sea Power) 확보의지**를 천명

○ 다섯째, 대외의존도가 높고 삼면이 바다로 둘러싸인 우리나라 환경여건상 **해양주권과 안전** 확보의 중요성을 강조하고

– 선진통상국가로, 세계 중심국가로 발전하기 위한 적극적 해양개척의 의지 천명

○ 여섯째 **장보고 대사**의 진취적 기상을 이어받아 **'新해양문화'를 창달**함으로써 21세기 국가발전의 저변으로 삼음

○ 끝으로 우리와 세계를 이어주는 바다를 통한 **국가간 협력으로 국제사회에의 기여의지**를 천명

바다헌장은 해양수산부에 의해 제정되어 2005년 울산시 장생포해양공원에서 개최된 제10회 바다의 날 기념식에서 공표되었다.

바다헌장은 바다의 중요성에 대한 공감대를 형성하고 진취적인 해양개척정신을 고취시켜 해양강국의 비전을 제시하기 위해 '생명·풍요·공생의 바다'라는 이념을 강조하고 있다. 또 헌장이념의 실천을 위해 해양생태, 자원개발, 산업육성, 교육 및 해양력 배양, 주권 및 안전, 문화 및 국제협력 등 7대 실천강령을 제정했다.

바다헌장은 10명의 기초위원이 기초하고 40여명의 바다헌장 제정위원회의 검토를 거쳐 확정되었다.

한국해양대학교 해사법학부 이용희 교수가 기초위원으로 참여하여 바다헌장의 기틀을 제시하였다.

차 례

제 1 편 공법적 쟁점과 과제

제 1 장 헌 법

제 2 장 해양법의 법적 쟁점

제 2 편 사법적 쟁점과 과제

제 1 장 국제거래 분야

제 2 장 해상운송계약

제 1 편 공법적 쟁점과 과제

제 1 장

헌 법

≫ 아프리카 지역 국가의 헌법상 해양관할권 규정에 관한 연구_한병호

아프리카 지역 국가의 헌법상 해양관할권 규정에 관한 연구

한 병 호

Ⅰ. 머리말

오랜 동안 인류의 기본적인 생활터전으로서의 육지와 그 자원은 그 유한성으로 인하여 오늘날 점차 고갈되어 가고 있다. 그것에 반비례하여 해양과 해양자원의 효용가치는 더욱 증대되고 있으며,[1] 해양과학기술의 발달에 따라 해양자원을 보전·관리·이용·개발할 수 있는 능력도 더욱 향상되고 있다.[2] 해양과 해양자원의 효용가치에 대한 인식이 증대됨에 따라, 전통적인 해양관할권이라고 할 수 있는 영해 범위의 확대를 주장하거나[3] 나아가 접속수역·대륙붕과 배타적 경제수역 등 새로운 해양관할권도 주장하기에 이르렀다.[4] 연안국들의 해양관할권 쟁탈전은 국제평화를 위협할 수밖에 없는 상황 속에서, 해양관할권의 통일적 규율을 위한 국제적 노력이 마침내 1982년 유엔해양법협약의 채택이라는 결실을 맺었으며,[5] 2020년 3월말 현재 유엔해양법협약의

1) 고문현·박찬호·최용전, "해양수산 환경 변화에 따른 기본법제의 개선연구"(해양수산부 용역보고서)(2017. 11), 39쪽 이하; 홍선기·강문찬, "해양수산의 헌법적 가치에 관한 연구", 「법제」, 통권 677호(법제처, 2017. 6), 86쪽 이하.

2) 한병호, "헌법과 바다", 김인유 외, 「바다를 둘러싼 법적 쟁점과 과제」(피앤씨미디어, 2017), 5쪽.

3) 18세기 이래 영해의 범위에 관한 주장의 역사적 변천에 관해서는, Treves, Tullio, "Historical Development of the Law of the Sea", Donald R. Rothwell et al(ed.), *The Oxford Handbook of the Law of the Sea*(Oxford: Oxford University Press, 2015), pp.4∼6; 김영구, 「한국과 바다의 국제법」(21세기북스, 2004), 115쪽 이하.

4) Treves, Tullio, op cit, pp.10∼13.

5) 국제해양법의 법제화 노력 및 유엔해양법협약의 성립과정에 관해서는, Treves, Tullio, op cit, pp.7∼22; Churchill, Robin R., "The 1982 United Nations Convention on the Law of the Sea", Donald R. Rothwell et al(ed.), *op cit*, pp.25∼27; Donald R. Rothwell and Tim Stephens, *The International Law of the Sea*(Oxford: Hart Publishing, 2010), pp.4∼14; 김영구, 앞의 책, 13쪽 이하.

비준·가입국은 168개국이다.[6)]

다른 한편으로, 연안국들은 자국의 해양관할권과 해양자원에 관하여 국내법으로도 규율하는 것이 일반적이다. 해양에 관한 연안국의 그러한 국내법적 규율은 오늘날 유엔해양법협약에 따라 그리고 대개는 법률 및 그 하위의 법 형식으로 규율한다. 나아가 해양에 관한 국내법적 규율은 법령의 차원에 머물지 않고 국가의 최고법인 헌법의 차원으로까지 고양되기도 한다. 물론 헌법 차원에서의 해양관할권 및 해양자원에 대한 규율은 법률 차원에서의 규율만큼 구체적이고 상세할 수는 없다. 국가의 기본법이자 최고법으로서의 헌법의 특성과 입법기술적 제약 등으로 말미암아 법령에서처럼 구체적인 내용을 모두 다 규율할 수는 없기 때문이다. 그럼에도 불구하고 해양관할권과 해양자원을 헌법에 의하여 개괄적으로나마 규율한다면, 그것은 해양관할권의 중요성과 해양자원의 가치에 대한 국민의 특별한 관심을 반영하는 것이라고 볼 수 있다. 한국의 헌법에서는 해양관할권과 해양자원에 관한 규율에서 영해·대륙붕과 배타적 경제수역과 같은 해양관할권 개념을 사용하지 않으며,[7)] 다만 최근에는 헌법에 그러한 해양관할권 개념을 사용하여 해양관할권과 해양자원을 명시적으로 규율하자는 주장이 제기되고 있다.[8)]

아래에서는, 아프리카 지역 47개국의 헌법에서 해양관할권을 어떻게 규율하는가를 분석하고자 한다. 이 연구는 세계 각국의 헌법에서 해양관할권에 관한 법적 규율의 사례와 유형의 비교 연구의 일환으로 행해진다.[9)] 해양관할권에

6) 유엔해양법협약 비준·가입에 관해서는, http://www.un.org/Depts/los/reference_files/status2019.pdf; http://www.un.org/Depts/los/reference_files/chronological_lists_of_ratifications.htm#The United Nations Convention on the Law of the Sea.

7) 바다에 관한 한국의 법률적 규율과 헌법적 규율에 관해서는, 한병호, 앞의 논문(주 2), 9쪽 이하 및 22쪽 이하 참조.

8) 고문현·박찬호·최용전, 앞의 보고서, 45쪽 이하; 홍선기·강문찬, 앞의 논문, 95쪽 이하.

9) 아시아·아메리카·유럽 지역의 헌법상 해양관할권 규정에 관해서는, 한병호, "아시아 지역 국가의 헌법과 바다-해양관할권을 중심으로-", 「해사법연구」 제31권 제1호(한국해사법학회, 2019. 3), 105쪽 이하; 한병호, "미주 지역 국가의 헌법과 바다: 해양관할권을 중심으로", 강우예 외, 「바다를 둘러싼 법적 쟁점과 과제 Ⅱ」(고양: 피앤씨미디어, 2018), 5쪽 이하; 한병호, "아시아 지역 국가와 미주 지역 국가의 헌법상 해양관할권 규정의 비교 연구", 김인유 외, 「바다를 둘러싼 법적 쟁점과 과제 Ⅲ」(고양: 피앤씨미디어, 2019), 5쪽 이하; 한병호, "유럽 지역 국가의 헌법상 해양관할권 규정에 관한 연구", 「해사법연구」 제32권 제2호(한국해사법학회, 2020. 7), 1쪽 이하. 이들을 인용할 때에는 구별을 위하여 그 제목에 포함된 지역을 "앞의 논문" 다음의 괄호 안에 표시함.

대한 헌법적 규율에 관하여 아프리카 지역 국가들을 포함한 세계 각국의 사례와 유형을 비교·분석함으로써, 한국헌법처럼 해양관할권에 관하여 헌법이 침묵하고 있는 국가에서 헌법 개정 여부와 그 방안에 대한 논의와 관련하여 시사점을 얻을 수 있다.

아래에서는, 바다와 관련하여 아프리카 지역 국가들의 특성을 간략하게 개관하고, 해양관할권의 전제가 되는 영토에 관한 헌법규정을 살펴본 다음에, 헌법상 해양관할권 개념의 언급 여부와 언급되는 해양관할권 개념의 종류, 헌법에서의 해양관할권 개념의 용법, 그리고 해양관할권의 범위와 한계에 관한 헌법상 규율 방식에 관하여 차례로 살펴본다.[10)]

II. 아프리카 지역 국가의 특성과 헌법상 영토조항

1. 아프리카 지역 국가의 특성

주지하듯이 아프리카 대륙은 동쪽과 남쪽 및 서쪽으로 인도양과 남극해 및 대서양의 광활한 대양으로 둘러싸여 있고, 북쪽으로 지중해와 북동쪽으로 홍해에 접해 있다. 아프리카 지역에는 유엔회원국 54개국이 있는데, 이들 국가는 지리적 위치에 따라 동아프리카 18개국, 서아프리카 16개국, 남아프리카 5개국, 북아프리카 6개국, 중앙아프리카 9개국으로 구분된다([표 1] 참조).[11)]

[표 1]에서 보는 바와 같이, 아프리카 지역의 유엔회원국 54개국 중에서 연안국은 섬나라 6개국[12)]을 포함하여 38개국이고, 내륙국은 16개국이다. 이들 연안국 38개국 중에서, 북아프리카 5개국(수단 제외), 서아프리카 13개국 전

10) 이용된 헌법전은 Comparative Constitutions Project에서 제공하는 영문 헌법전(2020. 7. 8.까지 검색)이다(https://www.constituteproject.org/search?lang=en&status=in_force).

11) http://data.un.org/en/index.html; Department of Economic and Social Affairs Statistics Division, *World Statistics Pocketbook 2019 edition*(New York: United Nations, 2019), pp.4~10 및 해당 국가의 "지역"(region) 참조.

12) 아프리카 대륙 동쪽의 인도양에 4개국(마다가스카르·모리셔스·세이셸·코모로)이 있고, 아프리카 대륙 서쪽의 대서양에 2개국(상투메프린시페·카보베르데)이 있다.

부, 중앙아프리카 7개국 전부, 그리고 남아프리카 연안국 2개국 전부 등 27개국은 지중해와 대서양 연안에 있고, 북아프리카 2개국(수단·이집트), 동아프리카 10개국 전부, 그리고 남아프리카 1개국(남아프리카공화국) 등 13개국은 홍해와 인도양 연안에 있다(2개국은 중복 계산됨).[13)]

[표 1] 아프리카 지역 국가의 구분

구분		해당 국가	
연안국 (38)	동	**마다가스카르**·**모리셔스**·모잠비크·**세이셸**·소말리아·*에리트레아*·지부티·케냐·**코모로**·탄자니아	10
	서	가나·감비아·기니·기니비사우·나이지리아·라이베리아·모리타니·베냉·세네갈·시에라리온·**카보베르데**·코트디부아르·토고	13
	남	나미비아·남아프리카공화국	2
	북	*리비아*·모로코·수단·알제리·이집트·튀니지	6
	중	가봉·**상투메프린시페**·앙골라·적도기니·카메룬·콩고공화국·콩고민주공화국	7
내륙국 (16)	동	*남수단*·*르완다*·말라위·*부룬디*·*에티오피아*·우간다·잠비아·짐바브웨	8
	서	니제르·말리·부르키나파소	3
	남	레소토·보츠와나·에스와티니	3
	북		0
	중	*중앙아프리카공화국*·차드	2
계		54개국	

※ '동'·'서'·'남'·'북'·'중'은 각각 동·서·남·북·중앙아프리카를 가리키며, 괄호 속 숫자는 해당 국가의 수를 가리킴. 이하 [표]와 각주에서도 같음.

※ 연안국 중에서 진한 글씨체(6개국)은 섬나라이며, 이탤릭체(연안국 2개국과 내륙국 5개국)는 유엔해양법협약 미가입국임.

13) 남아프리카공화국은 대서양 연안과 인도양 연안에, 이집트는 지중해 연안과 홍해 연안에 있다.

그리고 아프리카 지역 유엔회원국 54개국 중에서, 유엔해양법협약 비준·가입국은 연안국 36개국과 내륙국 11개국을 합해서 47개국이다.[14] 따라서 아프리카 지역에서 유엔해양법협약 미가입국은 연안국 2개국(리비아·에리트레아)과 내륙국 5개국(남수단·르완다·부룬디·에티오피아·중앙아프리카공화국)을 합하여 7개국이다([표 1] 참조).[15]

2. 헌법상 영토조항

영해에 대한 연안국의 주권 및 그 밖의 해역에 대한 연안국의 해양관할권은 근원적으로는 영토에 대한 주권 관념에 기초하고 있다. 말하자면 해양에 대한 연안국의 주권과 관할권은 영토에 대한 주권의 연장선상에 있다고 할 수 있다. 그래서 국가 존립의 기초이자 그 구성요소의 하나에 속하는 영토에 관하여 아프리카 지역 국가의 헌법에서는 어떻게 규율하는가를 살펴본다. 한국의 경우에는 헌법제정 이래 줄곧 현행헌법 제3조에서처럼 대한민국의 영토가 한반도와 그 부속도서임을 헌법에 명시해 왔다.[16] 아래에서는, 아프리카 지역 국가의 헌법상 영토조항과 관련하여,[17] 국가영역의 구성요소나 영토의 범위 또는 경계(국경)를 헌법에서 직접 명시하여 특정하거나 법률·조약 등으로 특정할 수 있도록 하는 등의 방법으로 헌법에서 영토의 범위를 직접적으로 또는 적극적으로 규율하느냐 여부에 따라, 크게 두 가지 유형으로 나누어 살펴보기로 한다.[18]

---

14) https://www.un.org/Depts/los/reference_files/chronological_lists_of_ratifications.htm#The United Nations Convention on the Law of the Sea.

15) 그 밖에 유엔회원국 중에서 유엔해양법협약 미가입국으로는, 아시아 지역에서 연안국 7개국(북한·시리아·아랍에미리트·이란·이스라엘·캄보디아·터키)과 내륙국 7개국이 있고, 아메리카 지역에서는 연안국 5개국(미국·베네수엘라·엘살바도르·콜롬비아·페루)이 있으며, 유럽과 오세아니아 지역에는 미가입국이 없다.

16) 또한 '영토'라는 단어는 1954년 개정헌법 제7조의2에서도 언급된 적이 있다. 그 밖에, 현행헌법 제5조 제2항과 제120조 제2항 및 제122조에서는 '국토'를 언급하고 있으며, 제27조 제2항과 제60조에서는 대한민국[의] '영역'을 언급하고 있다.

17) 세계 각국의 헌법상 영토조항에 관해서는, 도회근, "헌법의 영토조항에 관한 비교헌법적 연구", 「법조」 제58권 제11호(법조협회, 2009. 11), 294쪽 이하.

18) 도회근, 앞의 논문, 294쪽 이하 및 304쪽 이하에서는, 영토조항이 있는 경우를 단순한 규정, 적극적인 규정, 상세한 영토범위를 설정하는 규정, 구성단위(주) 열거 구정으로 구분하고 있다.

[표 2] 헌법상 직접적·적극적 영토조항 유무

구분		해당 국가
있음 (26)	연안국 (16)	동(7): 모잠비크·세이셸·소말리아·에리트레아·케냐·코모로·탄자니아; 서(4): 가나·나이지리아·시에라리온·카보베르데; 남(1): 나미비아; 중(4): 상투메프린시페·앙골라·적도기니·콩고민주공화국
	내륙국 (10)	동(6): 남수단·르완다·말라위·에티오피아·우간다·잠비아; 남(3): 레소토·보츠와나·에스와티니; 중(1): 차드
없음 (28)	연안국 (22)	동(3): 마다가스카르·모리셔스·지부티; 서(9): 감비아·기니·기니비사우·라이베리아·모리타니·베냉·세네갈·코트디브아르·토고; 남(1): 남아프리카공화국; 북(6): 리비아·모로코·수단·알제리·이집트·튀니지; 중(3): 가봉·카메룬·콩고공화국
	내륙국 (6)	동(2): 부룬디·짐바브웨; 서(3): 니제르·말리·부르키나파소; 중(1): 중앙아프리카공화국

먼저, 아프리카 지역 54개국 중에서, 헌법에서 영토의 범위 또는 경계를 직접 특정하거나 법률·조약 등으로 특정할 수 있도록 하는 등의 방법으로 영토에 관하여 직접적·적극적 규정을 두고 있는 국가는 [표 2]에서 보듯이 모두 26개국(48%)이다.[19] 연안국 38개국 중에서는 16개국(42%)[20]이, 그리고 내륙국 16개국 중에서는 10개국(63%)이 여기에 해당한다. 헌법상 직접적·적극적 영토조항을 두고 있는 국가의 수는 내륙국의 경우에만 절반을 넘을 뿐이고, 아프리카 지역 전체 및 연안국의 경우에는 절반에 미치지 못한다. 지리적으로는, [표 2]에서 보듯이, 동아프리카 18개국 중에서 13개국(연안국 7개국과 내륙국 6개국)(72%),[21] 서아프리카 16개국 중에서 4개국(모두 연안

19) 헌법상 직접적·적극적 영토조항이 있는 국가는, 아시아에서는 46개국(이스라엘 제외) 중에서 17개국(37%)이고, 연안국은 34개국 중에서 15개국(44%)이며, 아메리카에서는 35개국 중에서 캐나다·아르헨티나를 포함하여 24개국(69%)이고, 연안국은 33개국 중에서 24개국(73%)이며, 유럽에서는 42개국(영국 제외) 중에서 17개국(40%)이고, 연안국은 29개국 중에서 11개국(38%)이다. 한병호, 앞의 논문(아시아), 113쪽 이하; 한병호, 앞의 논문(미주), 13쪽 이하; 한병호, 앞의 논문(유럽), 9쪽 이하.

20) 섬나라 6개국 중에서는 4개국(상투메프린시페·세이셸·카보베르데·코모로)이 여기에 포함되어 있으며, 포함되지 않은 섬나라는 2개국(마다가스카르·모리셔스)이다.

21) 동아프리카에서는 연안국 10개국 중에서 7개국(70%)과 내륙국 8개국 중 6개국(75%)이 여기에

국)(25%),[22] 남아프리카 5개국 중에서 4개국(연안국 1개국과 내륙국 3개국)(80%),[23] 중앙아프리카 9개국 중에서 5개국(연안국 4개국과 내륙국 1개국)(56%)[24]이 그러하며, 북아프리카 6개국(연안국) 중에서는 해당하는 국가가 없다.[25] 따라서 지리적으로는, 남·동아프리카에서 그 비율이 현저히 높은 반면에, 북·서아프리카에서는 그 비율이 현저히 낮다.

영토의 범위에 관하여 헌법에서 직접적으로 또는 적극적으로 규율하는 방식을 세부적으로 살펴보면,[26] 영토를 구성하는 주나 지역 또는 섬 등의 지명을 열거하는 방식(10개국),[27] 국경을 구체적으로 또는 개괄적으로 명시하는 방식(4개국)[28] 또는 국경을 법률이나 조약으로 정하도록 하는 방식(3개국),[29] 국가독립일이나 헌법시행일과 같은 특정 시점을 명기하여 영토의 범위를 특정하는 방식(8개국),[30] 그 밖의 방식(4개국)[31]이 있다.

헌법상 직접적·적극적 영토조항을 두고 있는 이들 26개국을 제외하면, 아프리카 지역의 나머지 28개국 헌법에서는 그러한 직접적이거나 적극적인 영

해당한다.

22) 서아프리카에서는 연안국 13개국 중에서 4개국(31%)이 여기에 해당하고, 내륙국 3개국 중에서는 해당국가가 없다.

23) 남아프리카에서는 연안국 2개국 중에서 1개국(50%)과 내륙국 3개국 중에서 전부(100%)가 여기에 해당한다.

24) 중앙아프리카에서는 연안국 7개국 중에서 4개국(57%)과 내륙국 2개국 중에서 1개국(50%)이 여기에 해당한다.

25) 북아프리카에서는 내륙국이 없으며, 연안국 6개국 중에서는 해당국가가 없다.

26) 일부 국가(남수단·케냐)에서는 이들 방식이 중복해서 해당되는 경우도 있다.

27) 동(5): 남수단(제1조 제2항)·세이셸(제2조 제1항 및 [별표 1])·케냐(제6조 제1항 및 [별표 1])·코모로(제6조 제1항)·탄자니아(제2조 제1항 및 제151조 제1항); 서(2): 나이지리아(제3조 제1항과 제2항 및 [별표 1])·카보베르데(제6조 제1항); 중(3): 상투메프린시페(제4조 제1항)·적도기니(제3조 제1항)·콩고민주공화국(제2조). 국명 다음의 괄호 속의 표기 사항은 해당 헌법 조항이며, 이하에서도 같다.

28) 동(3): 남수단(제1조 제3항)·소말리아(제7조 제5항)·우간다(제5조 제3항 및 [별표 2]); 서(1): 시에라리온(제171조 제1항 및 [별표 1]). 그 밖에도, 남아프리카의 나미비아(제1조 제4항)에서는 국경의 일부를 적시하고 있다.

29) 동(3): 르완다(제5조)·에티오피아(제2조)·잠비아(제4조 제2항).

30) 동(3): 남수단(제1조 제2항)·말라위(제3조)·케냐(제5조); 서(1): 가나(제4조 제1항); 남(3): 레소토(제1조 제2항)·보츠와나(제127조 제1항)·에스와티니(제1조 제2항); 중(1): 앙골라(제5조 제1항).

31) 중앙아프리카의 차드(제2조)에서는 영토의 면적을 명시하고 있으며, 남아프리카의 나미비아(제1조 제4항)에서는 "유엔 기관을 통하여 국제사회에서 나미비아로 승인된 영토"를 규정하고 있다. 그리고 동아프리카의 에리트레아(제1조 제2항)에서는 "승인된 경계에 의하여 획정된 영토"라고 하거나, 모잠비크(제6조 제1항)에서는 단순히 "국경에 의하여 획정된 영토"라고 규정하고 있을 뿐이지만, 다소 무리가 있음에도 불구하고 적극적인 영토조항이 있는 것으로 분류되었다.

토조항을 두고 있지 않으며, [표 2]에서 보는 바와 같이, 여기에는 연안국 22개국과 내륙국 6개국이 포함된다.[32] 지리적으로는 동아프리카 5개국, 서아프리카 12개국, 남아프리카 1개국, 북아프리카 6개국, 그리고 중앙아프리카 4개국이며, 각 지역별 해당국가의 비율은 북아프리카(100%)와 서아프리카(75%)가 현저히 높은 반면에, 남아프리카(20%)와 동아프리카(28%)는 현저히 낮다. 이들 국가에서는 헌법에서 '영토'(territory; territories; territorial)라는 단어를 언급하더라도, 현존하는 영토를 전제로 하여, 영토의 완전성·단일불가분성·불가침성·불가양성이나 보전·안전 또는 영토의 변경을 규정하고 있을 뿐이다.

Ⅲ. 아프리카 지역 국가의 헌법상 해양관할권

1. 헌법상 해양관할권 개념의 언급 여부

유엔해양법협약에서는 일반적으로 연안국이 가지는 주권 또는 해양관할권에 관해서, 영해기선(제5조 이하)으로부터 최대 12해리까지의 영해(territorial sea)(제3조), 24해리까지의 접속수역(contiguous zone)(제33조), 200해리까지의 배타적 경제수역(exclusive economic zone)(제57조), 영토의 자연적 연장에 따라 대륙변계의 바깥 끝까지[33] 또는 200해리까지(대륙변계의 바깥 끝이 200해리 미만인 경우)의 대륙붕(continental shelf)(제76조)을 규정하고 있다. 그리고 해안으로부터 영해기선까지의 내수(internal waters)(제8조)도 규정하고 있다. 또한 군도국가(archipelagic State)(제46조)의 경우에는 영해·접속수역·대륙붕 및 배타적 경제수역의 폭을 군도기선(제47조)으로부터 측정하도록 규정하고(제48조), 군도기선 안쪽의 군도수역(archipelagic waters)(제49조)도 규정하고 있다. 아래에서는, 유엔해양법협약에서 인정하는 이들 해양관할권 개념 중에

32) 다만, 동아프리카의 마다가스카르나 모리셔스는 섬의 명칭을 국명으로 쓰고 있고, 특히 모리셔스(제20조)에서는 국적과 관련하여 독립일을 기준으로 과거 식민지 모리셔스에서의 출생 여부를 규정하고 있지만, 직접적·적극적 영토조항이 없는 것으로 분류되었다.

33) 다만, 대륙붕의 바깥 한계선은 영해기선으로부터 350해리를 넘거나 2500미터 등심선으로부터 100해리를 넘을 수 없다(제76조 제5항).

서 어떤 것이 아프리카 지역 국가(연안국)의 헌법에서 언급되고 있는가를 살펴보기로 한다.

[표 3] 헌법상 해양관할권 개념의 언급

지역·국가		언급되는 개념						
		영해	EEZ	대륙붕	접속 수역	내수	근도 스역	개수
동(8)	모리셔스	○		○			○	3
	모잠비크	○	○	○	○			4
	세이셸	○					○	2
	소말리아	○		○				2
	에리트레아	○						1
	케냐	○	○	○				3
	코모로	○	○	○	○		○	5
	탄자니아	○						1
서(4)	가나	○	○	○	○			4
	기니비사우	○	○					2
	나이지리아	○	○					2
	카보베르데	○	○	○	○	○	○	6
남(1)	나미비아	○	○	○				3
중(4)	상투메프린시페	○					○	2
	앙골라	○	○	○	○	○		5
	적도기니			○				1
	콩고민주공화국	○		○		○		3
해당국가 수(17)		16	9	11	5	3	5	
언급 있음(17)		<이 표의 왼쪽 칸의 지역·국가 참조>						
언급 없음(21)		동(2): 마다가스카르·지부티; 서(9): 감비아·기니·라이베리아·모리타니·베냉·세네갈·시에라리온·코트디부아르·토고; 남(1): 남아프리카공화국; 북(6): 리비아·모로코·수단·알제리·이집트·튀니지; 중(3): 가봉·카메룬·콩고공화국						

먼저, 아프리카 지역의 연안국 38개국의 헌법에서 해양관할권 개념이 하나라도 언급되는지 여부를 살펴본다. 유엔해양법협약에서 언급되는 해양관할권 개념, 즉 영해와 배타적 경제수역 및 대륙붕 그리고 내수·접속수역과 군도수역 내지 군도국가 중에서 어느 하나라도 언급하는 국가는 [표 3]에서 보듯이 17개국(45%)에 불과하고,[34] 나머지 21개국(55%)의 헌법에서는 그러한 해양관할권 개념을 전혀 언급하고 있지 않다. 다만, 섬나라 6개국 중에서는 마다가스카르를 제외한 5개국(83%)의 헌법에서 하나 이상의 해양관할권 개념을 언급함으로써,[35] 해양관할권 개념을 언급하는 비율이 매우 높다. 지리적으로는, 동아프리카 연안국 10개국 중에서 8개국(80%), 서아프리카 연안국 13개국 중에서 4개국(31%), 남아프리카 연안국 2개국 중에서 1개국(50%), 중앙아프리카 연안국 7개국 중에서 4개국(57%)이 헌법에서 해양관할권 개념을 하나 이상 언급하고 있고, 북아프리카 연안국 6개국은 모두 헌법에서 해양관할권 개념을 전혀 언급하고 있지 않다. 따라서 동아프리카 지역에서는 헌법에서 해양관할권 개념을 언급하는 비율이 매우 높으나, 북아프리카와 서아프리카에서는 그 비율이 매우 낮다. 이러한 결과를 인접 해역별로 살펴보면,[36] 인도양·홍해 연안의 11개국 중에서는 8개국(73%)의 헌법에서 해양관할권 개념을 언급하고 있으나, 대서양·지중해 연안의 27개국 중에서는 9개국(33%)의 헌법에서만 해양관할권 개념을 언급하고 있을 뿐이다. 따라서 대서양·지중해 연안국의 비율이 매우 낮으며, 특히 지중해 연안국들은 헌법에서 해양관할권 개념을 전혀 언급하고 있지 않다. 유엔해양법협약 미가입국 2개국(리비아·에리트레아) 중에서는 에리트레아의 헌법에서만 해양관할권 개념이 언급된다. 그리고 헌법상 직접적·적극적 영토조항을 두고 있는 연안국 16개국 중에서는 서아프리카의

34) 헌법에서 해양관할권 개념을 하나라도 언급하는 국가는, 아시아에서는 연안국 34개국 중에서 17개국(50%)이고, 아메리카에서는 연안국 33개국 중에서 18개국(55%)이며, 유럽에서는 연안국 29개국 중에서 11개국(38%)이다(유럽의 몰도바 헌법에도 해양관할권 개념이 언급되지만, 내륙국인 몰도바는 연안국의 통계에서는 제외하며, 이하에서 같음). 한병호, 앞의 논문(아시아·미주), 20쪽 이하; 한병호, 앞의 논문(유럽), 13쪽 이하.

35) 동(3): 모리셔스·세이셸·코모로; 서(1): 카보베르데; 중(1): 상투메프린시페.

36) 동아프리카 연안국과 북아프리카의 수단은 인도양·홍해의 연안국으로, 서·남·중앙아프리카와 북아프리카(수단 제외) 연안국은 대서양·지중해의 연안국으로 분류하였다. 따라서 지중해·홍해 모두에 인접한 이집트와 대서양·인도양 모두에 인접한 남아프리카공화국은 모두 대서양·지중해의 연안국으로 취급되었다.

1개국(시에라리온)만을 제외한 15개국(94%)의 헌법에서 해양관할권 개념이 언급되지만, 헌법상 직접적·적극적 영토조항을 두고 있지 않은 연안국 22개국 중에서는 동·서아프리카의 각 1개국(모리셔스·기니비사우)씩 단지 2개국(9%)의 헌법에서만 해양관할권 개념이 언급될 뿐이다. 아프리카 지역에서는 헌법상 직접적·적극적 영토조항의 유무와 해양관할권 개념의 언급 여부 사이에 높은 상관관계를 보여준다.

다음으로는, 아프리카 지역 연안국의 헌법에서 어떠한 해양관할권 개념이 언급되는가를 살펴본다. 해양관할권 개념별로 하나씩 살펴보면, 영해는, [표 3]에서 보듯이, 동아프리카 8개국, 서아프리카 4개국, 남아프리카 1개국, 그리고 중앙아프리카 3개국 등 16개국의 헌법에서 언급된다.[37] 따라서 해양관할권 개념을 하나라도 언급하는 17개국 중에서 중앙아프리카의 적도기니를 제외한 나머지 16개국은 모두 영해를 언급하고 있다. 배타적 경제수역(EEZ)은 동아프리카 3개국, 서아프리카 4개국, 남아프리카와 중앙아프리카 각 1개국씩 모두 9개국의 헌법에서 언급된다.[38] 그리고 대륙붕은 동아프리카 5개국, 서아프리카 2개국, 남아프리카 1개국, 그리고 중앙아프리카 3개국 등 모두 11개국의 헌법에서 언급된다. 그 밖에도 접속수역은 5개국의 헌법에서,[39] 내수는 3개국의 헌법에서,[40] 그리고 군도수역은 5개국의 헌법에서 언급된다.[41]

그리고 국가별로 헌법에서 언급되는 해양관할권 개념의 수에 관하여 특히 영해와 배타적 경제수역 및 대륙붕의 세 가지 기본개념을 중심으로 살펴보면, 먼저, 세 가지 기본개념을 모두 언급하는 국가는 동아프리카 3개국(모잠비크·케냐·코모로), 서아프리카 2개국(가나·카보베르데), 남아프리카 1개국(나

37) 다만, 7개국(기니비사우·나미비아·나이지리아·세이셸·앙골라·에리트레아·탄자니아)의 헌법에서는 '영해'(territorial sea) 대신에 '영수'(territorial waters)가 언급되거나, 3개국(모잠비크·카보베르데·케냐)의 헌법에서는 '영해'와 '영수'가 함께 언급된다.

38) 적도기니 헌법에서는 해양수역(maritime zone)이 언급되고 콩고민주공화국 헌법에서는 국가관할권에 속하는 해양공간(maritime spaces)이 언급되지만, 여기서는 제외되었다.

39) 동(2): 모잠비크·코모로; 서(2): 가나·카보베르데; 중앙(1): 앙골라.

40) 콩고민주공화국 헌법에서는 '내수'(internal waters)가 언급되고, 카보베르테 헌법에서는 '내수'와 더불어 interior waters도 언급되며, 앙골라 헌법에서는 '내수면'(inland waters)과 더불어 interior waters만 언급되는데, 이들 3개국은 포함되고, '내수면'만 언급한 2개국(나이지리아·모잠비크)은 제외되었다.

41) 코모로·카보베르데·상투메프린시페의 헌법에서는 '군도수역'을 명시적으로 언급하고, 세이셸 헌법에서는 세이셸'군도'와 세이셸의 '역사적 수역'(historic waters)을 언급하고 있다. 다만, 모리셔스 헌법에서는 일부 섬에만 '군도'(Archipelago)를 쓰고 있지만, 여기에 포함되었다.

미비아)과 중앙아프리카 1개국(앙골라) 등 모두 7개국이다. 이들 7개국 가운데에서 세 가지 기본개념만을 언급하는 2개국(케냐·나미비아)을 제외하면, 1개국(카보베르데)은 세 가지 기본개념에 다시 접속수역·내수·군도수역까지 추가하여 6개의 개념을, 2개국(앙골라·코모로)은 각각 접속수역·내수 또는 접속수역·군도수역을 추가하여 5개의 개념을, 그리고 2개국(모잠비크·가나)은 접속수역을 추가하여 4개의 개념을 함께 언급하고 있다. 다음으로, 세 가지 기본개념 중에서 두 가지만 함께 언급하는 국가는 5개국인데, 영해와 배타적 경제수역의 두 가지는 서아프리카의 2개국(기니비사우·나이지리아)에서, 영해와 대륙붕의 두 가지는 동아프리카 2개국(모리셔스·소말리아)과 중앙아프리카 1개국(콩고민주공화국) 등 3개국에서 언급되며, 배타적 경제수역과 대륙붕의 두 가지만 언급하는 국가는 없다. 이들 두 가지 기본개념을 함께 언급하는 국가 중에서, 모리셔스는 일부 섬에 대해서 군도를 그리고 콩고민주공화국은 내수를 추가로 언급하고 있다. 끝으로, 세 가지 기본개념 중에서 한 가지만 언급하는 경우로는, 영해만 언급하는 국가가 동아프리카 3개국(세이셸·에리트레아·탄자니아)과 중앙아프리카 1개국(상투메프린시페) 등 4개국이며, 대륙붕만 언급하는 국가는 중앙아프리카 1개국(적도기니)뿐이며, 배타적 경제수역만 언급하는 국가는 없다. 세 가지 기본개념 중에서 영해만 언급하는 이들 국가 중에서 세이셸과 상투메프린시페는 군도수역도 추가하여 함께 언급하고 있다. 이렇게 볼 때, 헌법에서 해양관할권 개념을 하나라도 언급하는 아프리카 지역 17개국 중에서, 영해와 배타적 경제수역 및 대륙붕의 세 가지 기본개념을 모두 언급하는 국가는 7개국(41%)이다.[42] 또한, 영해의 언급 없이 나머지 해양관할권 개념을 언급하는 경우는 1개국(적도기니)뿐이다.

2. 헌법상 해양관할권의 개념의 용법

헌법에서 해양관할권 개념을 언급하는 경우에, 그러한 개념을 사용하여 규

42) 해양관할권 개념을 하나라도 언급하는 연안국 중에서 세 가지 기본개념을 모두 언급하는 국가는, 아시아에서는 17개국 중에서 5개국(29%)이고, 아메리카에서는 18개국 중에서 11개국(61%)이며, 유럽에서는 11개국 중에서 3개국(27%)이다. 한병호, 앞의 논문(아시아·미주), 21쪽; 한병호, 앞의 논문(유럽), 15쪽 이하.

율하고자 하는 사항, 즉 해양관할권 개념의 용법은 크게 서 가지 유형으로 분류된다. 첫째는 연안국의 주권 또는 관할권이 미치는 해양공간의 범위를 특정하여 국제적으로 선언하기 위하여 해양관할권 개념을 사용하는 경우이다. 둘째는 국제관계에서 주장할 수 있는 연안국의 해양관할권을 국가기관 사이(특히, 연방과 주 사이, 또는 중앙정부와 지방정부 사이, 또는 의회와 다른 국가기관 사이)에 국내적으로 배분하기 위하여 해양관할권 개념을 사용하는 경우이다. 셋째는 연안국의 해양관할권에 속하는 해양공간과 해양자원의 소유권의 귀속 문제를 규율하기 위하여 해양관할권 개념을 사용하는 경우이다. 이들 세 가지 유형의 용법 중에서 가장 기본적이고 일차적인 것은 첫째 유형의 용법이다. 왜냐하면 첫째 유형의 용법에서 언급되는 연안국의 해양관할권의 존재는 둘째 및 셋째 유형의 용법에서 국내적으로 배분될 해양관할권이나 귀속될 소유권의 전제조건이 되기 때문이다. 물론 이러한 세 가지 유형은 서로 배타적이거나 완결적인 것이 아니다. 따라서 한 국가의 헌법에서 해양관할권 개념이 여러 유형의 용법으로 서로 중첩해서 사용될 수도 있으며, 이러한 세 가지 유형에 해당하지 않는 다른 유형의 용법으로도 사용될 수도 있다.[43] 아래에서는, 아프리카 지역 국가의 헌법에서 언급되는 해양관할권 개념의 용법을 유형별로 살펴본다.

[표 4] 헌법상 해양관할권 개념의 용법

규율 사항	해당 국가	
해양관할권 범위	동(8): 모리셔스·모잠비크·세이셸·소말리아·에리트레아·케냐·코모로·탄자니아; 서(3): 가나·기니비사우·카보베르데; 중(4): 상투메프린시페·앙골라·적도기니·콩고민주공화국	15
권한 배분	서(2): 기니비사우·카보베르데; 중(1): 앙골라	3
소유권 귀속	동(2): 모잠비크·케냐; 서(3): 가나·나이지리아·카보베르데; 남(1): 나미비아; 중(1): 앙골라	7
특수 사례	서(1): 카보베르데; 중(1): 콩고민주공화국	2

43) 예컨대, 해양공간에서의 특정한 행위(해양산업이나 해양활동)를 규율하기 위하여 해양관할권 개념을 사용할 수도 있는데, 이러한 용법은 넓게는 해양관할권의 국내적 배분(둘째 유형)과 관련되는 경우가 많을 것이다.

첫째는 연안국의 주권·관할권이 미치는 해양공간을 특정하여 국제적으로 선언하면서 해양관할권 개념을 사용하는 경우인데, 국가의 주권이 미치는 국가영역의 구성요소의 하나로서 해양관할권 개념을 언급하는 경우도 이 유형에 포함된다. 아프리카 지역에서 첫째 유형의 용법으로 해양관할권 개념을 헌법에서 사용하는 국가는 [표 4]에서 보듯이 모두 15개국이며, 지역별로는, 모리셔스[44]·모잠비크[45]·세이셸[46]·소말리아[47]·에리트레아[48]·케냐[49]·코모로[50]·탄자니아[51] 등 동아프리카 8개국과, 가나[52]·기니비사우[53]·카보베르데[54]

44) 모리셔스(제111조 제1항): "이 헌법에서 … '모리셔스'는 다음을 포함한다: a. 모리셔스섬 … 그 밖에 모리셔스국가를 구성하는 섬; b. **영해**, 그리고 **영해**와 a목에 열거된 섬들의 상공의 공역; c. **대륙붕**; …" 헌법 조문에서 진한 글씨체는 해양관할권 개념을 표시한 것이며, 이하에서 같음.

45) 모잠비크(제6조 제2항): "1. 모잠비크공화국의 영역은 단일한 전체로서 불가분·불가양이며, 국경에 의하여 획정된 지표와 해양수역 및 공역 전체를 포괄한다. 2. 모잠비크의 **영해**의 폭과 한계 및 법질서, **배타적 경제수역**과 **접속수역** 및 해저에 대한 권리는 법률로 정한다."

46) 세이셸(제2조): "세이셸의 영역은 다음으로 구성된다: a. [별표 1]의 제1편에 열거된 세이셸**군도**의 섬들; b. 세이셸의 **영해**와 역사적 수역 및 이들 수역 아래의 해저와 하층토; c. 이들 섬과 수역 상공의 공역; …"; 제2조 제3항: "세이셸의 **영해**와 역사적 수역의 한계는 법률로 선언하며, 제1항 c호에 언급된 공역의 한계를 법률로 규정할 수 있다."

47) 소말리아(제7조 제1항): "소말리아 연방공화국의 주권은 소말리아 연방공화국의 모든 영역에 미치며, 그 영역은 육지, **영해**, 섬, 하층토, 공역[영공], **대륙붕**, 그리고 연방의회가 통과시킨 법률에 따라 소말리아 연방공화국에 편입된 모든 토지와 수역을 포함한다."

48) 에리트레아(제1조 제2항): "에리트레아의 영역은 섬을 포함한 모든 영토, **영해** 및 공역[영공]으로 구성되며, 그것은 승인된 경계로 구획된다."

49) 케냐(제5조): "케냐는 시행일 당시에 케냐를 구성하는 영토·**영해**와, 의회의 법률로 정하는 추가적인 영토·**영해**로 구성된다."

50) 코모로(제6조): "코모로 연방의 영역은 다음으로 구성된다: …; 법률과 국제협약으로 정하는 바에 따른 **군도수역**과 **영해** 및 각각의 해저와 하층토; …"; 코모로(제7조): "코모로 연방은 법률로 정하는 바에 따른 **접속수역**과 **배타적 경제수역** 및 **대륙붕**에서의 생물·무생물의 자연자원의 보존·개발 및 가치결정의 문제에서 주권적 권리를 가지며, 국내법과 국제법 규범에 의하여 이들 지역에 대하여 관할권을 가진다. …"

51) 탄자니아(제2조 제1항): "연방공화국의 영토는 탄자니아 본토 지역 전체와 탄자니아 잔지바르(Tanzania Zanzibar) 지역 전체로 구성되며, **영해**를 포함한다."

52) 가나(제4조): "1. 주권국가 가나는 단일공화국이며, 그 영역은 이 헌법 시행 직전에 가나에 존속했던 지역들과 **영해** 및 영공으로 구성된다. 2. 의회는 가나의 **영해**·**접속수역**과 **배타적 경제수역** 및 **대륙붕**의 경계획정에 대하여 법률로 정할 수 있다."

53) 기니비사우(제10조): "법률로 정하는 **배타적 경제수역** 안에서는, 기니비사우 국가는 생물·무생물의 자연자원을 유지·탐사할 배타적 권한을 가진다."

54) 카보베르데(제6조 제1항): "카보베르데 공화국의 영역은 다음으로 구성된다: a. 역사적으로 언제나 카보베르데 **군도**의 일부였던, 산토 안타오(Santo Antão) … 등의 섬들과 그 밖의 작은 섬들. b. 법률로 설정되는 **내수**·**군도수역**·**영해** 및 그 각각의 해저 및 하층토. …"; 제6조 제2항: "카보베르데 국가는, 법률로 정하는 **접속수역**과 **배타적 경제수역** 및 **대륙붕**에서, 생물·무생물의 자연자원의 보존·개발·이용에 대하여 주권적 권리를 가지며, 국내법 규정과 국제법 규범에 따라 관할권을 행사한다."

등 서아프리카 3개국, 그리고 상투메프린시페[55]·앙골라[56]·적도기니[57]·콩고민주공화국[58] 등 중앙아프리카 4개국이 여기에 해당한다.

둘째는 연방과 주 사이, 또는 중앙정부와 지방정부 사이, 또는 의회와 다른 국가기관 사이에 연안국의 해양관할권에 기초한 권한의 국내적 배분을 규정하면서 해양관할권 개념을 사용하는 경우이다. 이러한 경우에는, 대체로 해양에 관한 권한을 연방국가에서는 연방관할사항으로, 단일국가에서는 중앙정부의 관할사항으로, 그리고 의회와 다른 국가 사이에서는 입법관할사항으로 규정하는 것이 일반적이다. 아프리카 지역에서는, [표 4]에서 보듯이, 기니비사우[59]·카보베르데[60] 등 서아프리카 2개국과 중앙아프리카의 앙골라[61]을 합하여 3개국의 헌법에서 이 유형의 용법으로 해양관할권 개념이 사용된다.[62]

셋째는 해양공간 및 해양자원의 소유권의 귀속 문제를 규율하면서 해양관

55) 상투메프린시페(제4조): "1. 상투메프린시페 민주공화국의 영역은 상투메 섬과 프린시페 섬 및 …을 비롯한 그 밖의 인접한 작은 섬들, 법률로 정하는 기선에서 12해리까지의 원 안의 **영해**, 기선 안쪽에 위치한 **군도수역**, 그리고 이들로 구성된 영역 상공의 공역[영공]으로 구성된다. 2. 상투메 국가는 국가 영역 전체에 대하여, 육지공간의 하층토, **영해**와 **근도수역**으로 구성된 해양영토의 토양과 하층토에 대해서뿐만 아니라, 앞에서 언급한 모든 공간에서 발견될 수 있는 생물·무생물의 자연자원 및 연안 위, **영해** 밖의 인접 수역에 존재하는 자연자원에 대해서, 법률로 정하는 범위에서 그리고 국제법에 따라, 그 주권을 행사한다."

56) 앙골라(제3조 제2항과 제3항): "2. 국가는 모든 앙골라 영역에 대하여 주권을 행사하며, 그 앙골라 영역은 헌법과 법률 및 국제법의 정하는 바에 따라 그 영토, **내수**와 **영해**, 영공, 토양과 하층토, 해저와 관련 해상(海床)을 포함한다. 3. 국가는 **접속수역**, **배타적 경제수역**과 **대륙붕**에서의 자연적인 생물·무생물 자원의 보존·개발·이용에 대하여 법률과 국제법의 정하는 바에 따라 관할권과 주권적 권리를 행사한다."

57) 적도기니(제3조 제1항과 제2항): "1. 적도기니공화국의 영역은 리오무니(Río Muni)로 알려진 대륙 지역, 비오코(Bioko)… 등의 섬들과 인접의 작은 섬들, 하천, 법률로 정하는 해양수역과 **대륙붕**, 그리고 이들 상공의 공역으로 구성된다. 2. 국가는 그 영역에 대하여 완전하게 주권을 행사하며, 모든 자원·광물·탄화수소를 배타적으로 탐사·개발할 수 있다."

58) 콩고민주공화국(제9조): "국가는 특히 토양·하층토·물과 산림에 대하여, 콩고의 공중·강·호수 및 해양공간에 대하여, 나아가 콩고의 **영해**와 **대륙붕**에 대하여 항구적인 주권을 행사한다. …"

59) 기니비사우(제86조): "국회는 다음 사항에 관한 배타적 입법권을 가진다: … j. **영해**와 **배타적 경제수역**의 한계에 관한 규정; …"

60) 카보베르데(제187조 제1항): "국회는 다음 사항에 관하여 배타적 입법권을 가진다: … j. **영해**와 **배타적 경제수역** 및 해저의 한계의 규정; …"

61) 앙골라(제164조): "국회는 다음 사항에 관하여 배타적 입법권을 가진다: a. … p. **영해**, **접속수역**, **배타적 경제수역** 및 **대륙붕**의 한계의 규정."

62) 그 밖에도, 나이지리아 헌법의 [별표 2]에서는, 배타적 입법사항의 하나로서 "29. 나이지리아의 강·호수·수로·연못과 그 밖의 내수면에서의 어로·어업 이외의 어로·어업"을 열거하고 있는데, 해양관할권 개념을 사용하지 않고 있지만, 해양수역에서의 어로·어업을 배타적 입법사항으로 규정하고 있다.

할권 개념을 사용하는 경우이다.[63] 이러한 경우에는 대체로 해양자원을 국유로 규정하거나, 연방국가에서는 연방소유로 규정하는 것이 일반적이다. 아프리카 지역에서는, [표 4]에서 보듯이, 모잠비크[64]·케냐[65] 등 동아프리카 2개국, 가나[66]·나이지리아[67]·카보베르데[68] 등 서아프리카 3개국, 그리고 남아프리카의 나미비아[69]와 중앙아프리카의 앙골라[70]를 합쳐서 모두 7개국이 이 유형의 용법에 해당한다.

그리고 이러한 세 가지 기본 유형에 속하지 않는 특수한 사례로는 서아프리카의 카보베르데[71]와 중앙아프리카의 콩고민주공화국[72]을 들 수 있다. 카보베르데에서는 해양방위를 군대의 임무로 열거하면서 해양관할권 개념을 사용

63) 해양자원의 소유권 귀속의 문제는 해양관할권 개념을 사용해야만 규율할 수 있는 것은 아니다. 예컨대, 한국의 경우에, 1948년 헌법(제85조)에서 각종 자원의 국유를 규정하였고, 현행헌법(제120조 제1항)에서도 국유를 암묵적으로 전제하면서 각종 자원의 채취·개발·이용의 특허를 규정하고 있는데, 이러한 각종 자원에 해양자원이 포함된다.

64) 모잠비크(제98조): "1. 토양과 하층토, 내수면, **영해**, **대륙붕** 및 **배타적 경제수역** 안의 자연자원은 국가의 재산이다. 2. 국가의 공공재산은 다음을 포함한다: a. 해양수역; …"

65) 케냐(제62조 제1항): "공공토지는 다음과 같다: … j. **영해**와 **배타적 경제수역** 및 해저; k. **대륙붕**; …"; 케냐(제260조): "… '토지'는 다음을 포함한다: a. 지표와 지하암석; b. 지표 위아래의 물; c. **영해**와 **배타적 경제수역**의 해양수; d. 표면 위아래에 완전히 포함된 자연자원; e. 표면 위의 공역."

66) 가나(제257조 제6항): "가나의 모든 토지의 지상이든 지하든, 가나 전역의 강·개울·수로, **배타적 경제수역** 그리고 **영해**와 **대륙붕**에 속하는 지역에 있는 자연상태의 모든 광물은 가나공화국의 재산이며, 가나국민을 대표하여 그리고 가나국민의 신탁으로 대통령에게 귀속된다."

67) 나이지리아(제44조 제3항): "이 조의 전항에도 불구하고, 나이지리아 영토의 위아래 또는 나이지리아 **영해**와 **배타적 경제수역**의 위아래에 있는 모든 광물·광물유·천연가스에 대한 전체 재산권과 통제권은 연방정부에 귀속되며, 국회가 정하는 방식으로 관리된다."

68) 카보베르데(제91조 제1항): "다음 재산은 공공재산에 속한다: a. **내수·군도수역**과 **영해** 및 그 해상(海床)·해저; … c. **대륙붕**; d. **내수·군도수역·영해·접속수역**과 **배타적 경제수역** 및 **대륙붕**의 생물·무생물 자원; …"

69) 나미비아(제100조): "나미비아의 영토의 지표 위아래, **대륙붕**과 **영해** 및 **배타적 경제수역** 안의 토지·물·자연자원은 달리 적법하게 소유되지 않는 한 국가에 귀속된다."

70) 앙골라(제16조): "앙골라의 관할에 속하는 토양과 하층토, **영해**, **배타적 경제수역**과 **대륙붕**에 존재하는 고체·액체·기체의 자연자원은 국가의 재산이며, 특허·탐사·채취개발의 조건은 헌법과 법률 및 국제법의 정하는 바에 따라 정한다."; 앙골라(제95조 제1항): "다음은 공공재산에 속한다: a. 호수·늪·수류 및 그 수저(水底)를 포함하여 내수면과 **영해** 및 인접 해저; b. 내수면과 **영해**, **접속수역**, **배타적 경제수역** 및 **대륙붕**에 존재하는 생물·무생물 자원; …"

71) 카보베르데(제270조 제2항): "제1항의 규정과 더불어, 군대는 다음의 책임을 수행한다: … b. 항공·해양 방위의 감시, 특히 **영해**와 **배타적 경제수역**의 이용 및 수색·구조 활동과 관련하여; …"

72) 콩고민주공화국(제55조): "독성·오염·방사성 폐기물이나 그 밖의 위험물을, 그것이 외국산이든 아니든, **내수**나 국가관할권에 속하는 해양공간에서 운송·수입·보관·유출·폐기하거나 공중으로 방출하는 것은 법률로 처벌가능한 범죄를 구성한다."

하고 있으며, 콩고민주공화국에서는 해양오염의 위험성이 있는 폐기물·위험물의 유출·폐기 등에 대한 처벌을 규정하면서 해양관할권 개념을 사용하기도 한다. 물론 이러한 사례의 경우에도 해당 해역에 대한 국가의 주권·관할권(첫째 유형)의 존재가 전제되어야 한다.

이상의 결과를 종합하면, 아프리카 지역에서 헌법상 해양관할권 개념의 용법은 첫째 유형이 압도적이다. 헌법에서 해양관할권 개념을 하나라도 언급하는 17개국 중에서 2개국(나이지리아·나미비아)을 제외한 15개국(88%)의 헌법에서 첫째 유형의 용법으로 해양관할권 개념을 사용하고 있다.[73] 특히 둘째·셋째 유형의 용법이 아니라 오직 첫째 유형의 용법으로만 해양관할권 개념을 사용하는 국가도 9개국에 이른다.[74] 그리고 해양관할권 개념을 둘째 유형의 용법으로만 사용하는 국가는 없으며, 오직 셋째 유형의 용법(즉 해양자원의 소유권 귀속의 용법)으로만 사용하는 국가는 첫째 유형의 용법에서 제외된 2개국(나이지리아·나미비아)이다. 이와 같이 한 가지 유형의 용법으로만 해양관할권 개념을 사용하는 이들 11개국을 제외하면, 나머지 6개국은 세 가지 유형의 용법 중에서 두 가지 또는 세 가지 유형의 용법으로 혼용한다. 즉 세 가지 유형의 용법으로 모두 사용하는 국가는 2개국(카보베르데·앙골라)이며,[75] 세 가지 유형 중에서 두 가지의 용법으로 사용하는 국가는 4개국이다. 두 가지 유형의 용법으로 사용하는 경우로는, 첫째·둘째 유형의 용법으로 사용하는 국가는 1개국(기니비사우)뿐이고, 첫째·셋째 유형의 용법으로 사용하는 국가는 3개국(모잠비크·케냐·가나)이며, 둘째·셋째 유형의 용법으로 사용하는 국가는 없다.

73) 해양관할권 개념을 언급하는 연안국 중에서 첫째 유형의 용법에 해당하는 국가는, 아시아에서는 17개국 중에서 7개국(41%)이고, 아메리카에서는 18개국 중에서 17개국(94%)이며, 유럽에서는 11개국 중에서 7개국(64%)이다. 한병호, 앞의 논문(아시아·미주), 30쪽 이하; 한병호, 앞의 논문(유럽), 17쪽 이하.

74) 동(6): 모리셔스·세이셸·소말리아·에리트레아·코모로·탄자니아; 중(3): 상투메프린시페·적도기니·콩고민주공화국. 다만, 콩고민주공화국의 경우에는 특수 사례의 유형도 사용되고 있으나, 세 가지 기본 유형의 용법만을 고려하여 여기에 포함시킨다.

75) 카보베르데에서는 그 밖에도 특수 사례의 용법으로도 추가하여 사용하고 있다.

3. 해양관할권의 범위에 관한 헌법상 규율 방식

유엔해양법협약에서는 연안국의 해양관할권이 미치는 공간적 범위의 설정과 그러한 해양공간에 대한 해양관할권의 내용에 관하여 상세하게 규정하고 있다. 앞에서 언급했듯이, 특히 연안국이 주권·관할권을 행사하는 해양공간의 최대 폭에 관해서는, 영해기선으로부터 측정하여, 영해는 12해리까지, 접속수역은 24해리까지, 배타적 경제수역은 200해리까지, 그리고 대륙붕은 영토의 자연적 연장에 따라 대륙변계의 바깥 끝까지 또는 200해리까지(대륙변계의 바깥 끝이 200해리 미만인 경우)로 규정하고 있다. 그리고 영해기선으로부터 육지 쪽 수역을 내수로 규정하고, 군도국가에서 군도기선과 군도수역의 설정도 규정하고 있다.

연안국의 국내법에서는 자국이 관할하는 해양공간의 범위를 법률로 설정하는 것이 일반적이고, 다른 국가와의 해양관할권 충돌이 있는 경우에는 조약 등을 통해서 그 분쟁을 해결할 수밖에 없을 것이다. 그런데 헌법의 차원에서 어떻게 규율할 것인가의 문제는 여전히 남는다. 국가의 주권·관할권이 미치는 해양공간의 범위를 설정하는 것은 헌법적 규율대상이 되는 실질적 헌법사항에 속하므로 그 최소한은 헌법에서 직접 규율되어야 한다고 생각할 수도 있지만, 그럼에도 불구하고 해양공간의 범위를 헌법에서 직접 설정하는 것은 간단명료성·개정곤란성이라는 형식적 헌법의 특성과 상충될 수 있다는 입법기술적 난점을 제기할 수도 있다. 그리하여 해양관할권의 범위에 관하여 실제로 헌법에서 규율하는 방식은 이들 양쪽 극단의 선택 또는 그 중간 접점의 모색을 통하여 몇 가지 유형으로 나타날 수 있다. 그리하여 해양관할권이 미치는 공간적 범위의 설정에 관해서 헌법에서 직접 명시하여 규정하는 방식, 법률로 정하도록 위임하는 방식, 조약 등 국제법에 따르도록 규정하는 방식, 그리고 그것에 관해서 아무런 언급도 하지 않은 채 침묵하는 방식 등을 생각해 볼 수 있다. 물론 이들 규율 방식은 서로 완전히 배타적인 것은 아니기 때문에, 해양관할권의 종류에 따라 그리고 하나의 해양관할권의 경우에도 여러 가지 규율 방식이 혼용될 수도 있다. 아래에서는 아프리카 지역에서 해양관할권의 범위나 경계에 관하여 헌법에서 규율하는 방식을 살펴본다.

[표 5] 해양관할권의 범위에 관한 헌법상 규율 방식

규율 방식	해당 국가	
헌법에 명시	중(1): 상투메프린시페	1
법률에 위임	동(3): 모잠비크·세이셸·코모로; 서(3): 가나·기니비사우·카보베르데; 중(2): 앙골라·적도기니	8
국제법	동(1): 코모로; 서(1): 카보베르데; 중(1): 앙골라	3
언급 없음	동(5): 모리셔스·소말리아·에리트레아·케냐·탄자니아; 서(1): 나이지리아; 남(1): 나미비아; 중(1): 콩고민주공화국	8

먼저, 해양관할권의 범위나 경계에 관하여 헌법에서 직접 정하는 경우는, [표 5]에서 보듯이, 아프리카 지역에서는 1개국(상투메프린시페)뿐이다.[76] 상투메프린시페(제4조 제1항)에서는 영해의 폭을 12해리로 명시하고 있다. 둘째로, 해양관할권의 범위나 경계에 관하여 법률로 정하도록 헌법에서 위임하는 경우는, [표 5]에서 보듯이, 모잠비크·세이셸·코모로 등 등아프리카 3개국,[77] 가나·기니비사우·카보베르데 등 서아프리카 3개국,[78] 그리고 앙골라·적도기니 등 중앙아프리카 2개국[79] 등 모두 8개국이다.[80] 특히 이들 국가들은 대부분 해양관할권의 한계나 경계획정 등을 법률로 정하도록 구체적으로 위임하는 규정을 헌법에 두고 있다. 셋째로, 해양관할권의 범위에 관하여 조약 등 국제법에 따르도록 헌법에서 규정하는 경우로는, 동·서·중앙아프리카 각 1개국씩 모두 3개국(코모로·카보베르데·앙골라)이다.[81][82] 이들 3개국에서는 법률

76) 해양관할권의 범위나 한계를 헌법에서 직접 명시하는 경우는, 아시아나 유럽에서는 없고, 아메리카에서는 해양관할권 개념을 언급하는 18개국 중에서 5개국(28%)이다. 한병호, 앞의 논문(아시아·미주), 39쪽; 한병호, 앞의 논문(유럽), 22쪽.

77) 모잠비크(제6조 제2항); 세이셸(제2조 제3항); 코모로(제6조, 제7조).

78) 가나(제4조 제2항); 기니비사우(제10조, 제86조); 카보베르데(제6조, 제187조 제1항).

79) 앙골라(제3조, 제164조); 적도기니(제3조 제1항).

80) 해양관할권 개념을 언급하는 연안국 중에서 해양관할권의 범위를 법률로 정하도록 위임하는 경우는, 아시아에서는 17개국 중에서 8개국(47%)이고, 아메리카에서는 18개국 중에서 9개국(50%)이며, 유럽에서는 11개국 중에서 3개국(27%)이다. 한병호, 앞의 논문(아시아·미주), 39쪽; 한병호, 앞의 논문(유럽), 21쪽 이하.

81) 코모로(제6조, 제7조); 카보베르데(제6조 제2항); 앙골라(제3조).

82) 해양관할권 개념을 언급하는 연안국 중에서 해양관할권에 관하여 조약 등 국제법에 따르도록 규정하는 경우는, 아시아에서는 17개국 중에서 하나도 없고, 아메리카에서는 18개국 중에서 9개국(50%)이며, 유럽에서는 11개국 중에서 2개국(18%)이다. 한병호, 앞의 논문(아시아·미주),

에의 위임과 더불어 상당히 포괄적으로 국제법·국제협정을 병렬적으로 언급하고 있다. 이상의 세 가지 유형의 경우에는 해양관할권의 범위나 한계를 헌법에서 직접 명시해서 규정하거나, 법률로 정하도록 위임하거나 조약 등 국제법에 따르도록 헌법에서 규정하는데, 이것은 헌법에서 해양관할권의 범위와 한계에 관한 규율에서 적극적인 태도를 보여주는 것이라고 할 수 있다. 실제로 이들 9개국 중에서 기니비사우를 제외한 8개국에서는 모두 영토에 관해서도 헌법에서 직접적·적극적으로 규율하는 직접적·적극적 영토조항을 두고 있다.

해양관할권의 범위에 관한 헌법적 규율에서 적극적인 태도를 보이는 9개국을 제외한 나머지 국가의 경우에는, 해양관할권 개념을 언급하면서 해양관할권 자체를 규정하면서도 그 범위나 경계에 관해서 특별한 언급을 하지 않은 채 침묵한다. 이러한 침묵의 유형, 즉 넷째 유형에 해당하는 국가는, [표 5]에서 보듯이, 동아프리카 5개국(모리셔스·소말리아·에리트레아·케냐·탄자니아), 서·남·중앙아프리카 각 1개국(나이지리아·나미비아·콩고민주공화국) 등 8개국이다.[83] 이것은 해양관할권 개념을 하나라도 언급하는 17개국 중에서 47%를 차지한다.[84]

그런데 헌법에서 해양관할권 개념을 하나라도 언급하는 17개국을 제외한 나머지 연안국의 경우, 즉 헌법에서 해양관할권 개념을 전혀 언급조차 하지 않는 21개국의 경우에는, 해양관할권의 범위나 한계에 관해서 헌법에서 명시적인 언급을 하지 않고 침묵하는 것이 일반적이다. 헌법에서 해양관할권 개념을 사용하지 않은 채 해양관할권이 미치는 공간적 범위를 설정하는 것이 이론적으로 불가능하지는 않을지라도, 실제로는 그것이 매우 어려울 뿐 아니라 비효율적이다. 해양관할권 개념은 국제적으로도 국내적으로도 법제도·법이론에 의하여 통용되는 개념임에도 불구하고, 헌법에서 그러한 개념을 언급조차 하

39쪽; 한병호, 앞의 논문(유럽), 21쪽 이하.

83) 이들 중에는 관련 조항에서 법률이나 국제법이 언급되는 경우도 있으나, 포괄적으로라도 해양관할권의 범위에 관한 것이 아닐 때에는 넷째 유형에 포함시켰다.

84) 해양관할권 개념을 언급하는 연안국 중에서 해양관할권의 범위나 한계에 관하여 침묵하는 경우는, 아시아에서는 17개국 중에서 9개국(53%)이고, 아메리카에서는 18개국 중에서 2개국(11%)이며, 유럽에서는 11개국 중에서 7개국(64%)이다. 한병호, 앞의 논문(아시아·미주), 39쪽; 한병호, 앞의 논문(유럽), 22쪽 이하.

지 않는 것은 해양관할권의 범위나 한계에 관한 헌법적 규율을 명시하지 않고서 일반적 규율방식에 따르겠다는 취지로 이해될 수 있다. 민주적 법치국가에서는, 법률로 규율해야 할 사항이 헌법에서 구체적으로 특정되어 위임되지 않더라도, 의회가 헌법에 위반되지 않는 범위 안에서는 포괄적인 입법권을 가지고 있기 때문이다.

헌법에서 해양관할권의 범위나 경계에 관하여 직접 명시하여 정하든, 법률로 정하도록 위임하거나 조약 등 국제법에 따르도록 규정하든, 그것에 관한 언급을 하지 않은 채 침묵하든, 심지어 해양관할권 개념조차 언급하지 않음으로써 그것에 관한 언급도 하지 못한 채 침묵하든, 해양관할권의 범위나 한계는 실제로는 법률로 구체적으로 규정될 수밖에 없고, 국가 상호간의 해양관할권 충돌 문제는 조약 등 국제법에 따라 해결할 수밖에 없다. 나아가, 지리적 여건상 유엔해양법협약에 따른 최대한의 해양관할권을 주장할 수조차 없을 정도로 연안국의 인접 해양이 협소한 경우에는, 연안국이 자국의 해양관할권의 범위를 일방적으로 법률로도 규정할 수 없는 경우도 있을 수 있고, 그렇게 규정하더라도 실효성을 기대하기 곤란할 수도 있다.

따라서 해양관할권의 범위에 관한 헌법상 규율 방식은, 지리적 여건상 가능한 범위 안에서, 그 범위나 한계의 원칙적인 명시·선언, 법률에의 위임, 국제법의 준수와 조약에 의한 갈등 해결 등을 규정하는 것이 그나마 적극적인 방식이라고 할 수 있다. 그래서 헌법에서 어떤 방식으로 규율하든, 연안국의 해양관할권의 범위나 한계는 실제로는 결국 헌법을 구체화·보충하는 국내 법령 및 분쟁당사국 사이에 체결된 조약 등을 통하여 확인할 수밖에 없다. 그러나 자료의 수집·검증과 자료의 최신성 등을 담보하기 어렵다는 판단으로 해양관할권의 범위와 한계에 관한 법령 및 조약 등에 의한 실제 규율은 여기서는 생략하고, 다만 수집 가능한 자료의 출처만 밝혀 둔다.[85]

85) 아프리카를 비롯한 세계 각국의 해양관할권 주장(2011. 7. 15. 기준)에 관한 요약표 (https://www.un.org/Depts/los/LEGISLATIONANDTREATIES/PDFFILES/table_summary_of_claims.pdf) 참조. 국가별 해양관할권 주장과 관련 법령 및 조약에 관해서는, https://www.un.org/Depts/los/LEGISLATIONANDTREATIES/toc.htm; https://www.jag.navy.mil/organization/code_10_mcrm.htm 참조.

Ⅳ. 결 론

여태까지 아프리카 지역 54개국 중에서 연안국 38개국을 대상으로 헌법에서 해양관할권에 관하여 어떻게 규율하고 있는가를 살펴보았다. 그 요지는 다음과 같다.

먼저, 연안국의 해양관할권의 전제가 되는 영토에 관하여, 헌법에서 영토의 범위나 경계를 직접 특정하거나 법률·조약 등으로 특정할 수 있도록 위임하는 등 헌법상 직접적·적극적인 영토조항을 두고 있는 국가는 연안국 38개국 중에서 16개국(42%)과 내륙국 16개국 중에서 10개국(63%)을 합하여 26개국(48%)이다.

둘째, 연안국의 헌법에서 영해·대륙붕과 배타적 경제수역 및 접속수역·내수 및 군도수역 중 하나라도 언급하는 국가는 17개국(45%)이다. 이들 국가의 헌법에서 언급되는 해양관할권 개념을 살펴보면, 영해는 16개국, 대륙붕은 11개국, 배타적 경제수역은 9개국, 접속수역과 군도수역(또는 군도)은 각각 5개국, 내수는 3개국의 헌법에서 언급된다. 특히, 핵심적인 해양관할권에 속하는 영해·대륙붕과 배타적 경제수역의 경우에는, 세 가지를 모두 언급하는 국가는 7개국(가나·나미비아·모잠비크·앙골라·카보베르데·케냐·코모로), 영해와 대륙붕을 언급하는 국가는 3개국(모리셔스·소말리아·콩고민주공화국), 영해와 배타적 경제수역을 언급하는 국가는 2개국(기니비사우·나이지리아), 영해만 언급하는 국가는 4개국(상투메프린시페·세이셸·에리트레아·탄자니아), 대륙붕만 언급하는 국가는 1개국(적도기니)이다. 배타적 경제수역만을 언급하거나 그것과 대륙붕 두 가지만을 언급하는 국가는 없다.

셋째로, 헌법에서 해양관할권 개념을 사용하여 규율하는 사항, 즉 해양관할권 개념의 용법의 세 가지 기본유형을 살펴보았다. 하나는 국가의 주권·관할권이 미치는 공간적 범위를 특정하기 위하여 해양관할권 개념을 사용하는 경우인데, 아프리카 지역에서는 15개국(가나·기니비사우·모리셔스·모잠비크·상투메프린시페·세이셸·소말리아·앙골라·에리트레아·적도기니·카보베르데·케냐·코모로·콩고민주공화국·탄자니아)이 여기에 해당한다. 둘째는 연방과 주 사이 또는 중앙정부와 지방정부 사이 또는 국가기관 상호간의 해양관할권의 국내적 배분을 규정하면서 해양관할권 개념을 사용하는 경우인데, 이 유형에는 3개국(기니비사우·앙골라·카보베르데)이 해당한다. 셋째는 국가의 관할권에 속하는 해양공간과 해양자원의 소유권 귀속을 규율하면서 해양관할권 개념을 사용하는 경우인데, 7개국(가나·나미비아·나이지리아·모잠비크·앙골라·케냐·카보베르데)이 여기에 해당한다. 이러한 세 가지 기본유형에 해당하지 않는 특수한 사례 유형(카보베르데·콩고민주공화국)도 있다.

넷째로, 헌법에서 해양관할권의 범위나 한계에 관해서 어떻게 규율하는가를 살펴보았다. 아프리카 지역에서는 해양관할권의 범위나 경계에 관하여 헌법에서 직접 명시하여 정하는 경우는 1개국(상투메프린시페)에서만 발견된다. 해양관할권의 범위나 경계에 관하여 법률로 정하도록 헌법에서 위임하는 경우는 8개국(가나·기니비사우·모잠비크·세이셸·앙골라·적도기니·카보베르데·코모로)인데, 그 중에서 3개국(앙골라·카보베르데·코모로)에서는 동시에 조약 등 국제법에 따르도록 함께 규정하고 있다. 이와 같이 해양관할권의 범위나 한계에 관하여 헌법에서 적극적으로 규율하는 이들 9개국을 제외하면, 나머지 8개국(나미비아·나이지리아·모리셔스·소말리아·에리트레아·케냐·콩고민주공화국·탄자니아)에서는 해양관할권 개념을 헌법에서 언급하면서도 해양관할권의 범위나 한계에 관해서는 아무런 언급 없이 침묵하고 있다. 이것은 해양관할권 개념 자체를 전혀 언급하지 않는 21개국의 경우에도 마찬가지이다. 그러나 헌법에서의 규율방식이 어떠하든, 연안국의 해양관할권의 범위와 한계에 관한 사항은 구체적으로는 연안국의 지리적 여건 하에서 자국의 법령 및 관련 이해당사국과의 조약과 같은 국제법에 의하여 규율될 수밖에 없다.

아프리카 지역 국가의 헌법상 해양관할권에 관한 이러한 연구결과는 아시아를 비롯한 세계의 여러 지역과의 비교연구의 기초자료가 될 것이다. 또한 한국에서 해양관할권 개념을 언급하는 방식의 헌법개정을 둘러싼 논의에서도 또 하나의 참고자료가 될 것이다.

참고문헌

고문현·박찬호·최용전, “해양수산 환경 변화에 따른 기본법제의 개선연구”, 해양수산부 용역보고서, 2017. 11.

김영구, 「한국과 바다의 국제법」, 21세기북스, 2004.

도회근, “헌법의 영토조항에 관한 비교헌법적 연구”, 「법조」, 제58권 제11호, 법조협회, 2009. 11.

한병호, “아시아 지역 국가의 헌법과 바다－해양관할권을 중심으로－”, 「해사법연구」, 제31권 제1호, 한국해사법학회, 2019. 3.

한병호, “유럽 지역 국가의 헌법상 해양관할권 규정에 관한 연구”, 「해사법연구」, 제32권 제2호, 한국해사법학회, 2020. 7.

한병호, “헌법과 바다”, 김인유 외, 「바다를 둘러싼 법적 쟁점과 과제」, 피앤씨미디어, 2017.

한병호, “미주 지역 국가의 헌법과 바다”, 강우예 외, 「바다를 둘러싼 법적 쟁점과 과제 Ⅱ」, 피앤씨미디어, 2018.

한병호, “아시아 지역 국가와 미주 지역 국가의 헌법상 해양관할권 규정의 비교 연구”, 김인유 외, 「바다를 둘러싼 법적 쟁점과 과제 Ⅲ」, 피앤씨미디어, 2019.

홍선기·강문찬, “해양수산의 헌법적 가치에 관한 연구”, 「법제」, 통권 677호, 법제처, 2017. 6.

Donald R. Rothwell and Tim Stephens, *The International Law of the Sea*, Oxford: Hart Publishing, 2010.

Donald R. Rothwell, Alex G. Oude Elferink, Karen N Scott, Tim Stephens(ed.), *The Oxford Handbook of the Law of the Sea*, Oxford: Oxford University Press, 2015.

Department of Economic and Social Affairs Statistics Division, *World Statistics Pocketbook 2019 edition*, New York: United Nations, 2019.

https://www.constituteproject.org/search?lang=en&status=in_force

http://data.un.org/en/index.html

http://www.un.org/Depts/los/LEGISLATIONANDTREATIES/toc.htm

http://www.un.org/Depts/los/reference_files/chronological_lists_of_ratifications.htm#

The United Nations Convention on the Law of the Sea
http://www.un.org/Depts/los/reference_files/status2019.pdf
http://www.jag.navy.mil/organization/code_10_mcrm.htm
http://www.un.org/Depts/los/LEGISLATIONANDTREATIES/PDFFILES/table_summary_of_claims.pdf

제 2 장

해양법의 법적 쟁점

≫ 해양지형물의 해양법적 의미와 효과에 관한 고찰 _ 이용희

해양지형물의 해양법적 의미와 효과에 관한 고찰*

이 용 희

Ⅰ. 서 론

“육지가 바다를 지배한다(The Land dominates the Sea.)”는 국제해양법의 영역에서 육지와 연계된 해양의 법적 지위를 논함에 있어서 일반적으로 수용되고 있는 원칙이다. 이 원칙은 오늘날 해양관할권 설정 및 해양경계획정시 매우 주요한 역할을 수행하고 있다. 이 원칙이 국제해양법분야에 처음 소개된 것은 1969년 북해대륙붕사건에 대한 국제사법재판소(이하에서 ‘ICJ’라 함) 판결에서 처음으로 인용된 것에서 비롯된다. 위 사건에 대한 판결에서 동 재판소는 이 원칙을 인용하면서 “육지는 국가가 영토를 해양 쪽으로 확장할 수 있는 권한의 법적 권원이기 때문에, 우선적으로 어떤 지형물이 사실상 그러한 확장을 구성할 수 있는지를 설정하여야 한다”고 설명한 바 있다.[1] 이 원칙은 이후 많은 해양분쟁을 다룬 국제재판소 판결에서 반복적으로 인용되어 오고 있으며,[2] 오늘날 연안국의 해양관할권을 논함에 있어 가장 기본적인 출발점으로 인식되고 있다.

이 원칙을 적용함에 있어서 가장 중요한 두 가지 요소는 첫째, 어떤 해양지형물(maritime features)이 육지에 해당하는 것인지, 둘째 육지의 개념에 포함

* 이 논문은 ‘해양지형물의 해양법적 의미와 효과에 관한 고찰’(해항도시문화교섭학, 제23호, 2020)의 내용을 바탕으로 수정·보완하여 작성한 것임.

1) International Court of Justice, *North Continental Shelf Case*, Judgement of ICJ(1969), para.96.

2) 이에 대해서는 Erick Franckx, “4. The Regime of Islands and Rocks”, in David Joseph Attard(ed.)(2014),『The IMLI Manual on International Maritime Law, Vol. I: The Law of the Sea』, Oxford: Oxford University Press, p.99, 각주 1 참조.

되는 해양지형물은 어떠한 지형적, 지질학적, 지리적 조건에서 어떠한 해양관할권을 설정할 수 있는 것인가 하는 점이다. 연안국이 육지의 권원에 따라 설정할 수 있는 해양관할권의 종류는 유엔해양법협약(이하에서 '1982년 협약' 이라 함)에서 분명히 규정되어 있는 바, 영해, 접속수역, 군도수역, 배타적 경제수역, 대륙붕이 그 예에 해당한다.

육지의 범위에 육지 본토가 포함됨은 물론이지만 1982년 협약은 이외에도 다양한 자연적인 해양지형물을 육지의 개념에 포함시키고 있다. 1982년 협약상 사용되고 있는 해양지형물의 개념으로는 섬(islands), 암석(rock), 간조노출지(low−tide elevation), 암초(reef), 드러난 암초(drying reef), 환초(atoll) 등이 있다. 그러나, 각 해양지형물의 인정 요건과 그로부터 설정가능한 해양관할권의 범위와 조건에 대해서 복잡한 규정을 두고 있다. 뿐만 아니라 그것을 규정함에 있어 추상적 용어를 사용하거나 애매하게 규정한 부분이 있어 협약당사국간 해석과 적용상 많은 다툼의 소지를 내포하고 있다.[3]

해양지형물의 법적 지위와 그 효과에 대한 국가간의 분쟁은 1982년 협약 채택 이전에도 존재하였지만 1982년 협약 채택 이후에는 더욱 민감한 문제로 대두되고 있다.[4] 그 이유는 1982년 협약이 연안국이 설정할 수 있는 해양관할권의 종류를 기존의 1958년 해양법협약체제에서 인정하였던 영해와 접속수역, 대륙붕에 더하여 배타적 경제수역과 군도수역의 개념을 추가하였을 뿐만 아니라 영해와 대륙붕의 외측한계도 혁신적으로 증대시킴에 따라 연안국이 본토 또는 해양지형물을 기준으로 하여 광대한 해양관할권을 설정할 수 있도록 하였기 때문이다. 특히, 연안에서 400해리 이상 떨어진 해양지형물중 섬의 경우 최대 431,014㎢의 광대한 해양관할권을 설정할 수 있는 권원을 갖기 때문에, 해양지형물이 섬의 법적 지위를 갖는가 여부가 중대한 국익과 직결되어 있는 상태이다.[5] 따라서, 해양지형물의 분류기준과 적용범위에 대해 연안국과 지리적 불리국, 도서국, 인접국과 대향국간에 더욱 첨예하게 대립하여 오고 있다.

3) 김원희(2017), "남중국해 중재판정과 독도의 법적 지위에 대한 함의", 『해양정책연구』, 제31권 제2호, 한국해양수산개발원, 59쪽.
4) Erick Franckx, op.cit, p.99.
5) Ibid., p.101.

이러한 대립을 해소하기 위해 해양지형물에 대한 다양한 해석 이론이 학자들의 연구와 국가실행 및 국제판례를 통하여 축적되어 오고 있다.[6] 2000년대에 들어서도 해양지형물과 관련된 유의미한 판례들이 국제재판소들에 의해 다수 제시되고 있다. 그 대표적 예로서는 2012년 니카라과와 콜롬비아간 영토 및 해양분쟁사건에 대한 ICJ의 판결,[7] 2015년 모리셔스와 영국간 차고스 해양보호구역사건에 대한 1982년 협약 제7부속서에 따른 중재재판소 판정,[8] 2016년 필리핀과 중국간 남중국해사건에 대한 1982년 협약 제7부속서에 따른 중재재판소 판정[9]을 들 수 있다. 특히, 2016년 남중국해사건에 대한 중재판정에서는 필리핀이 청구취지 3, 4, 6, 7에서 남중국해에 위치해 있는 10개 해양지형물의 국제해양법적 지위를 결정하여 줄 것을 요청하였고,[10] 이에 재판소가 해양법상 섬, 암석, 간조노출지의 구분 기준에 대해 구체적인 판정을 함으로써 해양법상 해양지형물에 대한 논의에 커다란 진전을 부여한 바 있다.

그러나, 이러한 국제사회의 노력에도 불구하고 해양지형물에 대한 1982년 협약의 해석과 적용에는 여전히 많은 난점이 존재하고 있으며, 일관된 국가실행이 존재한다고 보기 어렵다. 우리나라의 경우에도 섬을 포함한 해양지형물에 근거한 해양관할권 주장을 하고 있고 이에 대한 논란이 존재하고 있으며, 주변국인 일본 및 중국과도 동일한 문제가 외교적 현안으로 대두되어 있는 상태이다.

이하에서는 이러한 해양지형물을 둘러싼 해양법적 쟁점, 즉, 1982년 협약상 해양관할권의 근거로 규정하고 있는 자연적인 해양지형물의 정의와 그것의 인정기준, 해양지형물이 지리적 형상과 위치에 따라 해양관할권 설정에 미치는 효과 등에 대하여 학설과 국제판례를 바탕으로 종합적으로 살펴보고, 해석

6) 해양지형물을 법적 지위를 다룬 국제재판소의 판례에 대하여는 김원희, 앞의 논문, 61~70쪽 참조.

7) International Court of Justice, *Territorial and Maritime Dispute (Nicaragua v. Colombia)*, Judgment of 19 November 2012.

8) Permanent Court of Arbitration, *Chagos Marine Protected Area Arbitration (Mauritius v. United Kingdom)*, Award of 18 March 2015, PCA Case No. 2011－3.

9) Permanent Court of Arbitration, *the South China Sea Arbitration (Philippines v. China)*, Merits, Award of 12 July 2016, PCA Case No. 2013－19.

10) 박배근(2018), "'섬'과 '암석'에 관한 남중국해 중재판정과 한일간 해양경계획정에 대한 함의", 『영토해양연구』, 제15권, 동북아역사재단, 77~80쪽.

과 적용에 관한 방향을 제시해보고자 한다.11)

II. 해양법상 해양지형물의 정의와 요건 분석

1982년 협약은 해양관할권의 권원을 갖는 육지(land territory 또는 land domain)12)의 종류로서 본토(continental land mass) 이외에 앞서 설명한 바와 같이 섬, 암석, 간조노출지, 암초, 드러난 암초, 환초 등 다양한 해양지형물을 규정하고 있다. 이러한 자연적인 해양지형물중 섬, 암석, 간조노출지에 대해서는 협약 규정상 정의를 포함하고 있고, 그 정의 내에 해당 지형물의 법적 지위를 구분하기 위한 요건을 제시하고 있다. 그러나, 암초, 환초, 드러난 암초에 대해서는 특별한 정의 규정을 두고 있지 않다.

1. 섬의 정의와 요건

1982년 협약은 제121조 제1항에서 섬에 대해 “바닷물로 둘러싸여 있으며, 밀물일 때에도 수면 위에 있는, 자연적으로 형성된 육지지역을 말한다”고 정의하고 있다. 이와 같은 정의는 1958년 영해 및 접속수역에 관한 협약 제10조 제1항의 규정 태도와 동일한 것이다.

위와 같은 정의 규정에 근거할 때, 해양법상 섬이 되기 위해서는 4가지 요건을 충족하여야 하는 것으로 해석된다.

먼저, 섬은 바닷물로 둘러싸여 있어야 한다. 이는 섬의 경우 사면이 바닷물로 둘러싸여 있어야 한다는 것으로서, 간조시 드러나는 모래톱으로 육지 본토

11) 1982년 협약상 대륙붕의 외측한계 설정에 관련된 해양지형으로서 심해대양저(oceanic ridge) 같은 용어가 사용되고 있으나 이 논문의 분석대상은 수면 위로 나타나는 해양지형물에 국한하기로 하고 해양법상 해양관할권 설정과 무관한 수중 지형물(sub-merged features)은 논외로 하기로 한다.

12) Land territory 라는 용어는 1982년 협약 제2조 제1항, 제76조 제1항에서 사용하고 있으며, land domain 이라는 용어는 제7조 제3항에서 사용하고 있으나 이에 대한 용어의 정의는 없다.

와 연결되어 있거나 둑으로 연결되어 있는 경우에는 섬의 지위를 인정받기 어렵다는 의미로 해석된다.[13)]

둘째, 섬은 밀물일 때에도 수면 위에 있어야 한다. 이 조건의 의미는 항상 수면 위로 해양지형물이 존재하여야 함을 의미하며, 이 조건이 후술하는 간조노출지와 섬을 구별하는 가장 중요한 기준이 된다. 다만, 밀물일 때 항상 물 위에 있는지를 판단하는 기준은 1982년 협약상 명시적인 규정이 없을 뿐만 아니라 국가실행도 일치하지 않은 상태이므로 이에 대해 자세한 것은 간조노출지를 논하는 과정에서 다시 살펴보기로 한다. 한편, 밀물일 때 수면 위에 나타나는 섬의 면적은 중요하게 고려되지 않고 있다. 섬과 암석을 구분하는 기준으로서 섬의 크기가 제3차 유엔해양법회의과정과 1982년 협약 채택 이후 많은 학술적 저술을 통하여 제시되었으나 그 기준에 대해서는 반대의 의견이 존재하여 채택되지 못하였다.[14)] 밀물 위로 항상 드러나는 육지지형의 규모에 대해서 해양법이나 국제관습법은 아무런 기준을 제시하고 있지 않으므로 위의 요건을 충족한 모든 해양지형물은 해양법적으로 섬의 지위를 갖는 것으로 해석된다.[15)] 이러한 해석 태도는 2001년 카타르와 바레인간 해양경계 및 육지영토에 관한 사건에 대한 ICJ의 판결과 2012년 니카라과와 콜롬비아간 영토 및 해양분쟁사건에 대한 ICJ의 판결에서도 인용된 바 있다.[16)] 후자의 판결에서 ICJ는 "국제법상 섬으로 간주되기 위해 해양지형물이 반드시 갖추어야 하는 어떠한 최소한의 크기도 규정된 바 없다"고 하여 섬과 암석의 구분 기준에 섬의 크기는 고려대상이 아님을 재차 확인한 바 있다.[17)]

셋째, 섬은 자연적으로 형성된 것이어야 한다. 이 조건은 섬과 인공섬(artificial islands)을 구분하는 가장 중요한 기준으로서, 섬의 요건을 충족하는

13) Yoshifumi Tanaka(2019), 『The International Law of the Sea, 3rd edition』, Cambridge: Cambridge University Press, p.77.

14) *The South China Sea Arbitration,* op.cit., para. 538.

15) Yoshifumi Tanaka, op.cit., p.76.

16) International Court of Justice, *Maritime Delimitation and Territorial Questions between Qatar and Bahrain* (Qatar v. Bahrain), Judgment, I.C.J.(2001), para. 185; *Territorial and Maritime Dispute (Nicaragua* v. *Colombia),* op.cit., para. 37.

17) "In accordance with Article 121, paragraph 2, of the 1982 Convention on the Law of the Sea, which reflects customary international law, islands, regardless of their size, in this respect enjoy the same status, and therefore generate the same maritime rights, as other land territory."

과정에 인간의 개입이 있어서는 안된다는 점을 강조하고 있는 것이다. 따라서, 수중지형물이나 간조노출지 위에 인공적인 구조물을 설치하거나, 수중지형물이나 간조노출지를 인간의 노력으로 밀물일 때에도 수면 위에 존재하는 해양지형물로 변경시킨다고 하여도 이를 섬으로 인정하지 않는다는 것이다. 이러한 해석적 입장은 2016년 남중국해사건에 대한 판정에서도 명확히 인용하고 있다.[18] 그러나, 이미 섬의 요건을 갖추고 있는 해양지형물이 침식으로 인하여 훼손되는 것을 방지하기 위하여 인공적인 보존조치를 취한 경우나 인공적으로 확장시킨 경우에는 섬의 지위에 별다른 영향을 주지 않는 것으로 해석된다.[19]

마지막으로, 섬은 육지지형이어야 한다. 이 조건은 섬이 육지의 구성성분과 같은 것으로 조성되어 있어야 한다는 점과 해저와 연결되어 있어야 한다는 점을 제시한 것으로서, 부유하거나 얼음으로 조성된 것은 해양법적으로 섬의 지위를 갖지 못한다는 것으로 해석된다.[20]

2. 암석의 정의와 요건

1982년 협약은 섬에 관한 규정인 제121조의 제3항에서 암석에 대하여 규정하고 있다. 즉, "인간이 거주할 수 없거나 독자적인 경제활동을 유지할 수 없는 암석은 배타적 경제수역과 대륙붕을 가지지 아니한다"는 것이다. 이 규정은 제121조 제1항과 제2항이 국제관습법을 수용한 것과는 달리 1982년 협약에서 처음으로 포함된 내용이며, 이는 배타적 경제수역이라는 새로운 해양관할권과 확장된 대륙붕제도를 염두에 두고 의도적으로 작성된 것으로 이해된다.

암석에 대한 정의와 요건을 살펴보면, 이는 독립적인 규정이라기 보다는 제121조 제1항의 섬의 정의와 요건과 연계하여 해석되어야 하는 것으로 보인다. 즉, 위에서 살펴본 섬의 요건을 충족한 섬이라 하더라도 인간이 거주할 수 없고 독자적인 경제활동을 유지할 수 없는 섬은 암석으로서의 지위를 갖는다고

---

18) *The South China Sea Arbitration (Philippines* v. *China)*, op.cit., para. 508.
19) Proelss, op. cit., p.864.
20) Ibid., p.863.

해석하는 것이다. 이에 대하여 일본정부는 제121조 제1항의 섬과 제121조 제3항의 암석을 별개의 요소로 보는 분리설의 입장을 취하고 있다. 암석에 대한 정의가 1982년 협약상 별도로 없고, 각국 실행상으로도 특정 해양지형물이 배타적 경제수역이나 대륙붕을 가지지 못한다고 할 근거가 없으므로 제121조 제1항의 섬의 요건을 충족하면 배타적 경제수역을 가진다는 주장을 하고 있다.[21)][22)] 그러나, 이러한 해석 태도는 조약 해석의 경우 "성실하게 문언해석을 하여야 하고, 전체 조약문의 문맥과 조약의 대상과 목적을 고려하여야 한다"는 국제법상 확립된 원칙에 위배되는 것으로 보이며,[23)] 더 나아가 그러한 태도를 따를 경우 암석을 여하히 정의할 것인가의 문제와 협약 제7조 직선기선 제도를 비롯한 다수의 규정에서 사용되고 있는 섬의 대상에 암석이 포함되지 않는다면 암석은 직선기선의 기점으로 사용될 수 없다는 문제에 봉착하게 된다. 따라서, 암석을 정의하고 그 요건을 제시함에 있어 제121조 제1항과 제121조 제3항을 연계하여 해석한다는 입장이 적절한 것으로 생각된다. 즉, 암석도 섬에 포함되는 개념으로서, 일반적으로 협약상 섬을 규정한 경우 섬과 암석 모두를 포괄하는 섬의 개념으로 이해하고, 섬으로부터의 해양관할권 설정 가능성 논의단계에서만 섬과 암석으로 구분하여 적용하여야 한다는 것이다.

위에서 살펴본 바와 같이 섬과 암석의 연계성 문제가 해결된다고 하여도, 암석의 요건과 관련하여서는 많은 해석상의 난점이 존재하고 있다. 암석의 재질은 엄격한 지질학적 요건을 의미하는 것인지 여부, 인간이 거주할 수 없다는 것의 의미, 독자적인 경제생활을 유지할 수 없다는 것의 의미, 인간이 거주할 수 없다는 요건과 독자적인 경제생활을 유지할 수 없다는 요건의 관계(축적된 요건인가 별개의 요건인가?), 유지의 의미 등이 그러한 쟁점에 해당한다. 이러한 쟁점을 해결하기 위해서 많은 학설이 제시되었으며, 국제판례도 존재

21) 박배근, 앞의 논문, 104쪽.

22) 일본은 제121조 제1항과 제3항은 별개의 조항이라는 해석태도에 기반하여 2008년 11월 12일 대륙붕한계위원회에 자국 육지로부터 200해리 이원의 대륙붕 외측한계 설정에 관한 신청서를 제출하면서 암초에 지나지 않는 오키노 도리시마(Oki－no－Tori Shima)를 독자적인 대륙붕을 갖는 기점으로 제출한 바 있다. 이에 대하여 대한민국 정부는 2009년 2월 27일과 2011년 8월 11일 두 차례에 걸쳐 오키노 도리시마는 제121조 제3항의 암석에 해당하는 것으로서 독자적인 대륙붕을 주장할 수 없다는 입장을 대륙붕한계위원회에 제출한 바 있다. https://www.un.org/Depts/Los/clcs_new/submission_files/ submission_jpn.htm(2020년 8월 15일 방문)

23) 박배근, 앞의 논문, 105쪽.

하였지만 국제적 합의에 이르거나 구체화된 기준을 제시하지 못한 상태가 지속되고 있다. 또한, 국가실행도 일치하지 않아 해석상 많은 어려움을 낳고 있으며 이와 관련된 국가간 분쟁이 속출하고 있는 상태이다.[24)]

이러한 상황 속에서 2016년 남중국해사건에 대한 중재재판소 판정은 섬과 암석의 구별기준에 대하여 회피하거나 명확한 의견을 제시하지 않았던 이전의 국제판례와는 달리 위와 같은 쟁점에 대하여 많은 시사점을 제시한 바 있다.

암석의 요건을 둘러싸고 제기된 쟁점들에 대한 중재재판소의 입장을 정리하면 다음과 같다. 중재재판소는 제121조 제3항을 해석함에 있어서 조약법에 관한 비엔나협약 제31조 및 제32조에 따라 협약의 문언과 문맥, 목적과 대상을 고려하여 해석을 시도하였으며 더 나아가 모호한 부분의 해석을 위해 1982년 협약의 준비문서(travaux préparatoires)까지를 검토의 대상으로 한 바 있다.[25)]

먼저, 암석의 의미에 관해서는 제121조 제3항의 암석이라는 용어가 지질학적으로 의미하는 고체의 암석으로 이루어진 지형물만을 의미하는 것은 아니며 광물이나 유기물의 집합체를 의미하는 것이라고 해석하였다.[26)]

둘째, 해양지형물의 법적 지위는 자연적인 그 자체의 능력에 기초하여 결정되는 것이며, 해당 지형물의 거주 가능성이나 독자적인 경제생활의 유지능력을 증대할 목적으로 이루어진 외부적인 추가나 변형은 고려되지 않는다고 해석하였다.[27)]

셋째, 인간의 거주(human habitation)와 관련하여 가장 중요한 요소는 인간의 거주가 일시적인 것이 아니어야 하며, 인간의 거주 의미는 그 해양지형물에 집을 두고 생활하는 안정된 인간공동체에 의한 거주이어야 하고 그 인간공동체가 생활을 지속할 수 있는 것을 포함하는 것으로 이해되어야 한다는 것이다.[28)] 이러한 해석 태도는 거주의 의미가 정주(settlement)와 상주(residence)

---

24) 제121조 제3항의 해석에 관한 학설과 국제판례에 관해서는 김원희, 앞의 논문, 59~73쪽 참조. 국가실행에 대해서는 Yann-heui Song(2018), "The July 2016 Arbitral Award, Interpretation of Article 121(3) of the UNCLOS, and Selecting Examples of Inconsistent State Practices", 『Ocean Development & International Law』, Vol. 49, No. 3, pp.251~255 참조.

25) Yann-heui Song, op.cit., p.249.

26) *The South China Sea Arbitration,* op. cit., paras. 480, 540.

27) Ibid., para. 541.

28) Ibid., para. 542.

에 관한 관념을 내재하고 있으며, 일개인이 아니라 인간공동체가 그 해양지형물에서 살 수 있기 위해 필요한 요소(음식, 음용수, 주거지를 만들 수 있는 재료 등)들을 갖추고 있어야 한다는 것이다.[29] 한편, 해양지형물에 거주하는 인간공동체가 거주를 유지하기 위하여 연관된 해양지형물간 연계망을 활용하고, 생계와 경제활동을 해양지형물군에 걸쳐서 행하는 거주도 인간의 거주 요건을 충족하는 것으로 보았다.[30]

넷째, 독자적인 경제생활(economic life of their own) 요건과 관련하여, 이 요건은 인간의 거주와 연계된 것으로서, 거주하는 인간공동체의 경제생활이 그 해양지형물 자체에 기초하여야 하며 그 해양지형물에 연계된 영해의 해수 또는 해저에 오로지 의존하는 것이어서는 안된다는 것이다. 또한, 경제생활이 전적으로 외부자원에 의존해서는 안되며 반드시 그 해양지형물에 거주하는 인간공동체의 활동이 포함되는 것이어야 한다는 점을 적시하였다. 동시에, 그 해양지형물에 거주하는 인간공동체의 자체 수요를 충족하기 위해 그 해양지형물에서 천연자원을 수확하는 채취경제활동은 독자적인 경제활동의 요건에 해당하지 않는다고 보았다.[31]

다섯째, 해양지형물이 인간의 거주 또는 독자적인 경제생활을 유지시키는 능력은 각각의 사례별로 평가되어야 한다고 보았다.[32] 또한, 해양지형물의 능력은 소도서 지형물 그룹의 하나로서 집단적으로 인간의 거주와 독자적인 경제생활을 유지하는 잠재력도 적절히 고려하여 평가되어야 한다고 보았다.[33] 이 밖에도, 해양지형물의 객관적이고 물리적 조건에 관한 증거는 제121조 제3항에 포함된 인간의 거주와 독자적인 경제생활이라는 두가지 조건의 충족 여부를 고려함에 있어서 불충분한 것이라고 보았다. 특히, 문제의 해양지형물이 충족 기준에 근접해 있는 경우에는 더욱 그러하므로, 관련 기준은 개별 사안에 따라 달라질 수 있다는 점을 적시하였다. 이러한 경우에 중재재판소는 역사적으로 그 해양지형물이 어떻게 이용되어 왔는가에 관한 증거를 고려해야

29) Ibid., paras. 489－490, 520.
30) Ibid., para. 544.
31) Ibid., para. 543.
32) Ibid., para. 546.
33) Ibid., para. 547.

하고, 역사적으로 해양지형물의 내재적인 지위 때문에 인간의 거주나 독자적 경제활동이 없었던 것인지 아니면 전쟁이나 환경 등 외부적 요인에 의해 없었던 것인지를 구별하여 인간공동체가 유지된 적이 없었던 해양지형은 인간의 거주를 유지하기 위한 지위를 갖지 않는다고 판단할 수 있다고 지적하였다.[34)]

마지막으로, 인간의 거주 요건과 독자적인 경제생활 요건이 누적적인 것인가 아니면 개별적인 것인가에 대한 판단에서, 형식논리적으로 이를 누적적인 요건으로 보았다. 개별적인 것으로 보는 경우 제121조 제3항 후단의 해석상 두가지 중 하나의 요건만 충족한 암석은 배타적 경제수역과 대륙붕 둘 중 하나에 대한 권원만 갖는다는 불합리한 해석이 도출되기 때문이다. 더 나아가 앞서 언급한 바와 같이 그 해양지형물에 거주하지 않지만 관련성 있는 해양지형물군과의 연계를 통하여 경제생활을 지속하는 인간공동체의 거주를 거주 요건을 충족하는 것으로 보았다는 점을 고려하여 두 요건을 암석의 지위를 판단하는 누적요건으로 보았다.[35)] 따라서, 인간이 거주할 수 없고 동시에 독자적인 경제생활을 유지할 수 없는 암석의 경우만 배타적 경제수역과 대륙붕을 모두 주장할 수 없고, 둘 중 하나의 요건에 해당하는 것은 섬으로서 배타적 경제수역과 대륙붕 모두를 주장할 수 있다는 것이다.

섬과 암석을 구분하는 이러한 중재재판소의 판정에 대해서는 지나치게 협약의 규정을 엄격하게 문언적으로 해석하였다는 점, 인위적 노력에 의한 확장성을 지나치게 배제하였다는 점, 개별적인 섬의 능력을 기준으로 해석하여야 함에도 불구하고 집단을 이루는 섬간의 연계성을 고려하여 구별하였다는 점 등에 대한 비판이 존재한다.[36)] 이러한 비판 이외에도 이번 중재재판소 판정은 1982년 협약 제296조 제2항에 따라 당해 사건과 그 당사자에 대해서만 효력이 있을 뿐이므로 섬과 암석의 구별 기준에 대해 일반적으로 수용되는 국제적 기준이라고 해석하기 어렵다. 또한, 위의 판정상 기준과는 다르게 이루어지고 있는 국가실행이 가까운 시일내에 수정될 것이라는 기대도 하기 어려운 것이 사실이다. 그러나, 협약 해석상 가장 까다롭고 민감한 부분에 대하여 처

34) Ibid., para. 548.
35) Ibid., paras. 494–495, 544.
36) 박배근, 앞의 논문, 96~98쪽.

음으로 구체적인 해석기준을 제시하였다는 점에서 그 의미가 크고, 향후 논의의 출발점이 될 수 있을 것으로 생각한다.

3. 간조노출지의 정의와 요건

1982년 협약은 제13조 제1항에서 간조노출지를 "썰물일 때에는 물로 둘러싸여 물 위에 노출되나 밀물일 때에는 물에 잠기는 자연적으로 형성된 육지지역을 말한다"고 규정하고 있다. 이와 같은 간조노출지의 정의 및 요건에 관한 규정은 1958년 영해 및 접속수역에 관한 협약 제11조 제1항과 동일한 형태를 띠고 있으며, 이 또한 국제관습법을 반영한 것이다.[37]

이러한 간조노출지의 정의 규정으로부터 간조노출지 여부를 결정하는 네 가지 요건을 도출할 수 있다. 첫째, "자연적으로 형성된 것이어야 한다는 것", 둘째, "육지지역이어야 한다는 것", 셋째, "물로 둘러 싸여 있어야 한다는 것", 넷째, "썰물일 때에는 물로 둘러싸여 물 위에 노출되나 밀물일 때에는 물에 잠기는 것"일 것이다. 이 요건중 첫 번째부터 세 번째 요건은 앞서 살펴본 섬의 요건과 동일하므로 여기서 다시 살펴보는 것은 의미가 없을 것으로 생각한다. 따라서, 간조노출지를 구별하는 핵심적 요건은 썰물일 때에는 물로 둘러싸여 물 위에 노출되나 밀물일 때에는 물에 잠기는 것을 어떻게 확인하느냐 하는 것이다. 이 요건에 따라 썰물일 때도 물에 잠기는 해양지형물인 "수중 지형물(sub-merged features)"과 밀물일 때도 수면 위에 노출되는 "고조 지형물(high-tide features)"과 간조노출지가 구별되는 것이다.

일응 용이한 구별기준으로 보이지만 1982년 협약상 밀물과 썰물의 기준을 어떻게 설정할 것인지, 간조노출지 여부를 어떻게 확인할 수 있는지에 대하여 명확한 규정을 두고 있지 않아서 해석상의 논란이 지속되었으며, 이에 대하여 국제적으로 합의된 기준도 존재하지 않는 상태이다.

국제판례적으로도 해양지형물이 섬인지 간조노출지인지에 관한 해양분쟁사

37) Proelss, op. cit., p.135; *Territorial and Maritime Dispute (Nicaragua v. Colombia)*, op.cit., para. 182.

건이 두 차례에 걸쳐 국제재판에 부탁되었으나 재판소는 섬과 간조노출지의 구분 기준에 대해 다루지 않거나 분명한 입장을 제시하지 않았다.[38] 그러나, 2012년 니카라과와 콜롬비아간 영토 및 해양분쟁사건에 대한 ICJ의 판결과 2016년 필리핀과 중국간 남중국해사건에 대한 중재재판소 판정에서는 이 부분에 대한 의견을 구체적으로 제시하고 있다.

전자의 ICJ 판결에서는 간조노출지 여부를 입증하는 방법에 대하여 몇가지 기준을 제시하였다. 첫째, 해양지형물의 높이를 판단하는 기준은 현재의 자료에 근거한다. 둘째, 항해용 해도는 해양지형물이 밀물일 때 수면 위에 있는 지 아래에 있는 지를 구별하는 것이 아니고 단지 항행상 위험요소를 보여주는 것이라면 간조노출지 여부를 증명하는 근거가 될 수 없다. 셋째, 해양지형물에 대한 실질적인 관측과 과학적 평가가 간접정보에 근거한 분석보다 우위에 있다. 넷째, 해양지형물의 지질학적 성분은 고려대상이 아니다. 다섯째, 해양지형물이 밀물일 때 수면 위에 있는 한 수면 위의 해양지형물 높이는 판단에 영향을 주지 않는다. 여섯째, 해양지형물의 크기도 판단의 기준에 영향을 주지 않는다. 일곱째, 해양지형물이 밀물일 때 수면 위에 존재한다는 것을 입증하기 위하여 다양한 조석모델이 사용될 수 있지만, 천해지역에서 적용하였을 때 그 모델의 정확성이 분쟁대상이 되는 모델은 작은 해양지형물이 몇 cm 밀물일 때 수면 위에 있다는 것을 입증하는 것으로는 부적합하다. 여덟 번째, 다양한 조석모델이 모두 해양지형물이 밀물일 때 수면 위에 있다는 사실에 동의한다면 재판소는 그 해양지형물이 섬이라고 본다.[39]

후자의 중재재판소 판정에서도 해양지형물의 법적 지위를 판단함에 있어 위의 태도와 유사한 입장을 견지하였다. 먼저, 특정 해양지형물이 밀물일 때 수면 위에 있는지 여부를 가장 정확하게 결정하는 방법은 기상과 조석조건에 대해 상당한 기간 동안 직접 사람이 관측하는 것을 포함하여 혼합된 방식으로

38) Permanent Court of Arbitration, *Anglo–French Continental shelf Arbitration*(U.K. v. France), Merit, PCA(1977); International Court of Justice, *Maritime Delimitation and Territorial Questions between Qatar and Bahrain* (Qatar v. Bahrain), Judgment, I.C.J.(2001). 이에 대하여 자세한 것은 Yoshifumi Tanaka, op. cit., pp.88~89 참조.

39) *Territorial and Maritime Dispute (Nicaragua v. Colombia)*, Judgement, op.cit., paras. 35–38. Sean D. Murphy(2017), 『International Law relating to Islands』, Dordrecht: Brill, Nijhoff, pp.53~54에서 재인용.

하는 것이라고 적시하였다.[40] 또한 법적 지위를 판단하는 증거에 관하여, 통상적으로 가장 최신의 증거를 우선적으로 고려한다는 점, 해양지형물에 대한 실제적인 관측이 특별히 중요하며, 해양지형물의 지질학적 성분은 문제가 되지 않는다는 점을 분명히 하였다. 이 밖에도 해양지형물이 인공적으로 높이와 크기가 증대된 경우 현재의 증거는 법적 지위 판단에 도움이 되지 않으며 그 해양지형물이 중대하게 변형되기 전의 형태에 대한 최선의 이용가능한 증거를 판단 근거로 사용한다는 점 등을 판시하였다. 하지만, 중재재판소는 위의 사건에서 증거의 가치면에서 해도에 대해 부정적 입장을 보인 ICJ의 판결과는 달리, 직접적이고 현재 시점의 관측이 불가능하고 원격탐사로도 확보할 수 있는 것이 제한된다면 항해용 해도, 측량 기록 및 항행통보에서 해양지형물의 법적 지위를 판단할 수 있는 좀 더 신빙성있는 증거를 찾을 수 있다고 판단하였다.[41]

마지막으로, 간조노출지의 법적 지위와 관련하여, 간조노출지가 연안국의 육지에 해당하며, 연안국의 영토주권 대상으로서 전유(appropriation)의 대상이 될 수 있는가 하는 문제가 제기될 수 있다. 이에 대하여 남중국해사건에 대한 중재재판소는 비록 간조노출지의 물리적 요소가 육지지역(area of land)이라는 표현을 1982년 협약 규정에서 사용하였다고 하여도 법적 관점에서 간조노출지는 연안국의 육지영토에 포함되지 않으며, 전유의 대상이 되지 않는다는 점을 분명히 하였다. 즉, 간조노출지는 영해제도 또는 대륙붕제도에서 논의되어야 할 것이며, 영해에 존재하는 간조노출지는 연안국이 영해에 대하여 보유하는 주권이 미치는 대상이라고 하였다.[42] 이와 같은 해석은 협약 제13조 제2항에 따라 본토 또는 섬으로부터 12해리 밖에 위치한 간조노출지의 경우 독자적으로 어떠한 해양관할권도 생성할 수 없다는 규정 취지에 비추어 볼 때 타당한 것으로 보인다. 다만, 제13조 제1항에 따라 간조노출지가 본토 또는 섬으로부터 영해의 범위인 12해리 이내에 전체 또는 부분이 존재하는 경우 육지

40) *The South China Sea Arbitration*, op.cit., para. 321.
41) Ibid., paras. 327.
42) Ibid., para. 309. 이러한 판례의 태도는 2001년 카타르와 바레인간 사건에 대한 ICJ의 판결 paras. 204–209와 2012년 니카라과와 콜롬비아간 사건에 대한 ICJ의 판결 para.26 에서도 찾아 볼 수 있다.

가 아니면서 독자적으로 그 간조노출지의 저조선으로부터 영해를 기산할 수 있도록 한 것은 어떻게 설명할 수 있느냐 하는 해석상의 문제는 여전히 존재한다고 볼 수 있다.

4. 암초의 정의와 요건

1982년 협약은 해양관할권의 설정과 관련하여 암초와 드러난 암초, 환초라는 용어를 제6조 및 제47조에서 사용하고 있다. 이러한 용어는 1982년 협약에서 처음으로 사용된 것이지만 협약은 용어의 정의를 두고 있지 않다. 지형학적 의미에서 암초는 바위, 모래, 산호 또는 이와 유사물질의 덩어리로 수면에 가깝게 존재하거나 간조시 수면 위에 있는 것을 의미한다. 환초는 육지와 격리된 해역에서 반지형태로 형성된 암초군으로서 그 위에 섬이 있거나 없을 수 있으며 그 안에 해양생태계가 풍부한 "초호(lagoon, 礁湖)"를 둘러싸고 있는 것을 말한다.[43]

그러나, 1982년 협약은 단순히 암초라는 포괄적인 용어를 사용하는 대신에 '섬을 둘러싸고 있는 있는 암초(fringing reefs, 중국어본의 경우 裾礁)'와 '군도의 군도상 드러난 암초(drying reefs, 중국어본의 경우 干礁)', '환초상에 위치한 섬' 등 지형학적으로 특별한 종류의 암초로서 섬과 연계된 것만을 특정하여 규정하고 있다.[44][45]

지형학적으로 '섬을 둘러싸고 있는 암초'는 섬이나 육지에 직접적으로 붙어 있거나 가까운 거리에 위치한 암초군을 지칭하는 것이지만, 1982년 협약 제6조 및 제47조 제7항에서 언급하는 섬을 둘러싸고 있는 암초는 섬에서 가까운 거리에 위치한 암초군만을 의미하는 것으로 해석된다. 이와 같이 섬을 둘러싸고 있는 암초도 협약의 해양지형물 분류상 간조노출지에 해당하는 것만을 의

43) Yoshifumi Tanaka, op. cit., p.85.

44) United Nations(2000), 『Handbook on the Delimitation of Maritime Boundaries』, New York: U.N., p.5.

45) 第6조와 第47조에 특정되지 않은 암초의 경우에는, 암초에 따른 특별한 해양법적 지위가 부여되는 것이 아니라 그 지형물의 지형학적 특성에 따라 고조지형물, 간조노출지, 수중 지형물로 구분된다고 해석된다.

미하는 것으로 해석된다.46) 즉, 협약 제6조의 경우 "섬을 둘러싸고 암초가 있는 경우, 영해의 폭을 측정하는 기선은 연안국이 공인한 해도상에 적절한 기호로 표시된 암초의 바다쪽 저조선으로 한다"고 규정하고 있기 때문이다. 이와 같은 해석의 태도는 항상 수면 아래에 위치한 것은 저조선을 가질 수 없고 항상 수면 위에 존재하는 해양지형물은 그 자체로 해양관할권을 설정할 수 있기 때문에 이 규정에서 특별히 언급할 이유가 없기 때문이라는 논거에 기초한다. 또한, 1982년 협약 제47조 제1항과 제7항에서 사용되는 '드러난 암초'도 저조시에 수면 위에 있고 밀물일 때에는 수면 아래에 위치한 암초를 지칭하는 것으로서 간조노출지의 하나로 분류된다.47)

다만, '섬을 둘러싸고 있는 암초'의 경우 섬과 암초간에 떨어진 거리, 암초와 암초간의 거리, 암초가 섬의 일부만을 둘러싸고 있는 경우 그 요건의 충족 여부를 가늠할 수 있는 기준이 1982년 협약상 명시되어 있지 않다. 이러한 경우 암초간에 직선기선제도를 적용하여 해결하는 방안이 고려될 수 있다.48) 이러한 해결방안이 1982년 협약 제7조 제4항에서 간조노출지의 경우 직선기선의 기점으로 사용할 수 없다는 규정에 위반된다는 비판이 존재할 수 있으나, 동 협약 제47조 제1항에서 군도기선을 획선함에 있어서 드러난 암초를 기점으로 허용하고 있다는 점을 고려할 때 협약의 문맥에 걸친 해석상 적용가능한 해결방안으로 판단된다.

이상과 같은 암초의 규정에 대한 해석의 결과, 암초 그 자체가 간조노출지라는 점을 고려할 때 협약 제13조의 간조노출지와 구별하여야 할 큰 실익은 없는 것으로 보인다. 다만, 간조노출지의 경우에는 그 전부 또는 일부가 육지 또는 섬으로부터 12해리 이내에 있어야 한다는 거리 기준이 적용되지만 섬을 둘러싸고 있는 암초의 경우 그러한 거리 기준이 적용되지 않는다는 점이 차이가 있다. 또한, 섬을 둘러싸고 있는 암초의 육지측 수역은 내수로서 아무런 제약이 연안국의 주권에 미치지 아니하지만, 간조노출지의 주변수역은 영해에 해당하고, 간조노출지가 직선기선의 기점으로 사용된 경우(간조노출지에 영구

46) Rothwell(eds.)(2015), 『The Oxford Handbook of the Law of the Sea』, Oxford: Oxford University Press p.75.

47) Yoshifumi Tanaka, op.cit., p.134.

48) Robin Churchill, "Coastal Waters", in David Joseph Attard (ed.), op.cit., p.8.

적으로 해면 위에 있는 등대나 이와 유사한 시설이 세워진 경우 또는 간조노출지 사이의 기선 설정이 일반적으로 국제적인 승인을 받은 경우) 그로부터 생성된 육지측 수역의 법적 지위는 내수이지만, 직선기선의 설정으로 종전에 내수가 아니었던 수역이 내수로 된 경우에는 외국의 무해통항권이 인정되는 연안국 주권의 제약이 발생한다는 차이점이 있다.49) 다만, 이러한 1982년 협약의 입법 태도는 섬을 둘러싸고 있는 암초와 섬간에 형성된 내수가 국제항로로서의 가치가 없다는 인식에서 출발한 것으로 이해된다.50)

Ⅲ. 해양지형물의 관할해역 설정 가능성 검토

1982년 협약은 섬, 암석, 간조노출지, 암초 등 해양지형물로부터 해양관할권 설정에 대하여 다양한 규정을 두고 있으며, 동 규정의 해석 또는 적용상 여러 가지 쟁점을 발생시키고 있다. 이하에서는 위의 해양지형물과 해양관할권 규정을 살펴보고 각 쟁점에 대하여 살펴보도록 한다.

1. 섬과 해양관할권의 관계

1982년 협약의 규정상 섬과 해양관할권의 문제는 ① 육지로부터 멀리 떨어진 독립된 섬의 경우, ② 직선기선의 기점이 되는 육지를 둘러싼 섬의 경우, ③ 법적인 만의 설정과 관련된 섬의 경우로 나누어 살펴볼 수 있다.

먼저, 육지로부터 멀리 떨어진 독립된 단수의 섬의 경우 1982년 협약 제121조 제2항에 따라 섬은 본토와 마찬가지 방법으로 영해, 접속수역뿐만 아니라 배타적 경제수역과 대륙붕을 독자적으로 설정할 수 있는 권원을 갖는다. 이와 같은 입법태도는 1958년 영해 및 접속수역에 관한 협약 제10조 제2항의 규정

49) Proelss(2017), op.cit., p.63.

50) Hiran W. Jayewardene(1990), The Regime of Islands in International Law』, Dordrecht: Maritinus Nijhoff Publishers, p.98.

과 대륙붕에 관한 협약 제1조 (b)의 태도를 수용하고, 이에 새로이 확장된 배타적 경제수역을 첨가한 형태이다. 비록 제121조 제2항이 1958년 협약과 완전히 일치한 형태를 취하고 있지는 않지만 국제판례는 동 규정이 국제관습법을 수용한 것으로 여러 차례 판시한 바 있다.[51] 이러한 규정의 태도에 대하여서는 해석과 적용상 이견이 발생하지 않고 있다.

다음으로 1982년 협약 제7조 제1항과 제47조 제1항에 따라 직선기선 또는 군도기선의 기점을 형성하는 섬인 경우이다. 전자는 다수의 섬이 "육지 연안으로부터 가까운 거리에 흩어져 있는 경우(a fringe of islands along the coast in its immediate vicinity)"에 해당하며, 후자는 군도국가의 군도를 형성하는 섬 중 "가장 바깥에 존재하는 섬(the outmost islands … of the archipelago)"의 경우에 해당한다. 이 때의 섬은 제121조 제1항의 섬과 제3항의 암석에 대한 구분없이 밀물일 때에도 항상 수면 위에 있는 자연적으로 형성된 고조지형물(high−tide features)을 지칭하는 것으로 해석된다.[52] 그러나, 직선기선을 형성하는 섬의 범위에서 제121조 제3항에 해당하는 암석은 제외되고 오로지 고조지형물로서 인간의 거주 또는 독자적인 경제생활을 영위할 수 있는 섬만이 대상이 된다는 주장도 있다.[53] 물론, 직선기선은 영해의 폭을 측정하는 기선이 되며 연안국은 이 기선으로부터 영해, 접속수역 뿐만 아니라 배타적 경제수역과 대륙붕을 설정할 수 있기 때문에, 자체적으로 배타적 경제수역과 대륙붕을 가질 수 없는 암석이 직선기선의 기점이 되는 경우 그 암석으로부터 배타적 경제수역과 대륙붕의 거리가 측정된다는 점에서 제121조 제3항의 취지와 불일치한다는 논거는 일응 이해되는 측면이 있다. 그러나, 직선기선제도를 다루는 제7조 제4항에서 비록 간조노출지의 경우 직선기선의 기점이 될 수 없다고 규정하고 있으나, 그 예외로서 간조노출지 위에 영구적으로 수면 위에 있는 등대나 이와 유사한 시설이 있는 경우 직선기선의 기점으로 사용될 수 있다는 점을 명시하고 있고, 또한 제47조 제1항에서 간조노출지에 해당하는 '드러난

51) Proelss, op. cit., p.861.
52) Roberto Lavalle(2004), "Not Quite a Sure Thing: The Maritime Areas of Rocks and Low−Tide Elevations under the UN Law of the Sea Convention ." 『International Journal of Marine and Coastal Law』, Vol. 19, No. 1, pp.44, 53.
53) Proelss, op. cit., p.862, 각주 22 참조.

암초'까지 군도기선의 기점으로 사용하도록 규정하였다는 점을 고려할 필요가 있다. 간조노출지까지 항상 수면 위에 나타나는 구조물이 있다는 전제로 직선기선의 기점으로 인정하고 있는 관련 협약 규정을 문맥상 종합적으로 해석할 때, 직선기선의 기점이 될 수 있는 섬의 범위에는 암석을 포함한 모든 고조지형물이 해당하는 것으로 해석하는 것이 적절할 것으로 생각한다.

마지막으로, 1982년 협약 제10조의 만의 형성요건과 관련하여 섬은 특별한 의미를 갖는다. 즉, 동 조 제4항에서 만입 면적을 측량하는 목적으로 만입된 수역내에 존재하는 섬은 육지지역으로 보지 않고 수역의 일부로 본다는 점이다. 물론 이 때의 섬도 섬과 암석을 구별하지 않고 고조지형물 모두를 지칭하는 것으로 해석된다. 이 경우에는 섬과 암석을 구별할 실익이 존재하지 않기 때문으로 이해된다.

2. 암석과 해양관할권의 관계

1982년 협약의 규정상 암석과 해양관할권의 문제는 ① 육지로부터 멀리 떨어진 독립된 암석의 경우와 ② 기선으로부터 12해리 이내에 존재하는 암석인 경우로 나누어 살펴볼 수 있다.

전자와 관련하여, 1982년 협약 제121조 제3항은 위에서 살펴본 바와 같이 인간이 거주와 독자적인 경제생활을 모두 유지할 수 없는 암석의 경우에는 배타적 경제수역과 대륙붕을 갖지 못한다고 규정하고 있다. 즉, 영해와 접속수역만을 설정할 권원이 부여된다는 것이다. 이미 섬과 암석의 구별기준에 대해서는 살펴보았으므로 여기서는 왜 암석의 경우 배타적 경제수역과 대륙붕을 가질 수 없는가에 대한 이유에 대해 분석해보고자 한다.

남중국해사건에 대한 중재재판소는 제121조 제3항에 따라 암석에게 배타적 경제수역과 대륙붕의 권원을 부여하지 않는 이유를 도출하기 위해서 배타적 경제수역제도를 도입하게 된 배경과 제3차 유엔해양법회의 과정에서 다루어진 제121조에 관한 '준비문서'를 검토하였다. 중재재판소는 제121조 제3항을 해석함에 있어서는 반드시 배타적 경제수역을 도입하게 된 목적에 비추어야 한다고 강조하였다.[54] 이에 재판소는 1982년 협약의 입법과정에서 나타나는 바와 같이 배타적 경제수역의 목적은 연안에 인접한 수역에 대한 연안국의 관할권을 확장하고 동 수역의 자원에 대한 연안국 국민의 이익을 보전하기 위한 것이라고 보았다.[55] 그러나, 제121조 제3항의 한계조항을 둔 것은 지역주민의 이익이 아니라 작은 해양지형물에 대하여 멀리 떨어져 있으면서 영역주권을 주장하는 국가에게 방대한 해양관할권의 권원을 부여하는 것이 불공정하고 불평등한 것이며 이를 방지하기 위한 목적에 기인한 것이라고 보았다.[56] 또한 재판소는 준비문서가 제121조 제3항의 해석에 대한 불완전한 지침이라는 점을 인정하면서도, 제121조 제3항은 "한계(limitation)"에 관한 규정으로서 '인간의 거주'와 '독자적인 경제생활'의 유지라는 2개의 조건을 부과한 것은 인류공동유산으로서 유보된 심해저의 잠식을 방지할 목적과 국가 관할해역의 불평등한 분배를 회피할 목적에 따른 것이라는 결론을 도출한 바 있다.[57] 이와 같은 재판소의 해석의 기본은 인간이 거주하지 않는 암석의 경우 주변 해역과 관련하여 보호되어야 할 직접적인 거주민의 이익이 존재하지 않으므로 동 암석을 기준으로는 배타적 경제수역을 인정하지 않는다는 것이다. 그리고 연안국의 불공평한 관할권 확대로 인류공동유산인 심해저의 면적이 축소되는 것을 방지하고자 한 것이다. 이와 같은 재판소의 해석 태도에 대하여 중재재판소가 취한 목적론적 해석이 정확한 해석인가 하는 비판이 존재한다.[58] 또한, 재판소가 목적론적 해석을 시도하는 과정에서 현재 거주하는 연안국 국민의 이익적 측면에서 접근하였으나 1982년 협약의 규정은 현재 거주 여부를 불문하고 거주 가능성(can not sustain)을 전제로 하였기 때문에 재판소의 해석이 적절하지 못하다는 비판 또한 존재한다.[59] 이와 같은 비판 이외에도 재판소의 해석에서는 암석을 기준으로 배타적 경제수역의 설정을 인정하지 않은 논거

54) *The South China Sea Arbitration (Philippines* v. *China)*, op. cit., para. 507.
55) Ibid., para. 513.
56) Ibid., para. 516.
57) Ibid., para. 535.
58) 김현정(2016), "유엔해양법협약 제121조 3항 해석에 관한 소고 ―필리핀-중국 남중국해 중재판정의 의의를 중심으로―",『법학논총』, 제40권 제3호, 단국대학교 법학연구소, 236~237쪽.
59) Michael Sheng―ti Gau(2019), "The Interpretation of Article 121(3) of UNCLOS by the Tribunal for the South China Sea Arbitration: A Critique",『Ocean Development & International Law』, Vol. 50, No. 1, p.57.

를 일응 찾아볼 수 있으나 대륙붕을 인정하지 않은 이유에 대해서는 침묵하고 있다는 점을 지적할 수 있다. 거리기준상 배타적 경제수역과 대륙붕은 영해측정기선으로부터 200해리 이내에서는 겹치는 것이 사실이지만, 배타적 경제수역과 대륙붕은 구별되는 해양관할권이므로 이에 대한 언급이 있었어야 했다고 본다. 특히, 대륙붕제도의 발전과정과 1982년 협약 규정의 문언적 해석을 통해서도 대륙붕에 대한 연안국의 권리는 경제적 이유보다는 "육지의 자연연장"이라는 측면에서 연안국에게 명시적 선언이나 실효적이거나 관념적인 점유 없이도 인정하는 것이므로,[60] 연안국 육지의 범위에 포함되는 암석으로부터 대륙붕을 인정하지 않는 이유에 대해서는 판례가 이 점을 분명히 설명하였어야 한다고 생각한다.

3. 간조노출지와 해양관할권의 관계

1982년 협약의 규정상 간조노출지와 해양관할권의 문제는 ① 본토 또는 섬으로부터 영해 범위 밖에 존재하는 경우의 해양관할권 주장 가능성, ② 본토 또는 기선으로부터 전부 또는 일부가 영해 범위 안에 위치하는 경우 해양관할권 주장 가능의 범위, ③ 직선기선 또는 군도기선의 기점으로서의 활용 가능성과 관련하여 논의가 필요하다. 이 경우 분석의 편의를 위하여 '본토 또는 섬으로부터 영해 범위 안에 전부 또는 일부가 위치한 간조노출지(proximate low-tide elevation: PLE)'와 "본토 또는 섬으로부터 영해 범위 밖에 위치한 간조노출지(non proximate low-tide elevation: NPLE)"로 구분하고자 한다.

먼저, NPLE의 경우에는 1982년 협약 제13조 제2항에 따라 자체의 영해를 갖지 아니한다. 이 점에 대해서는 해석상 아무런 이견이 존재하지 않는다. 그 이론적 논거로서는 위에서 간조노출지의 정의와 요건에서 살펴본 바와 같이 간조노출지는 연안국의 육지에 해당하지 않기 때문이며, 그에 따른 당연한 결과로 보여진다. 또한 명시적으로 NPLE로부터 배타적 경제수역과 대륙붕의 설정을 인정하지 않는 규정이 없음에도 1982년 협약 자체의 규정에 그러한 제한이

60) 1982년 협약 제76조 제1항, 제77조 제2항.

묵시적으로 존재한다고 해석되며, 영해를 주장할 수 없으면 배타적 경제수역과 대륙붕을 설정할 권원도 부여되지 않은 것으로 보는 것이 타당하다고 생각한다.[61]

다음으로, PLE의 경우에는 그 지리적 위치에 따라 해양관할권의 설정이 결정된다. PLE가 본토 또는 섬으로부터 영해 범위 안에 전부 또는 일부가 위치한 경우에는 1982년 협약 제13조 제1항 후단에 근거하여 그 PLE의 저조선을 영해측정기선으로 사용할 수 있다. 그러나, 본토 또는 섬으로부터 가장 가까운 PLE로부터 영해의 범위에 있는 다른 PLE가 또다시 영해의 측정기선으로 사용될 수 있는가 하는 문제에 대해서는 부정적이다. 즉, 제13조 제1항 후단에서 명시적으로 저조선을 영해기선으로 사용할 수 있는 PLE는 "전부 또는 일부가 본토나 섬으로부터 영해의 폭을 넘지 아니하는 거리에 위치하는 경우"로 한정하였기 때문이다. 즉, PLE간에 "등 넘기식(leap-frogging)" 영해의 연장은 인정되지 않는 것이다.[62]

그러나, PLE의 저조선을 영해측정기선으로 사용할 수 있다는 규정에 근거해서 연안국이 영해를 설정할 수 있다는 점에 대해서는 의문의 여지가 없으나, 그 기선을 사용하여 배타적 경제수역과 대륙붕을 주장할 수 있느냐 하는 문제에 대해서는 해석상의 논쟁이 발생할 수 있다. 이 문제에 대해서는 아직 국제판례가 존재하지 않고 국가실행도 분명하지 않은 상태이다. 1982년 협약의 관련규정을 문언적으로 해석하면, 제13조 제1항 후단에 따라 PLE의 저조선을 영해측정기선으로 사용할 수 있으며, 제57조와 제76조 제1항에 따르면 배타적 경제수역과 대륙붕은 영해측정기선으로부터 거리기준에 따라 기본적으로 설정할 수 있다. 또한 1982년 협약 규정상 동 기선으로부터 배타적 경제수역과 대륙붕을 설정할 수 없다는 제한규정도 존재하지 않는다. 이러한 입장에서는 PLE로부터 영해뿐만 아니라 배타적 경제수역과 대륙붕을 설정할 수 있다는 해석이 가능하다.

그러나, 이러한 결과는 제121조 제3항과 연계하여 살펴볼 때 보다 복잡한 문제를 도출한다. 1982년 협약은 제121조 제3항에서 암석은 영해 및 접속수역

---

61) *The South China Sea Arbitration (Philippines* v. *China)*, op. cit, para. 308.

62) Robin Churchill, op. cit., p.7.

만을 주장할 수 있을 뿐 배타적 경제수역과 대륙붕을 가질 수 없다고 명시한 바 있으며, 이것 이외의 경우에는 암석이 직선기선 또는 군도기선의 기점으로 사용되는 경우를 제외하고는 해양관할권에 대하여 아무런 규정을 두고 있지 않다. 따라서, 본토나 섬으로부터 12해리 이내에 있는 암석은 그 자체로 영해와 접속수역만을 설정할 수 있을 뿐이다.

이렇게 될 경우 고조지형물이며 연안국의 육지영토에 해당하는 암석은 영해와 접속수역만을 설정할 수 있는데, 연안국의 육지영토에 해당하지 않는 PLE는 아무런 해양관할권도 설정할 수 없는 NPLE와는 달리 영해와 접속수역뿐만 아니라 배타적 경제수역과 대륙붕을 설정할 수 있다는 결과를 가져오는 것이다. 이에 대해서 '역의 악조건분석기법(a reverse a fortiori argument)'에 따라 상위의 지형물이 주장할 수 없는 것은 하위의 지형물은 당연히 할 수 없다는 논리에 의해 PLE의 기선을 사용한 배타적 경제수역과 대륙붕의 주장은 할 수 없는 것으로 해석하는 주장이 있다.[63] 남중국해사건에 대한 중재재판소의 판정에서도 이 경우를 상정하지는 않았지만 NPLE가 배타적 경제수역과 대륙붕을 가질 수 없다는 논리로 고조지형물인 암석도 배타적 경제수역과 대륙붕을 가질 수 없으므로 동 규정상 그러한 의미가 묵시적으로 존재한다고 판단한 바가 있다.[64] 이와 같은 해석적 입장에 동의하지만, 관련 규정의 엄격한 문언적 해석에 근거하여 달리 볼 수 있는 여지가 있으므로 향후의 국가실행이 어떠한 형태로 진행되는가에 대해서는 면밀히 관찰할 필요가 있다고 생각한다.

마지막으로 간조노출지가 직선기선 또는 군도기선의 기점으로 사용되어 해양관할권 창출에 기여하는 경우의 요건에 대하여 살펴보기로 한다. 1982년 협약은 제7조 제4항에서 간조노출지의 경우 직선기선의 기점으로 사용될 수 없음을 분명히 하였다. 다만, "영구적으로 수면 위에 있는 등대나 이와 유사한 시설이 간조노출지에 세워진 경우"와 "일반적으로 국제적인 승인을 받은 경우"에는 예외적으로 직선기선의 기점으로 사용될 수 있도록 허용하고 있다. 위의 두 요건을 충족하여 직선기선의 기점으로 사용된 경우 연안국은 그 기점으로부터 영해뿐만 아니라 배타적 경제수역과 대륙붕을 기산할 수 있을 것이

63) Roberto Lavalle, op. cit., p.63.
64) *The South China Sea Arbitration (Philippines* v. *China)*, op. cit., para. 308.

다. 이 때의 간조노출지는 1982년 협약 제7조 제1항의 직선기선이 허용되는 지리적 조건상 해안을 가까이에서 둘러싸고 있는 섬들의 중간에 소수로 위치하는 것을 의미하는 것으로 해석된다. 또한, 영구적으로 수면 위에 있는 등대와 이와 유사한 시설의 범위에는 등대와 같은 항행보조시설뿐만 아니라 명확하게 확인되는 풍력터빈도 포함되는 것으로 본다.[65] 한편, 일반적으로 국제적인 승인을 받은 경우는 1951년 영국과 노르웨이간 어업사건에 대한 ICJ의 판결에서 노르웨이가 간조노출지를 직선기선의 기점으로 사용한 것을 인용한 것과 같은 것이 그 좋은 예로 제시되고 있다.[66]

간조노출지가 군도기선의 기점으로 사용되는 것에 대해서도 1982년 협약 제47조 제4항에서 규정하고 있지만, 직선기선의 경우와 완전히 동일하지는 않다. 제47조 제4항은 먼저, 군도기선을 간조노출지와 연결하여 설정할 수 없다고 규정하여 제7조의 태도와 동일한 입장을 보이고 있다. 그러나, 그 예외로서는 2가지 조건을 제시하고 있다. "간조노출지에 영구적으로 수면 위에 있는 등대와 이와 유사한 시설이 있는 경우"와 "간조노출지의 전부 또는 일부가 가장 가까운 섬으로부터 영해의 범위를 넘지 않는 거리에 있는 경우"이다. 전자의 조건은 제7조의 요건과 부분적으로 동일하지만 "일반적으로 국제적인 승인을 받은 경우"가 조건에서 제외되었는 바, 이는 제7조와 제47조의 입법배경이 다른 데서 기인하는 것으로 보인다. 즉, 국제사회에 과거부터 폭 넓게 사용되어온 직선기선의 경우에는 국제적으로 인정될 여지가 있지만 1982년 협약에 의해 새로이 도입된 군도기선 설정에 일반적인 국제적 승인을 받은 간조노출지가 있다고 보기 어렵다는 점을 고려한 것으로 추측된다. 두 번째 예외의 경우에는 제13조 제1항 후단의 경우와 유사한 태도이지만, 이를 제47조 제4항의 전단과 연계하여 해석할 때, 군도기선의 기점으로 사용할 수 없는 간조노출지는 군도 가장 바깥쪽에 위치한 간조노출지로서 가장 가까운 섬으로부터 영해의 범위를 벗어나 있는 NPLE 만을 의미하는 것으로 해석된다.

65) Proelss, op. cit., p.79.
66) Ibid.

4. 암초와 해양관할권의 관계

암초는 1982년 협약 규정의 해석상 고조지형물 또는 간조노출지의 지위를 가지며, 고조지형물인 경우 주로 암석의 지위를, 간조노출지인 경우에는 간조노출지의 규정이 적용되는 것으로 이해된다.

1982년 협약은 암초로부터 설정될 수 있는 해양관할권과 관련하여 제6조와 제47조에서 규정하고 있다. 먼저, 제6조에서 “섬이 환초상에 위치한 경우 또는 섬을 둘러싸고 암초가 있는 경우에 그 섬의 영해측정기선은 연안국이 공인한 해도상에 적절한 기호로 표시된 암초의 바다쪽 저조선으로 한다”고 규정하고 있다. 따라서, 그 섬의 지위가 제121조 제1항과 제2항에 해당하는 섬이면 그 기선으로부터 영해, 접속수역, 배타적 경제수역 및 대륙붕을 설정할 수 있는 것이고, 그 섬이 제121조 제3항의 암석에 해당하면 그 기선으로부터는 영해와 접속수역만을 설정할 수 있는 것으로 해석된다. 즉, 암초의 법적 지위에 따라 결정되는 것이 아니라 암초와 연관된 섬의 법적 지위에 따라 결정된다는 것이다. 다만, 암초의 저조선을 판단함에 있어 1982년 협약은 제5조에서 통상기선의 저조선을 언급하는 단계에서는 “연안국이 공인한 대축척해도에 표시된 해안의 저조선”을 규정한 반면에 암초 저조선의 경우 “대축척해도”의 요건을 삭제하였다. 따라서, 암초의 저조선을 나타내는 해도는 연안국이 공인한 것으로서 축척에 관계없이 안전한 항해를 담보할 정도의 축척이면 적용가능한 것으로 해석된다.[67] 다만, 남중국해사건에 대한 중재재판소 판정에서 중재재판소는 간조노출지의 존재를 확인함에 있어서 1:250,000 축척의 해도를 증거로 채용하였으나 1:500,000 또는 1:1,000,000 축척의 해도는 암초 위의 작은 고조지형물의 존재를 확인하는 유의미한 증거가 되지 못한다는 이유로 동 소축척해도를 고려하지 않은 바 있다.[68]

마지막으로, “해도상에 적절한 기호로 표시된”의 의미는 암초를 국제수로기구가 작성한 규칙[69]에 따라 해도상에 표기하도록 조건을 부여한 것으로 생각

67) Nandan, Rosenne(ed.)(1993), 『United Nations Convention on the Law of the Sea 1982: A Commentary, Vol. II』, Dordrecht: Maritinus Nijhoff Publishers, p.94.

68) *The South China Sea Arbitration (Philippines* v. *China)*, op. cit., para. 330.

69) International Hydrographic Organization, 『Regulations of the IHO for International Charts and

된다.

한편, 암초와 군도기선의 관계에서는 제47조 제1항에서 "군도의 가장 바깥쪽에 드러난 암초의 가장 바깥점"을 군도기선의 기점으로 사용할 수 있도록 허용하고 있다. 따라서 드러난 암초를 기점으로 하는 기선으로부터 1982년 협약 제48조에 따라 영해, 접속수역, 배타적 경제수역, 대륙붕의 폭을 설정할 수 있는 것이다.

이 때 드러난 암초와 제47조 제4항 간조노출지와의 관계가 해석상 문제가 되고 있다. 앞서 살펴본 바와 같이 '드러난 암초'는 본질적으로 간조노출지이므로, '드러난 암초'에 대한 군도기선 기점으로의 사용을 허용한 제47조 제1항과 간조노출지의 군도기선 기점을 허용하지 않은 제47조 제4항과의 관계를 어떻게 이해하여야 하는 것이다.

이러한 경우 간조노출지 중 드러난 암초의 경우에 대한 특별한 지위를 부여한 것으로 제47조 제1항을 해석할 것인지 아니면 제47조 제4항에서 간조노출지의 군도기선 기점 사용을 위한 예외적 조건을 충족한 '드러난 암초'만이 군도기선의 기점으로 허용되는 것인지가 해석의 쟁점이다. 생각건대, '드러난 암초'에게 간조노출지와 구분되는 특별한 지위를 부여할 특별한 이유를 1982년 협약에서 찾아보기 어려우며, 제7조의 직선기선제도에서 간조노출지를 예외적으로 허용한 부분 등을 고려하고, 제47조 제1항과 제4항의 해석을 조문 전체의 문맥을 통하여 종합적으로 해석하여야 한다는 점을 고려할 때 후자의 해석 태도가 적절할 것으로 생각한다.[70] 따라서, 군도기선의 기점으로 사용될 수 있는 '드러난 암초'는 "영구적으로 수면 위에 있는 등대와 이와 유사한 시설이 있는 경우"와 "전부 또는 일부가 가장 가까운 섬으로부터 영해의 범위를 넘지 않는 거리에 있는 경우"중 하나의 요건을 해당하는 것만 군도기선의 기점으로 사용할 수 있는 것으로 보아야 할 것이다.

Chart Specifications of the IHO』, 2018.

70) Yoshifumi Tanaka, op. cit., p.134.

Ⅳ. 결 론

1958년 제네바 해양법협약체제보다 1982년 협약은 연안국에게 확대된 해양 관할권 설정 권한을 부여하고 있다. 1958년 협약체제에서는 영해측정기선으로부터 3해리의 영해, 12해리의 접속수역과 수심 200미터까지의 해저와 그 외측으로는 연안국이 개발가능한 곳까지의 대륙붕이 연안국이 주장할 수 있는 관할권의 한계이었다. 그러나, 1982년 협약에서는 영해측정기선으로부터 12해리 영해, 24해리 접속수역, 200해리 배타적 경제수역, 최소 200해리와 최대 350해리 내지는 2,500m 등심선으로부터 외측으로 100해리까지의 대륙붕을 인정하고 있고, 군도국가에게 군도기선 설정을 허용하여 군도국의 해양관할권이 확장되는 결과를 갖고 왔다. 이러한 결과, 1982년 협약 채택 이후 연안국들은 해양에 대한 관할권 확대와 강화를 위해 노력하고 있다.[71)]

그러한 노력의 종류에는 다양한 것이 존재하지만, 이 논문에서 살펴보았던 해양지형물을 기준으로 한 해양관할권 확장도 주된 형태이며 많은 국가간 분쟁의 요소를 양산하고 있다. 특히, 중국이 남중국해에서 다양한 해양지형물을 인위적으로 변형하고, 그 위에 인공섬을 축조하는 등의 노력이 국제적인 관심을 불러 일으켰고, 중국의 불참하에 진행된 남중국해 사건에 대한 중재재판소 재판은 해양지형물의 해석적 논란에 큰 의미가 있는 다양한 해석 기준을 제시하였다. 섬과 암석의 구분 기준, 간조노출지의 확인 방법 등이 그 대표적 예이다.

그러나 이 중재재판소의 판정에 대해서는 지나치게 협약의 규정을 엄격하게 문언적으로 해석하였다는 점, 인위적 노력에 의한 해양지형물의 변형 노력을 배제하였다는 점, 개별적인 해양지형물의 능력을 기준으로 법적 지위를 해석하여야 함에도 불구하고 집단을 이루는 해양지형물간의 연계성을 고려하여 구별하였다는 점, 암석에 대하여 배타적 경제수역 및 대륙붕 설정 권원을 부여하지 않은 것에 대한 오해 내지는 불충분한 설명 등에 대한 비판이 존재한다. 이러한 비판 이외에도 이번 중재재판소 판정은 1982년 협약 제296조 제2항에 따라 당해 사건과 그 당사자에 대해서만 효력이 있을 뿐이므로 일반적

71) 이석용, 앞의 논문, 40쪽.

으로 수용되는 국제적 기준을 제시하였다고 보기도 무리가 있다. 또한, 위의 판정상 기준과는 다르게 이루어지고 있는 국가실행이 가까운 시일내에 수정될 것이라는 기대도 하기 어려운 것이 사실이다. 그러나, 협약 해석상 가장 까다롭고 민감한 부분에 대하여 처음으로 구체적인 해석기준을 제시하였다는 점에서 그 의미가 크고, 향후 논의의 출발점이 될 수 있을 것으로 생각한다. 다만, 앞서 분석한 바와 같이 위의 중재재판소 판정에서 다룬 것 이외에도 해양지형물과 해양관할권을 둘러싼 해석상의 쟁점이 다수 존재하는 바, 이러한 쟁점 모두를 염두에 둔 추가적인 연구와 분석이 필요하며, 그 가운데에서 일반적으로 수용되는 국제적 기준을 도출해 낼 수 있을 것으로 생각한다. 특히, 이 논문에서는 지면의 부족으로 해양지형물의 존재와 해양경계획정의 문제, 해양지형물을 근거로 한 각국의 국가실행에 대한 분석을 부득이 추후의 과제로 남겨두었는 바, 이 점에 대한 추가적인 연구도 필요할 것으로 생각한다.

그러나, 이러한 해양지형물의 해양법적 쟁점이 국제사회 전체의 문제일 뿐만 아니라 우리나라가 현재 직면하고 있는 문제라는 점에서 더욱 그 중요성이 부각된다. 먼저, 중국은, 1996년 5월 15일 제8차 전국인민대표대회에서 1982년 협약을 비준하기로 동의하면서 상무위원회 명의로 해양법에 관한 4개항의 성명을 발표하였다. 여기에는 자국의 직선기선에 대한 발표도 있었는데, 대륙연안과 해남도의 49개 기점으로 구성된 직선기선군과 서사군도 주변의 28개 기점으로 구성된 직선기선군을 주장하였다. 기본적으로 중국은 직선기선을 획정할 수 없는 곳에 직선기선을 설치한 경우가 일부 있으며, 기점중 일부는 기점을 설치할 수 없는 암초나 간조노출지 심지어는 해면위에 설치되었다.[72] 특히, 문제가 되는 것은 기점 9번과 10점으로서 해저사주와 간조노출지 위에 직선기선의 기점이 설정된 것이다.[73] 이 문제는 향후 중국과의 배타적 경제수역 및 대륙붕에 관한 경계획정시 지속적으로 쟁점이 될 것이다.

일본과의 관계에 있어서도, 매우 작은 암석에 불과한 오키노도리시마에 대하여 일본이 200해리 이원의 대륙붕을 설정하기 위하여 대륙붕한계위원회에

72) 위의 논문, 60쪽.
73) 김백수, 최윤수, 박병문, 전창동(2008), “한반도 주변의 영해 기점 및 기선에 관한 연구 – 한국, 중국, 일본을 중심으로”, 『The Journal of GIS Association of Korea』, 제16권 제3호, 한국 GIS학회, 336쪽.

신청서를 제출한 바 있으며, 우리나라를 비롯한 중국이 1982년 협약 제121조 제3항을 근거로 이의를 제기한 바 있다.[74)]

우리나라의 경우에도 독도가 섬인가 암석인가 하는 오래된 논란이 학술적으로 지속되고 있으며, 간조노출지를 직선기선의 기점으로 사용하고 있기도 하다.[75)] 또한, 수중 지형물인 이어도를 기준으로 한 우리나라의 해양관할권 주장 여부를 검토하는 외국 논문도 발표된 바 있다.[76)]

1951년 ICJ는 영국과 노르웨이 어업사건에 대한 판결에서 연안국의 해양관할권 주장과 관련하여 매우 중요한 원칙을 제시한 바 있다. 즉, "해양의 경계는 항상 국제적인 측면이 있다. 따라서 해양의 경계는 연안국이 자국 국내법에 규정하는 것에 단순히 의존할 수 없다. 연안국만이 경계획선의 권원을 갖고 있기 때문에 경계획선이 필연적으로 일방적 행위일 수 밖에 없지만, 다른 국가와 관계에서 그 경계선의 유효성은 국제법에 따라 결정된다"는 것이다.[77)] 이 판결 내용의 의미를 이 논문과 연계시켜보면, 연안국이 해양지형물을 기준으로 해양관할권을 주장하거나 확장하는 것은 일방적일 수밖에 없으나 그 주장은 국제법에 일치하지 않는 한 다른 나라에게 유효하지 않다는 의미이다. 더 나아가 연안국이 자국의 해양지형물을 바탕으로 한 해양관할권 주장을 위해서는 해양지형물에 대한 국제법의 내용을 정확히 이해하여야 하며, 다른 나라의 일방적인 불법적 관할권 주장에 대응하기 위해서도 또한 해양지형물에 대한 해양법적 쟁점에 대하여 정확히 이해하고 설득력있는 논거를 확보하여야 한다는 것이다. 이러한 원칙을 충분히 고려하여 향후 진행되는 관련 국제재판소의 판례와 국가실행에 대한 면밀하고 지속적인 검토가 필요할 것으로 생각한다.

74) 이에 대해서는 양희철 외(2009), 『국제해양질서의 변화와 동북아 해양정책』, 안산: 한국해양연구원, 139~165쪽 참조.

75) 제5번 기점 '1.5미터암'은 1977년 영해기점으로 지정된 간조노출지이며, 2014년 동 기점 위에 영구적인 등대시설을 설치하여 1982년 협약 규정의 요건을 뒤늦게 충족시킨 바 있다. 국제신문 "동북아 바다...인문학으로 항해하다 <15> 부산의 섬, 우리나라 해역을 경계짓다", 2019년 4월 18일자, 17면.

76) Keyuan Zou(2012), "How Coastal States Claim Maritime Geographic Feature: Legal Clarity or Conundrum?", 『China Journal of International Law』, pp.761－765.

77) International Court of Justice, *Fisheries case*(U.K. v. Norway), Judgement of ICJ(1951), *ICJ Report 1951*, p.132.

참고문헌

김백수, 최윤수, 박병문, 전창동, "한반도 주변의 영해 기점 및 기선에 관한 연구 −한국, 중국, 일본을 중심으로", 『The Journal of GIS Association of Korea』, 제16권 제3호, 한국 GIS학회, 2008.

김원희, "남중국해 중재판정과 독도의 법적 지위에 대한 함의", 『해양정책연구』, 한국해양수산개발원, 제31권 제2호, 2017.

김현정, "유엔해양법협약 제121조 3항 해석에 관한 소고 −필리핀-중국 남중국해 중재판정의 의의를 중심으로−",『법학논총』, 제40권 제3호, 단국대학교 법학연구소, 2016.

박배근, "'섬'과 '암석'에 관한 남중국해 중재판정과 한일간 해양경계획정에 대한 함의", 『영토해양연구』, 동북아역사재단, 제15권, 2018.

양희철, 박성욱, 박세헌, 권석재, 張海文, 賈宇, 高健軍, 『국제해양질서의 변화와 동북아 해양정책』, 안산: 한국해양연구원, 2009.

이석용, "국제해양법상 기선제도와 동북아 국가들의 실행에 관한 고찰", 『법학논총』, 제28권 제1호, 국민대학교 법학연구소, 2015.

Churchill, Robin, "1. Coastal Waters", in David Joseph Attard(ed.), 『The IMLI Manual on International Maritime Law, Vol. I: The Law of the Sea』, Oxford: Oxford University Press, 2014.

Eric Frankx, "4. The Regime of Islands and Rocks", in David Joseph Attard(ed.), 『The IMLI Manual on International Maritime Law, Vol. I: The Law of the Sea』, Oxford: Oxford University Press, 2014.

Jayewardene, Hiran W., 『The Regime of Islands in International Law』, Dordrecht: Maritinus Nijhoff Publishers, 1990.

Keyuan, ZOU, "How Coastal States Claim Maritime Geographic Feature: Legal Clarity or Conundrum?", 『China Journal of International Law』, 2012.

Lavalle, Roberto, "Not Quite a Sure Thing: The Maritime Areas of Rocks and Low−Tide Elevations under the UN Law of the Sea Convention." 『International Journal of Marine and Coastal Law』, Vol. 19, No. 1, 2004.

Michael Sheng−ti Gau, "The Interpretation of Article 121(3) of UNCLOS by the

Tribunal for the South China Sea Arbitration: A Critique", 『Ocean Development & International Law』, Vol. 50, No. 1, 2019.

Murphy, Sean D., 『International Law relating to Islands』, Dordrecht: Brill, Nijhoff, 2017.

Nandan, Satya N., Rosenne, Shabtai(eds.), 『United Nations Convention on the Law of the Sea 1982: A Commentary, Vol. II』, Dordrecht: Maritinus Nijhoff Publishers, 1993.

Proelss, Alexander, 『United Nations Convention on the Law of the Sea: A Commentary』, München: Velag. C. H. Beck oHG, 2017.

Rothwell, Oude Elferink, Scott, Stephens(eds.), 『The Oxford Handbook of the Law of the Sea』, Oxford: Oxford University Press, 2015.

Song, Yann−heui, "The July 2016 Arbitral Award, Interpretation of Article 121(3) of the UNCLOS, and Selecting Examples of Inconsistent State Practices", 『Ocean Development & International Law』, Vol. 49, No. 3, 2018.

Tanaka, Yoshifumi, 『The International Law of the Sea, 3rd edition』, Cambridge: Cambridge University Press, 2019.

United Nations, 『Handbook on the Delimitation of Maritime Boundaries』, New York: U.N., 2000.

International Court of Justice, Fisheries case(U.K. v. Norway), Judgement, I.C.J. Reports, 1951.

International Court of Justice, Maritime Delimitation and Territorial Questions between Qatar and Bahrain (Qatar v. Bahrain), Judgment, I.C.J. Reports, 2001.

International Court of Justice, Territorial and Maritime Dispute (Nicaragua v. Colombia), Judgment, I.C.J. Reports, 2012.

International Hydrographic Organization, 『Regulations of the IHO for International Charts and Chart Specifications of the IHO』, 2018.

Permanent Court of Arbitration, The South China Sea Arbitration (The Republic of Philippines v. The People's Republic of China), Award, 12 July 2016.

제 2 편 사법적 쟁점과 과제

제 1 장

국제거래 분야

≫ 인코텀즈 2020에서의 위험의 이전 _ 김철수

인코텀즈 2020에서의 위험의 이전*

김 철 수

Ⅰ. 머리말

「위험」이란 채권의 목적이 양 당사자의 책임 없는 사유로 이행할 수 없게 된 경우에 그것으로 인한 불이익을 말한다. 일반적으로 위험은 「물건의 위험」과 「대가의 위험」으로 분류된다. 전자는 물건이 불가항력으로 멸실됨으로 인하여 그것을 갖지 못하게 되는 위험을 말하며, 후자는 쌍무계약의 목적물인 물건의 멸실로 인하여 대가(반대급부)를 받지 못하게 되거나 또는 멸실에도 불구하고 상대방에게 손해배상청구도 하지 못하고 대가만을 지불해야 되는 불이익을 말한다.[1]

우리 민법은 독일민법 제446조나 프랑스민법 제1138조 등과 같이 「위험」(Gefahr, risque, 로마법에서는 periculum)이란 용어를 명문으로 사용하고 있지는 않지만, 쌍무계약에서 일방의 채무가 채무자의 책임 없는 사유로 이행할 수 없게 된 때, 이에 대응하는 다른 당사자의 채무의 운명은 어떻게 될 것인가 하는 「위험부담」의 문제에 관하여 규정하고 있다. 즉, 민법은 제537조에서 쌍무계약에서 위험부담에 관하여 채무자위험부담주의의 원칙을, 그리고 제538조에서 채권자의 귀책사유로 인한 이행불능이나 채권자의 수령지체 중의 이행불능의 경우에 채권자위험부담주의의 예외를 규정하고 있다.

원래 위험부담은 매매계약을 중심으로 하여 발전한 것이다. 물건의 매매의

* 이 논문은 김인유·김철수·이용희·정대·정영석·지상규·한병호(공저), 바다를 둘러싼 법적 쟁점과 과제Ⅲ(피앤씨미디어, 2019), 75~105쪽에 수록된 "국제물품매매에서의 위험의 이전"을 수정·보완한 것이다.

1) 곽윤직, 채권각론(제6판)(박영사, 2013), 67쪽; 김상용, 채권각론(화산미디어, 2009), 90쪽; 김준호, 채권법(제7판)(법문사, 2016), 476쪽; 이은영, 채권각론(제4판)(박영사, 2004), 174쪽 등.

경우, 당사자가 계약관계에 들어가기 전에 그 물건이 불가항력으로 멸실 또는 훼손된 때에는, 그 멸실(물건의 위험)은 물건의 소유자인 채무자(매도인)의 부담에 속하는 것은 당연하다("사변(事變)으로 인한 손해는 소유자가 부담한다"(casum sentit dominus; res perit domino)). 또한 계약의 이행이 완전히 끝난 후에 생긴 물건의 위험은 소유자로 된 채권자(매수인)가 부담하는 것도 당연하다. 그리고 계약관계는 이미 종료되었으므로 대가위험도 문제되지 않는다(매수인은 이미 지불한 대가의 반환을 매도인에게 청구할 수 없다). 따라서 계약이 성립한 때로부터 이행의 완료 사이의 어느 시점에 대가위험의 부담자가 바뀌게 되며, 이것을 「위험의 이전」이라고 한다. 결국 위험부담에 관하여 채무자주의를 취한다면, 위험부담에서의 중심적인 문제는 언제 위험이 채무자(매도인)로부터 채권자(매수인)에게 이전하는가 하는 문제라고 할 수 있다.

국제물품매매에 있어서도 물품의 멸실 또는 훼손에 대한 위험을 누가 부담하는가 하는 것은 매우 중요한 문제이다. 예컨대, 매수인은 위험이 자신에게 이전된 후에 물품이 매도인의 귀책사유 없이 멸실 또는 훼손된 경우에는 매도인에게 대금을 지급하여야 한다. 그리하여 계약의 당사자들은 계약을 체결할 때 위험의 이전시기를 정하게 되는데, 이 때 위험의 이전에 관한 명시적인 규정을 두기도 하고, 국제상업회의소(ICC)가 작성한 인코텀즈라고 불리는 정형거래조건인 FOB나 CIF 등과 같은 기호를 사용하여 특약을 하기도 한다.

한편, 국제물품매매에서의 위험의 이전시기와 관련하여 각국의 법률이나 학설, 판례의 입장은 반드시 일치하는 것은 아니다. 또한 특정의 국제물품매매계약에서 언제 위험이 매도인으로부터 매수인에게 이전하는가 하는 문제는 여러 가지의 요소에 의해서 다양하게 결정될 수 있다. 예를 들면, 당해 계약의 준거법이나 계약 당사자에 의하여 정해지는 FOB나 CIF 등과 같은 정형거래조건에 의하여 위험의 이전시기가 결정될 것이다.[2)3)]

2) 참고로 「국제물품매매계약에 관한 UN협약」(The United Nations Convention on Contracts for the International Sale of Goods 1980. 이하에서는 'UN물품매매협약'이라 한다)에서는, 일반적으로 위험은 인도(delivery)시에 매도인으로부터 매수인에게 이전한다. 그러나 운송을 포함하는 매매계약의 경우에는 이와는 다른 규정이 적용된다. 즉, 매도인이 합의된 장소에 물품을 인도(hand over)할 의무가 없다면, 위험은 최초의 운송인에게 물품이 인도된 때에 매수인에게 이전하며, 매도인이 특정한 장소에서 운송인에게 물품을 인도하여야 한다면, 위험은 그 장소에서 물품이 인도된 경우에만 매수인에게 이전하게 된다. 그리고 운송중인 물품의 매매에 있어서는,

이하에서는 국제물품매매계약의 실무상 중요한 인코텀즈 2020에서의 위험의 이전에 대하여 검토하기로 한다.

Ⅱ. 인코텀즈 2020의 개요

1. 서 언

각국의 무역관행과 무역조건의 해석상의 차이로 인하여 발생하는 마찰을 없애고 국제무역거래의 관습과 용어의 통일을 위하여, 국제상업회의소(ICC: International Chamber of Commerce)는 1936년 「무역거래조건의 해석에 관한 국제규칙」(International Rules for the Interpretation of Trade Terms)을 제정하였다. 이 규칙을 「인코텀즈 1936」이라고 한다. 그 후 이 규칙은 국제무역실무와 일치시키기 위하여 1953년, 1967년, 1976년, 1980년, 1990년, 2000년, 2010

위험은 계약의 체결시에 이전하는 것이 원칙이다. 이와 같이 UN물품매매협약에서 일반적으로 물품이 매도인 또는 운송인에게 인도되는 시점을 위험의 이전시기로 하는 것은 근래의 실무를 반영한 것으로 이해된다. 또한 영국의 물품매매법(Sale of Goods Act 1979)은, 물품매매에서는 소유권과 함께 위험이 매수인에게 이전한다고 하여 이른바 소유자주의를 취하고 있다. 그리고 소유권의 이전시기는 당사자의 의사에 의하여 결정되며, 인도의 유무에 의하지 아니한다. 만약 일방 당사자가 그에게 소유권이 없음에도 불구하고 위험을 부담한다는 명시적인 합의가 있다면, 그 합의는 효력이 있다. 그러나 그러한 명시적인 합의가 없다면, 소유권자가 위험을 부담하게 된다. 그리고 미국법은, 통일상법전(Uniform Commercial Code)이 제정되기 전에는 통일매매법(Uniform Sales Act 1906)에 의하여 소유권이 매수인에게 이전될 때까지는 매도인이 위험을 부담하며, 그 후는 매수인이 위험을 부담하는 것으로 하여 영국법과 마찬가지로 소유자주의를 채용하고 있었다. 그러나 미국의 통일상법전에서는 이와 다른 새로운 원칙을 규정하게 되었다. 즉, 통일상법전은 위험의 이전문제에 대하여 소유권에 의하여 판단하는 것이 아니라, 먼저 이에 관한 합의가 있는 때에는 합의된 시점에, 그리고 승인부매매에서는 별도의 합의가 없다면 매수인이 승인할 때까지는 위험은 매수인에게 이전하지 아니한다. 그리고 이 두 가지의 경우를 제외하고는 계약위반이 있는 경우와 계약위반이 없는 경우로 나누어 위험의 이전시기를 정하고 있다. 김인유·김철수·이용희·정대·정영석·지상규·한병호(공저), 위의 책, 77쪽 이하 참조.

3) 1964년의 헤이그협약(국제물품매매에 관한 통일법 협약(Convention relating to a Uniform Law on the International Sale of Goods 1964 : ULIS)에서는, 위험의 이전문제를 'délivrance'(인도)라는 법률적인 개념을 사용하여 용어를 결정하였으나, UN물품매매협약에서의 위험이전은 'délivrance'라는 법률상의 개념에 의하여 결정되지 않고 'hand over'라는 개념을 사용함으로써 현실적인 점유이전시를 위험이전의 기준으로 하고 있다.

년 그리고 2020년 각각 개정·보충되었다. 따라서 현재 적용되고 있는 것은 2020년판이며, 이것은 2020년 1월 1일부터 시행되고 있다(이하 「인코텀즈 2020」이라 한다).[4)]

인코텀즈는 국제매매거래를 이행함에 있어서 필요한 다양한 계약 가운데 하나인 매매계약에만 관련되어 있으며, 이 매매계약에서의 매도인과 매수인의 관계만을 취급하고 있을 뿐이다. 즉, 인코텀즈는 매매계약 당사자의 권리와 의무에 관련된 사항에 한정하고 있으며, 당사자에게 부과되는 많은 특정의무와 이러한 경우에 있어서 당사자 사이의 위험분배 등을 규정하고 있다. 즉, 인코텀즈에서는 매매계약상의 운송비와 보험료를 매도인과 매수인 중 누가 부담하고, 매도인이 매수인에게 해당 물품을 언제 인도하여야 하며, 거래 당사자들이 어떤 비용을 부담하는지 등에 대하여 규정하고 있다. 그러나 인코텀즈는 해당 물품의 소유권의 이전이나 계약위반 및 그 위반에 따른 효과 등의 문제에 대하여는 규정하고 있지 않다. 따라서 이러한 문제들은 매매계약에서의 다른 규정 또는 준거법에 의하여 해결되어야 한다.[5)]

국제무역 실무상 인코텀즈의 사용은 지극히 일반적이다. 그것은 국제매매계약에서 매도인과 매수인이 그들 각자의 권리와 의무를 정할 수 있게 하는 유용하고 실용적인 규칙의 일단을 제공한다.[6)] 그리고 인코텀즈는 일반적으로 당사자들이 계약에서, 적어도 묵시적으로, 채용한 경우에만 적용되는 것으로 추정된다. 실제로는, 당사자들이 그들의 계약관계에서 명시적으로 합의하여 인코텀즈를 채용할 것이 분명하게 권고된다. 법원의 판결과 중재판정은 인코텀즈의 구속력의 계약적 성격을 인정한다.[7)]

그러나 인코텀즈의 법적 효과는 국가에 따라서 다소 차이가 있다. 예를 들

4) 국제상업회의소는 2019년 9월 10일 제8차 개정을 통하여 인코텀즈 2020년판을 공표하였으며, 이것은 2020년 1월 1일부터 시행되고 있다. 따라서 인코텀즈 2020이 가장 최신 버전이다. 또한 인코텀즈 2020이 시행되더라도, 인코텀즈 2010이 효력을 상실하는 것은 아니며 여전히 사용할 수 있다.

5) 인코텀즈 2020 서문 Ⅵ(매매계약규칙 및 이것과 다른 계약들과의 관계): 대한상공회의소, 인코텀즈 2020, 대한상공회의소(2019), 16~17쪽 참조.

6) Pamela Sellman(ed.), Law of International Trade(Revision Workbook), London: Old Bailey Press, 1997, pp.33~34.

7) 예를 들면, Belgian Cass. June 27, 1985, (1988) R.C.J.B. 5; ICC 판정 no. 2438(1975), (1976) J.D.I. 968과 ICC 판정 no. 3894(1981), (1982) J.D.I. 987 참조. Hans Van Houtte, The Law of International Trade, London: Sweet & Maxwell, 1995, p.153.

면, 스페인과 같은 일부 국가에서는, 인코텀즈는 법적인 효력을 가진다. 프랑스와 독일을 포함한 다른 나라들에서는, 인코텀즈는 국제관습으로 여겨지며, 당사자들이 반대의 의사를 나타내지 않는 한 적용된다. 미국에서는, 통일상법전(UCC)은 American Foreign Trade Definitions를 참조한다. 따라서 통일상법전의 규정 대신에 인코텀즈를 선택하기 위한 당사자들의 결정은 계약으로부터 명백하게 나타나야 하며, 실무가들은 그들의 거래를 규율하기 위하여 인코텀즈를 이용할 것이 권고된다. 영국에서는, 인코텀즈는 법적인 효력을 가지지 않으며, 당사자들이 명시적으로 또는 묵시적으로 규칙들이 그들의 계약에 편입되는 것에 동의하지 않는 한 상업 거래에 적용되지 않는다. 그러나 실무상 인코텀즈를 인용하는 것이 당사자들의 권리와 의무를 확정시키는 가장 간단한 방법 가운데 하나이기 때문에, 매매계약은 종종 이러한 인코텀즈의 사용에 의하여 이루어진다. 편입이 없는 경우에는, FOB와 CIF 계약과 같은 합의를 규율하는 커먼로 규칙이 적용된다.[8)]

2. 인코텀즈 2020의 주요 내용

인코텀즈 2020은 인코텀즈 2020 서문, 모든 운송방식에 적용되는 규칙, 해상운송과 내수로운송에 적용되는 규칙, 그리고 조항별 규칙조문의 4개 부문으로 구성된다.

(1) 인코텀즈 2020 서문

인코텀즈 2020 서문[9)]은 인코텀즈 2020 규칙의 사용과 그 기본원칙에 관한

8) Pamela Sellman(ed.), op. cit., p.34.

9) 인코텀즈 2020의 서문의 법적 성질에 대하여는 명시적인 표현은 없다. 다만, 서문의 사용자를 위한 설명문(Explanatory for Users)에서는 “인코텀즈 2020 전반을 관통하는 보다 기초적인 쟁점들에 관한 지침에 관하여 보다 일반적으로는 이 서문을 참조할 수 있다”라고 하는 점을 고려한다면, 인코텀즈 2020의 서문은 인코텀즈 2020의 일부를 구성하는 것은 아니지만, 인코텀즈 2020의 적용과 그에 따른 해석방법에 대하여 일반적인 정보를 제공하는 것이라고 할 수 있다. 인코텀즈 2020 서문 Ⅸ(인코텀즈 2010과 인코텀즈 2020의 차이점) [g] 사용자를 위한 설명문: 대한상공회의소, 인코텀즈 2020, 30~31쪽; 김상만, “인코텀즈 2020(Incoterms 2020) 주요 개정

지침을 제공하는 것으로서, 다음과 같은 네 가지의 목적을 가지고 있다.

첫째, 인코텀즈 2020 규칙이 무엇을 하고, 무엇을 하지 않는지, 그리고 어떻게 인코텀즈 규칙을 가장 잘 편입시킬 수 있는지를 설명하는 것.

둘째, 매도인과 매수인의 기본적인 역할과 책임, 인도, 위험 그리고 인코텀즈 규칙과 계약 사이의 관계와 같은 인코텀즈 규칙의 중요한 기초를 설명하는 것.

셋째, 특정의 매매계약을 위한 올바른 인코텀즈 규칙의 선택방법에 대하여 설명하는 것.

넷째, 인코텀즈 2010과 인코텀즈 2020 사이의 주요한 변경들을 기술하는 것.

그리고 인코텀즈 2020의 서문에서는, 1) 인코텀즈 규칙은 무슨 역할을 하는가, 2) 인코텀즈 규칙이 하지 않는 역할은 무엇인가, 3) 어떻게 인코텀즈 규칙을 잘 편입시킬 수 있는가, 4) 인코텀즈 2020 규칙상 인도, 위험 및 비용, 5) 인코텀즈 2020 규칙과 운송인, 6) 매매계약규칙 및 이것과 다른 계약들과의 관계, 7) 11개 인코텀즈 2020 규칙-"해상운송과 내수로운송"에 적용되는 규칙 및 "모든 운송방식"에 적용되는 규칙: 올바른 사용법, 8) 인코텀즈 2020 규칙 내 조항의 순서, 9) 인코텀즈 2010과 인코텀즈 2020의 차이점, 10) 인코텀즈 규칙 변용시 유의점과 같은 10개의 기본적인 항목에 대하여 기술하고 있다.[10] 이 가운데 특히 인코텀즈 2020 규칙 내 조항의 순서 및 인코텀즈 2010과 인코텀즈 2020의 차이점에 대하여 간단히 기술한다.

먼저, 인코텀즈 규칙에는 10개의 A/B 조항이 규정되고 있는데, 그 내부적 순서는 다음과 같다. 즉, A1/B1 일반의무, A2/B2 인도/인도의 수령, A3/B3 위험의 이전, A4/B4 운송, A5/B5 보험, A6/B6 인도/운송 서류, A7/B7 수출/수입 통관, A8/B8 점검/포장/화인표시, A9/B9 비용의 부담, A10/B10 통지의 순서로, A(매도인의 의무)와 B(매수인의 의무)를 대칭적으로 표시한다. 이와 같은 조항의 내용은 기본적으로 인코텀즈 2010을 승계하고 있지만, 그 순서와 조항의 표제 일부는 변경하였다. 이러한 변경은 개별 인코텀즈 규칙 내에서 조항의 순서를 변경하여 인도와 위험을 더욱 두드러지게 함으로써 거래 당사자들이 다양한 인코텀즈 규칙들 사이의 차이점을 쉽게 인지할 수 있게 하기 위한 것

내용과 시사점", 법학논고, 제67집, 경북대학교 법학연구원(2019. 10), 264쪽 참조.

10) 인코텀즈 2020 서문: 대한상공회의소, 인코텀즈 2020, 2~3쪽.

이다.[11)12)]

다음으로 ICC가 인코텀즈 2010에서 인코텀즈 2020으로 개정하면서 변경한 사항 가운데 중요한 것을 들면 다음과 같다.

첫째, 인코텀즈 2010의 DAT(도착터미널인도)를 삭제하고, 인코텀즈 2020에서는 DPU(도착지양하인도)를 신설하였다. DPU에서의 인도장소는 도착터미널뿐만 아니라 다른 장소도 될 수 있으며, DPU는 도착지에서 매도인에게 물품의 양하를 요구하는 유일한 규칙이다.

둘째, CIF와 CIP에서의 해상보험의 위험담보 수준이 변경된 것이다. 즉, 인코텀즈 2010과 인코텀즈 2020에서 매도인에게 적하보험계약 체결의무가 있는 규칙은 CIF와 CIP인데, 인코텀즈 2010에서는 CIF와 CIP 도두 최소보험조건이 가장 좁은 범위의 위험만을 담보하는 ICC(C)이었지만, 이번 개정을 통하여 인코텀즈 2020에서는 CIF에서는 전과 마찬가지로 최소담보조건이 유지되고, CIP에서는 최대담보조건인 ICC(A)로 변경하여 매도인의 적하보험계약 체결의무를 강화하였다.

셋째, 인코텀즈 2020에서는 FCA, DAP, DPU 그리고 DDP에서 매도인 또는 매수인 자신의 운송수단에 의한 운송을 허용하고 있다. 이것은 실무적으로 물품이 매도인으로부터 매수인에게 운송되는 상황에서 제3자의 개입 없이 매도인이 해당 장소까지 직접 운송하는 경우를 고려한 것이다.[13)]

넷째, 운송의무 및 비용 조항에 보안관련 요건을 삽입하였다. 인코텀즈 2010에서는 보안관련 요건이 개별 규칙의 A2/B2 내지 A10/B10에 걸쳐 들어가 있었는데, 이것은 21세기 초반에 들어 보안관련 우려가 확산된 후 시행된 인코텀즈 규칙의 최초 개정이었다. 그리고 이러한 우려는 운송요건과 관련되기 때문에 인코텀즈 2020에서는 보안관련 의무의 명시적 할당이 개별 인코텀즈 규칙의 A4와 A7에 추가되었으며, 이에 따라 발생하는 비용도 비용조항인

11) 인코텀즈 2020 서문 Ⅸ(인코텀즈 2010과 인코텀즈 2020의 차이점): 대한상공회의소, 인코텀즈 2020, 22~23쪽; 곽수영, "Incoterms 2020의 주요 개정내용에 대한 특징과 적용상의 유의점에 관한 연구", 무역보험연구, 제21권 제1호, 한국무역연구원(2020. 3), 203쪽.

12) 예를 들면, 본고에서 주로 다루고 있는 위험의 이전은 인코텀즈 2010에서는 A5/B5에서 규정하고 있었지만, 인코텀즈 2020에서는 보다 앞쪽인 A3/B3로 이동하여 규정하고 있다.

13) 김상만, 앞의 논문, 281쪽.

A9/B9에 규정된 것이다.[14)]

다섯째, 인코텀즈 2010에서 개별 인코텀즈 규칙의 첫머리에 있던 '사용지침'(Guidance Note)을 인코텀즈 2020에서는 '사용자를 위한 설명문'(Explanatory for Users)으로 명칭을 변경하였다. 이것은 개별 인코텀즈 규칙의 기초를 설명한 것으로서 사용자에게 인코텀즈 2020이 적용되는 분쟁이나 계약에 관하여 결정을 내리거나 조언하는 사람들에게 해석이 필요한 사항에 관하여 지침을 제공하는 것이다.[15)]

(2) 모든 운송방식에 적용되는 규칙과 해상운송과 내수로운송에 적용되는 규칙

이들에 대하여는 제3장에서 따로 설명하기로 한다.

(3) 조항별 규칙조문

인코텀즈 2020에서는 네 번째 부문에 '조항별 규칙조문'(Article－by－Article Text of Rules)을 추가하였다. 이것은 A, B 각각 10개의 조항별로 11개의 개별 인코텀즈 규칙조문을 쉽게 비교할 수 있도록 게시한 것이다.

Ⅲ. 인코텀즈 2020에서의 위험의 이전

1. 인코텀즈 2020에서의 거래조건

인코텀즈 2000에서는 13가지의 거래조건을 E, F, C, D의 네 개의 그룹으로

14) 인코텀즈 2020 서문 Ⅸ(인코텀즈 2010과 인코텀즈 2020의 차이점) [f] 운송의무 및 비용 조항에 보안관련 요건 삽입: 대한상공회의소, 인코텀즈 2020, 28～29쪽.

15) 인코텀즈 2020 서문 Ⅸ(인코텀즈 2010과 인코텀즈 2020의 차이점) [g] 사용자를 위한 설명문: 대한상공회의소, 인코텀즈 2020, 30～31쪽.

하고, 각 거래조건은 매도인과 매수인의 의무를 10개의 표제로 목록에 싣고 있었다. 그러나 인코텀즈 2010에서는 기존의 DAF, DES, DEQ 및 DDU 조건을 삭제하고, DAT(Delivered at Terminal)와 DAP(Delivered at Place) 조건을 신설하여 11가지의 조건으로 줄어들었다. 또한 인코텀즈 2010에서는 11가지의 거래조건을 E, F, C, D의 네 개의 그룹으로 분류하지 않고, 모든 운송방식에 적용되는 규칙(Rules for Any Mode or Modes of Transport)과 해상운송과 내수로운송에 적용되는 규칙(Rules for Sea and Inland Waterway Transport)의 두 가지로 분류하였다. EXW, FCA, CPT, CIP, DAT, DAP, DDP 등 7개의 조건이 전자에 속하며, FAS, FOB, CFR, CIF 등 4개의 조건이 후자에 속한다. 그리고 인코텀즈 2020에서는 인코텀즈 2010과 마찬가지로 11가지의 거래조건을 모든 운송방식에 적용되는 규칙과 해상운송과 내수로운송에 적용되는 규칙의 두 가지로 분류하였다. EXW, FCA, CPT, CIP, DAP, DPU, DDP 등 7개의 조건이 전자에 속하며, FAS, FOB, CFR, CIF 등 4개의 조건이 후자에 속한다. 인코텀즈 2010과 인코텀즈 2020을 비교한다면, 인코텀즈 2010의 거래조건 가운데 DAT(Delivered at Terminal)(도착터미널인도)가 인코텀즈 2020에서는 DPU(Delivered at Place Unloaded)(도착지양하인도)로 변경되었으며, 나머지 조건은 동일하다.

2. 인코텀즈 2020에서의 위험의 이전

인코텀즈 2020에서는 매도인으로부터 매수인에게 물품의 멸실 또는 훼손에 대한 위험이 이전하는 것에 관한 규정을 두고 있다(A3, B3). 여기서의 '물품의 멸실 또는 훼손'이란, 물품의 물리적인 손실 또는 손해를 의미하며, 다른 원인으로 인한 지연 또는 계약불이행에 따른 위험은 포함되지 않는다. 그리고 인코텀즈에 규정된 위험이 매수인에게 이전하면, 매수인은 계약에 따른 물품을 수령하지 못한 경우에도 물품대금을 매도인에게 지급하여야 한다.

인코텀즈는 매도인이 인도의무를 이행하지 않은 것에 대하여는 규정하고 있지 않다. 이에 대하여는 매매계약의 준거법이나 기타 관련 규정에 따르게 된다. 그러나 매매계약에 규정이 없는 경우에도 매도인이 의무를 이행하였다면 추가 위험이나 비용은 매수인이 부담하여야 한다.

원칙적으로 물품의 멸실 또는 훼손에 대한 위험은 매도인이 물품의 인도의무를 완료하였을 때 매도인으로부터 매수인에게 이전한다. 그러나 인코텀즈는, 몇몇 개별 규칙에서 매수인이 물품을 합의한 대로 수령하지 않거나 매도인이 그의 물품인도의무를 이행하기 위하여 매수인에게 요구한 것을 매수인이 실행하지 않은 경우에는, 위험은 물품의 인도 전이라도 이전할 수 있다는 것을 규정한다.

이하에서는 인코텀즈 2020의 개별 규칙의 의의 및 매도인과 매수인 사이의 위험의 이전에 대하여 살펴보기로 한다.[16]

(1) 모든 운송방식에 적용되는 규칙

1) EXW(Ex Works), 공장인도

“Ex Works”(공장인도)는 매도인이 물품을 지정된 장소(예를 들면, 공장 또는 창고)에서 물품을 매수인의 처분 하에 두는 때에 매수인에게 물품을 인도하는 것을 의미한다. 그리고 그 지정된 장소는 매도인의 영업구내일 수도 있고 아닐 수도 있다. 또한 인코텀즈 2010에서와 마찬가지로, 매도인은 인도를 위하여 물품을 수취용 차량에 적재하지 않아도 되며, 물품의 수출통관이 가능한 경우에도 물품의 통관절차를 수행할 필요가 없다(EXW 사용자를 위한 설명문 1).[17] EXW에서는, 당사자들은 인도장소만 지정하면 된다. 그러나 당사자들은 가능한 한 지정인도장소 내의 정확한 지점을 명확하게 지정하기를 권한다. 그러한 정확한 지정인도지점은 양 당사자들에게 언제 물품이 인도되는지, 그리고 언제 위험이 매수인에게 이전하는지를 명확하게 하며, 또한 그러한 정확한 지점은 매수인의 비용부담의 기준점을 확정한다(EXW 사용자를 위한 설명문 3).[18]

---

16) 이하의 인코텀즈 2020의 번역에 대하여는 대한상공회의소, 인코텀즈 2020, 34쪽 이하를 참조함.

17) EXW에서는 물품이 매도인의 영업구내 또는 전형적으로 매도인의 관할구역 내 또는 동일한 관세동맹 내에 있는 다른 지정지점에서 매수인의 처분 하에 놓인 때에 인도가 일어나므로, 매도인은 수출통관 또는 운송 중에 물품이 통과하는 제3국의 통관을 수행할 의무는 없다. 따라서 EXW는 물품을 수출할 의사가 전혀 없는 국내 거래에 적합하다(EXW 사용자를 위한 설명문 6).

18) 대한상공회의소, 인코텀즈 2020, 37면.

EXW에서는, 매도인은 지정인도장소에서, 만약 합의된 지점이 있는 경우에는 그 지점에서, 물품을 수취용 차량에 적재하지 않은 채로 매수인의 처분상태 하에 둠으로써 인도하여야 한다. 지정인도장소 내에 합의된 특정한 지점이 없는 경우에, 그리고 이용가능한 복수의 지점이 있는 경우에는, 매도인은 그 목적에 가장 적합한 지점을 선택할 수 있다. 매도인은 합의된 기일에 또는 합의된 기간 내에 물품을 인도하여야 한다(EXW A2). 그리고 매도인은 물품이 A2에 따라 인도될 때까지 물품의 멸실 또는 훼손의 모든 위험을 부담한다. 다만 매수인이 매도인에게 B10에 따른 적절한 통지를 하지 않은 경우에는, 위험은 조기에 매수인에게 이전한다(EXW A3). 즉, 매수인은 자신이 합의된 인도기간 내의 인도시기 그리고/또는 지정인도장소 내의 인도를 수령할 지점을 결정할 권리를 가지는 것으로 합의된 경우에는 매도인에게 그에 관한 충분한 통지를 하여야 하며(EXW B10), 매수인이 이에 따른 통지를 하지 아니한 경우에, 매수인은 합의된 인도기일 또는 합의된 인도기간의 만료일부터 물품의 멸실 또는 훼손의 모든 위험을 부담한다. 다만 물품은 계약물품으로 명확하게 특정되어 있어야 한다(EXW B3).

EXW에서의 인도는 물품이 적재된 때가 아니라 매도인이 지정인도장소에서 물품을 매수인의 처분 하에 두었을 때이며, 그리고 그때 위험이 이전한다. 즉, EXW에서의 위험의 이전시기는 매도인이 지정인도장소에서 물품을 매수인의 처분 하에 두었을 때이다(EXW A3, B3).

EXW는 매수인에게 가장 부담이 되고, 반면에 매도인의 의무부담이 가장 적은 거래조건이다. 그러나 매도인이 적재작업을 수행하는 동안에 발생하는 물품의 멸실 또는 훼손의 위험을 적재작업에 참여하지 않은 매수인이 부담하는 것은 논란이 될 수 있다. 따라서 매수인이 매도인의 영업구내에서 일어나는 적재작업 중의 위험을 피하고자 하는 경우에는 FCA 규칙을 선택하는 것을 고려하여야 한다.[19)]

19) FCA 규칙에서는 물품이 매도인의 영업구내에서 인도되는 경우에, 대도인이 매수인에 대하여 적재의무를 부담하고, 적재작업 중에 발생하는 물품의 멸실 또는 훼손의 위험은 매도인이 부담한다)(EXW 사용자를 위한 설명문 5): 대한상공회의소, 인코텀즈 2020, 37면.

2) FCA(Free Carrier), 운송인인도

"'Free Carrier"(운송인인도)는 매도인이 물품을 매수인에게 다음의 두 가지 방법 중 어느 하나로 인도하는 것을 의미한다. 첫째, 지정된 장소가 매도인의 영업구내인 경우에는 물품이 매수인이 준비한 운송수단에 적재된 때 인도된다. 둘째, 지정된 장소가 그 밖의 장소인 경우에는 매도인의 운송수단에 적재되어 지정한 장소에 도착하고, 매도인의 운송수단에 실린 채 양하 준비된 상태로, 매수인이 지정한 운송인 또는 제3자의 처분 하에 놓인 때 인도된다(FCA 사용자를 위한 설명문 1).[20] 당사자들은 지정인도장소 내의 그 지점에서 매수인에게 위험이 이전하므로 그 지점을 가능한 한 명확하게 명시하는 것이 바람직하다(FCA 사용자를 위한 설명문 3). FCA에서는, 수출통관이 가능한 경우에는 매도인이 물품의 수출통관을 하여야 한다. 그러나 매도인은 물품을 수입통관하거나, 수입관세를 납부하거나 또는 수입통관절차를 수행할 의무는 없다(FCA 사용자를 위한 설명문 5).

FCA에서는, 매도인은 지정된 장소에서, 만약 지정된 장소에 지정된 지점이 있는 경우에는 그 지점에서, 매수인이 지정한 운송인 또는 제3자에게 물품을 인도하여야 한다. 매도인은, 합의된 기일에, 또는 B10(b)에 따라 매수인에 의해 통지된 합의된 기간 내에, 또는 그와 같은 시기가 통지되지 않은 경우에는 합의된 기간의 만료일에 물품을 인도하여야 한다. 인도는 지정된 장소가 매도인의 영업구내인 경우에는 물품이 매수인이 준비한 운송수단에 적재된 때, 또는 그 밖의 경우에는 물품이 매도인의 운송수단에서 양하 준비된 상태로 매수인이 지정한 운송인 또는 제3자의 처분 하에 놓인 때 완료된다. 지정인도장소 내에 매수인이 B10(d)에 따라 통지한 특정 지점이 없고, 또한 이용할 수 있는 여러 개의 지점이 있는 경우에는, 매도인은 그 목적에 가장 적합한 지점을 선택할 수 있다(FCA A2).

그리고 매도인은 물품이 A2에 따라 인도될 때까지 물품의 멸실 또는 훼손의 모든 위험을 부담한다. 다만 B3에 규정된 상황에서 발생하는 멸실 또는 훼손의 경우에는 그러하지 아니하다(FCA A3). 즉, 매수인이 A2에 따라 운송인

20) 대한상공회의소, 인코텀즈 2020, 49~51면.

또는 제3자를 지정하지 않거나 또는 B10[21]에 따른 통지를 하지 않은 경우, 또는 B10(a)에 따라 매수인이 지정한 운송인 또는 제3자가 물품을 수령하지 아니한 경우에는, 매수인은 다음의 시기부터 물품의 멸실 또는 훼손의 모든 위험을 부담한다. 즉, 매수인은 합의된 인도기일부터, 또는 합의된 인도기일이 없는 경우에는 B10(b)에 따라 매수인이 선택한 시기부터, 또는 그와 같은 시기가 통지되지 않은 경우에는 합의된 인도기일의 만료일부터 물품의 멸실 또는 훼손의 모든 위험을 부담한다. 다만 물품은 계약물품으로 명확하게 특정되어 있어야 한다(FCA B3).

FCA에서의 인도는 지정된 장소가 매도인의 영업구내인 경우에는 물품이 매수인이 준비한 운송수단에 적재된 때, 그리고 지정된 장소가 그 밖의 장소인 경우에는 매도인의 운송수단에 적재되어 지정한 장소에 도착하고, 매도인의 운송수단에 실린 채 양하 준비된 상태로, 매수인이 지정한 운송인 또는 제3자의 처분 하에 놓인 때 인도된다. 그리고 그때 위험이 매수인에게 이전한다(FCA A3, B3).

3) CPT(Carriage Paid To), 운송비지급인도

"Carriage Paid To"(운송비지급인도)는 매도인이 자신과 계약을 체결한 운송인에게 물품을 교부함으로써, 또는 그렇게 인도된 물품을 조달함으로써 물품을 매수인에게 인도하고－그리고 위험을 이전하는 것을 의미한다. 매도인은 사용된 운송수단에 적합한 방법으로 또한 적합한 장소에서 운송인에게 물품의 물리적인 점유를 이전함으로써 물품을 인도할 수 있다. 물품이 이 방법으로 매수인에게 인도되면, 매도인은 그 물품이 목적지에 양호한 상태로 명시된 수량 또는 전량이 도착할 것을 보증하지 않는다. 왜냐하면 물품이 운송인에게 교부됨으로써 매수인에게 인도된 때, 위험은 매도인으로부터 매수인에게 이전

---

21) FCA B10(통지): 매수인은 매도인에게 다음의 통지를 하여야 한다.
  (a) 매도인이 A2에 따라 물품을 인도할 수 있도록 충분한 시간 내에 지정된 운송인 또는 제3자의 이름
  (b) 합의된 인도기간 내에서 지정된 운송인 또는 제3자가 물품을 수령할 것으로 선택된 시기가 있다면, 그 시기
  (c) 운송관련 보안요건을 포함하여, 지정된 운송인 또는 제3자가 사용할 운송방식, 그리고
  (d) 지정인도장소 내에서 물품을 수령할 지점

하기 때문이다. 그러나 매도인은 물품의 인도지부터 목적지까지의 운송계약을 체결하여야 한다(CPT 사용자를 위한 설명문 1).

CPT에서는 다음의 두 곳이 중요하다. 즉, 물품이 (위험의 이전을 위하여) 인도되는 장소 또는 지점(만약 있다면)과 물품의 목적지로서 합의된 장소 또는 지점이 그것이다(매도인은 이 지점까지 운송계약을 체결하기로 약속하기 때문이다)(CPT 사용자를 위한 설명문 3). 또한 당사자들은 매매계약에서 합의된 목적지 내의 지점을 가능하면 자세하게 특정하기를 권한다. 왜냐하면 이 지점까지 매도인은 운송계약을 체결하여야 하고 또한 이 지점까지의 운송비용을 매도인이 부담하기 때문이다(CPT 사용자를 위한 설명문 5). 그리고 CPT에서는, 수출통관이 가능한 경우에는 매도인이 물품의 수출통관을 하여야 한다. 그러나 매도인은 물품을 수입통관 또는 제3국 통과를 위한 통관을 하거나, 수입관세를 납부하거나 또는 수입통관절차를 수행할 의무는 없다(CPT 사용자를 위한 설명문 8).

CPT에서는, 매도인은 A4[22]에 따라 운송계약을 체결한 운송인에게 물품을 교부하거나 또는 그렇게 인도된 물품을 조달함으로써 인도하여야 한다. 어느 경우이든 매도인은 물품을 합의된 기일에 또는 합의된 기간 내에 인도하여야 한다(CPT A2). 그리고 매수인은 물품이 A2에 따라 인도된 때에 그 물품의 인도를 수령하여야 하며, 지정된 목적지에서 또는 만약 합의되었다면 그 장소 내의 그 지점에서 운송인으로부터 물품을 수령하여야 한다(CPT B2).

그리고 매도인은 물품이 A2에 따라 인도될 때까지 물품의 멸실 또는 훼손의 모든 위험을 부담한다. 다만 B3에 규정된 상황에서 발생하는 멸실 또는 훼손의 경우에는 그러하지 아니하다(CPT A3). 즉, 매수인은 물품이 A2에 따라 인도된 때부터 물품의 멸실 또는 훼손의 모든 위험을 부담한다. 그리고 매수인이 B10[23]

22) CPT A4(운송): 매도인은 인도장소에서, 만약 있다면, 그 인도장소에 합의된 인도지점으로부터 지정목적지까지, 또는 합의가 있다면 그 지정목적지의 어떤 지점까지 물품을 운송하기 위한 계약을 체결하거나 물품을 조달하여야 한다. 운송계약은 매도인의 비용으로 통상적인 조건으로 체결되어야 하며, 매매 물품과 같은 종류의 운송에 사용되는 관행적인 방법으로 통상적인 항로로 운송하는 것이어야 한다. 만약 특정한 지점이 합의되지 않거나 또는 관례에 의해 결정되지 않았다면, 매도인은 그 목적에 가장 적합한 인도지점과 지정목적지의 지점을 선택할 수 있다. 매도인은 목적지까지 운송하는 데 요구되는 운송관련 보안요건을 준수하여야 한다.

23) CPT B10(통지): 매수인은 자신이 물품의 발송 시기 그리고/또는 지정목적지 내의 물품을 수령

에 따른 통지를 하지 않은 경우에, 매수인은 합의된 인도기일 또는 합의된 인도기간의 만료일부터 물품의 멸실 또는 훼손의 모든 위험을 부담한다. 다만 물품은 계약물품으로 명확하게 특정되어 있어야 한다(CPT B3).

CPT에서의 위험의 이전시기는 매도인이 자신과 계약을 체결한 운송인에게 물품을 교부하거나 또는 그렇게 인도된 물품을 조달함으르써 매수인에게 물품을 인도한 시점이다(CPT A3, B3).

4) CIP(Carriage and Insurance Paid To), 운송비·보험료지급인도

"Carriage and Insurance Paid To"(운송비·보험료지급인도)는 머도인이 자신과 계약을 체결한 운송인에게 물품을 교부함으로써, 또는 그렇게 인도된 물품을 조달함으로써 물품을 매수인에게 인도하고－그리고 위험을 이전하는 것을 의미한다. 매도인은 사용된 운송수단에 적합한 방법으로 또한 적합한 장소에서 운송인에게 물품의 물리적인 점유를 이전함으로써 물품을 인도할 수 있다. 물품이 이 방법으로 매수인에게 인도되면, 매도인은 그 물품이 목적지에 양호한 상태로 명시된 수량 또는 전량이 도착할 것을 보증하지 않는다. 왜냐하면 물품이 운송인에게 교부됨으로써 매수인에게 인도된 때, 위험은 머도인으로부터 매수인에게 이전하기 때문이다. 그러나 매도인은 물품의 인도로부터 목적지까지의 운송계약을 체결하여야 한다(CIP 사용자를 의한 설명문 1).

CIP에서는 다음의 두 곳이 중요하다. 즉, 물품이 (위험의 이전을 위하여) 인도되는 장소 또는 지점(만약 있다면)과 물품의 목적지로서 합의된 장소 또는 지점이 그것이다(매도인은 이 지점까지 운송계약을 체결하기로 약속하기 때문이다)(CIP 사용자를 위한 설명문 3). 또한 매도인은 인도지점부터 적어도 목적지점까지 매수인의 물품의 멸실 또는 훼손의 위험에 대하여 보험계약을 체결하여야 한다(CIP 사용자를 위한 설명문 4). 또한 당사자들은 매매계약에서 인도장소 및 목적지 또는 그러한 장소 내의 실제 지점을 가능하면 자세하게 특정하기를 권한다. 왜냐하면 이것은 복수의 운송인이 관계하여 각자 서로 다른 운송구간을 담당하는 일반적인 상황에 대응하는 데 중요하기 때문이다(CIP

할 지점을 결정할 권리를 가지는 것으로 합의된 경우에는 매도인에게 충분한 통지를 하여야 한다.

사용자를 위한 설명문 5). 그리고 CIP에서는, 수출통관이 가능한 경우에는 매도인이 물품의 수출통관을 하여야 한다. 그러나 매도인은 물품을 수입통관 또는 제3국 통과를 위한 통관을 하거나, 수입관세를 납부하거나 또는 수입통관 절차를 수행할 의무는 없다(CIP 사용자를 위한 설명문 9).

CIP에서는, 매도인은 A4[24]에 따라 운송계약을 체결한 운송인에게 물품을 교부하거나 또는 그렇게 인도된 물품을 조달함으로써 인도하여야 한다. 어느 경우이든 매도인은 물품을 합의된 기일에 또는 합의된 기간 내에 인도하여야 한다(CIP A2). 그리고 매수인은 물품이 A2에 따라 인도된 때에 그 물품의 인도를 수령하여야 하며, 지정된 목적지에서 또는 만약 합의되었다면 그 장소 내의 그 지점에서 운송인으로부터 물품을 수령하여야 한다(CIP B2).

그리고 매도인은 물품이 A2에 따라 인도될 때까지 물품의 멸실 또는 훼손의 모든 위험을 부담한다. 다만 B3에 규정된 상황에서 발생하는 멸실 또는 훼손의 경우에는 그러하지 아니하다(CIP A3). 즉, 매수인은 물품이 A2에 따라 인도된 때부터 물품의 멸실 또는 훼손의 모든 위험을 부담한다. 그리고 매수인이 B10[25]에 따른 통지를 하지 않은 경우에, 매수인은 합의된 인도기일 또는 합의된 인도기간의 만료일부터 물품의 멸실 또는 훼손의 모든 위험을 부담한다. 다만 물품은 계약물품으로 명확하게 특정되어 있어야 한다(CIP B3).

CIP에서의 위험의 이전시기는, CPT에서와 마찬가지로, 매도인이 자신과 계약을 체결한 운송인에게 물품을 교부하거나 또는 그렇게 인도된 물품을 조달함으로써 매수인에게 물품을 인도한 시점이다(CIP A3, B3).

---

24) CIP A4(운송): 매도인은 인도장소에서, 만약 있다면, 그 인도장소에 합의된 인도지점으로부터 지정목적지까지, 또는 합의가 있다면 그 지정목적지의 어떤 지점까지 물품을 운송하기 위한 계약을 체결하거나 물품을 조달하여야 한다. 운송계약은 매도인의 비용으로 통상적인 조건으로 체결되어야 하며, 매매 물품과 같은 종류의 운송에 사용되는 관행적인 방법으로 통상적인 항로로 운송하는 것이어야 한다. 만약 특정한 지점이 합의되지 않거나 또는 관례에 의해 결정되지 않았다면, 매도인은 그 목적에 가장 적합한 인도지점과 지정목적지의 지점을 선택할 수 있다. 매도인은 목적지까지 운송하는 데 요구되는 운송관련 보안요건을 준수하여야 한다.

25) CIP B10(통지): 매수인은 자신이 물품의 발송 시기 그리고/또는 지정목적지 내의 물품을 수령할 지점을 결정할 권리를 가지는 것으로 합의된 경우에는 매도인에게 충분한 통지를 하여야 한다.

5) DAP(Delivered at Place), 도착지인도

"Delivered at Place"(도착지인도)는 물품이 지정목적지에서 또는 지정목적지 내의 어떠한 지점이 합의된 경우에는 그 지점에서, 도착운송수단에 실린 채 양하 준비된 상태로, 매수인의 처분 하에 놓이는 때에 매도인이 매수인에게 물품을 인도하는 것을 의미한다. 매도인은 지정목적지까지 또는 지정목적지 내의 합의된 지점까지 물품을 가져오는 데 수반되는 모든 위험을 부담한다(DAP 사용자를 위한 설명문 1).

DAP에서는 당사자들은 몇 가지의 이유로 가능한 한 명확하게 목적지 또는 목적지점을 특정하기를 권한다. 첫째, 물품의 멸실 또는 훼손의 위험은 그 인도/목적지점에서 매수인에게 이전한다. 둘째, 그 지점 또는 인도/목적지점 전의 비용은 매도인이 부담하고 그 후의 비용은 매수인이 부담한다. 셋째, 매도인은 물품을 합의된 장소 또는 인도/목적지점까지 운송하는 계약을 체결하거나 또는 그러한 운송을 준비하여야 한다(DAP 사용자를 위한 설명문 3). 그리고 DAP 조건에서는, 수출통관이 가능한 경우에는 매도인이 물품의 수출통관을 하여야 한다. 그러나 매도인은 물품을 수입통관을 위한 또는 인도 후 제3국 통과를 위한 통관을 하거나, 수입관세를 납부하거나 또는 수입통관절차를 수행할 의무는 없다. 만약 당사자들이 매도인이 물품을 수입통관하고, 수입관세를 납부하거나 또는 수입통관절차를 수행하기를 원하는 경우에는 DDP를 사용하는 것을 고려하여야 한다(DAP 사용자를 위한 설명문 6).

DAP에서는, 매도인은 지정목적지에서, 또는 만약 있다면, 지정목적지 내의 합의된 지점에서 물품을 도착운송수단에 실어둔 채 양하 준비된 상태로, 매수인의 처분 하에 두거나 또는 그렇게 인도된 물품을 조달함으로써 인도하여야 한다. 어느 경우이든 매도인은 물품을 합의된 기일에 또는 합의된 기간 내에 인도하여야 한다((DAP A2). 그리고 매도인은 물품이 A2에 따라 인도될 때까지 물품의 멸실 또는 훼손의 모든 위험을 부담한다. 다만 B3에 규정된 상황에서 발생하는 멸실 또는 훼손의 경우에는 그러하지 아니하다(DAP A3). 즉, 매수인은 물품이 A2에 따라 인도된 때부터 물품의 멸실 또는 훼손의 모든 위험을 부담한다. 그러나 a) 매수인이 B7[26]에 따른 그의 의무를 이행하지 아니한 경우에, 매수인은 그것으로부터 발생하는 물품의 멸실 또는 훼손의 모든 위험

을 부담한다. 또는, b) 매수인이 B10[27]에 따른 통지를 하지 않은 경우에, 매수인은 합의된 인도기일 또는 합의된 인도기간의 만료일부터 물품의 멸실 또는 훼손의 모든 위험을 부담한다. 다만 물품은 계약물품으로 명확하게 특정되어 있어야 한다(DAP B3).

DAP에서의 위험의 이전시기는 매도인이 물품을 지정목적지에서 또는 만약 지정목적지 내의 합의된 지점이 있다면 그 지점에서, 도착운송수단에 실어둔 채 양하 준비된 상태로 매수인의 처분 하에 놓이게 한 시점이다(DAP A3, B3).

6) DPU(Delivered at Place Unloaded), 도착지양하인도[28]

"Delivered at Place Unloaded"(도착지양하인도)는 물품이 지정목적지에서 또는 만약 지정목적지 내의 합의된 지점이 있다면 그 지점에서, 도착운송수단으로부터 양하된 상태로 매수인의 처분 하에 놓인 때에 매도인이 매수인에게 물품을 인도하고－그리고 위험을 이전하는 것을 의미한다. 매도인은 물품을 지정된 목적지까지 가져오고 그곳에서 물품을 양하하는 데 수반되는 모든 위험을 부담한다. 따라서 이 인코텀즈 규칙에서는 인도와 목적지에서의 도착은 같은 것이다. 그러므로 매도인은 자신이 지정된 장소에서 양하를 할 수 있는 위치에 있는지 확실히 하여야 한다. 당사자들은 매도인이 양하의 위험과 비용을 부담하기를 의도하지 않는 경우에는 DPU를 피하고 그 대신에 DAP를 사용하여야 한다(DPU 사용자를 위한 설명문 1).

DPU에서는, 당사자들은 몇 가지의 이유로 가능한 한 명확하게 목적지 또는 목적지점을 특정하기를 권한다. 첫째, 물품의 멸실 또는 훼손의 위험은 그 인

26) DAP B7(수출/수입통관): (a) 수출 및 통과통관에 대한 협력: 적용 가능한 경우, 매수인은 매도인의 요청에 따라 매도인의 위험과 비용으로, 보안요건과 선적 전 검사를 포함하여 수출국과 통과국(수입국을 제외한다)에 의하여 요구되는 모든 수출/통과 통관절차에 관한 서류 및/또는 정보를 취득하는 데에 있어서 매도인에게 협력하여야 한다.
(b) 수입통관: 적용 가능한 경우, 매수인은 다음과 같은 수입국에 의하여 요구되는 모든 정식 절차를 실행하고 그 비용을 지급하여야 한다. 즉, 수입허가, 수입을 위한 보안통관, 선적 전 검사, 그리고 그 밖의 공적인 허가.

27) DAP B10(통지): 매수인은 자신이 합의된 수령기간 내의 수령시기 그리고/또는 지정목적지 내에서 인도를 수령할 지점을 결정할 권리를 가지는 것으로 합의된 경우에는 매도인에게 충분한 통지를 하여야 한다.

28) 인코텀즈 2010의 DAT(도착터미널인도조건)가 인코텀즈 2020에서는 DPU(Delivered at Place Unloaded, 도착지양하인도)로 변경되었다.

도/목적지점에서 매수인에게 이전한다. 둘째, 그 지점 또는 인도/목적지점 전의 비용은 매도인이 부담하고 그 후의 비용은 매수인이 부담한다. 셋째, 매도인은 물품을 합의된 장소 또는 인도/목적지점까지 운송하는 계약을 체결하거나 또는 그러한 운송을 준비하여야 한다(DPU 사용자를 위한 설명문 3). 그리고 DPU에서는, 수출통관이 가능한 경우에는 매도인이 물품의 수출통관을 하여야 한다. 그러나 매도인은 물품을 수입통관을 위한 또는 인도 후 제3국 통과를 위한 통관을 하거나, 수입관세를 납부하거나 또는 수입통관절차를 수행할 의무는 없다. 만약 당사자들이 매도인이 물품을 수입통관하고, 수입관세를 납부하거나 또는 수입통관절차를 수행하기를 원하는 경우에는 DDP를 사용하는 것을 고려하여야 한다(DPU 사용자를 위한 설명문 5).

DPU에서는, 매도인은 지정목적지에서, 또는 만약 있다면, 지정목적지 내의 합의된 지점에서 물품을 매수인의 처분 하에 두거나 또는 그렇게 인도된 물품을 조달함으로써 인도하여야 한다. 어느 경우이든 매도인은 물품을 합의된 기일에 또는 합의된 기간 내에 인도하여야 한다((DPU A2). 그리고 매도인은 물품이 A2에 따라 인도될 때까지 물품의 멸실 또는 훼손의 모든 위험을 부담한다. 다만 B3에 규정된 상황에서 발생하는 멸실 또는 훼손의 경우에는 그러하지 아니하다(DPU A3). 즉, 매수인은 물품이 A2에 따라 인도된 때부터 물품의 멸실 또는 훼손의 모든 위험을 부담한다. 그러나 a) 매수인이 B7[29)]에 따른 그의 의무를 이행하지 아니한 경우에, 매수인은 그것으로부터 발생하는 물품의 멸실 또는 훼손의 모든 위험을 부담한다. 또는, b) 매수인이 B10[30)]에 따른 통지를 하지 않은 경우에, 매수인은 합의된 인도기일 또는 합의된 인도기간의 만료일부터 물품의 멸실 또는 훼손의 모든 위험을 부담한다. 다만 물품은 계

29) DPU B7(수출/수입통관): (a) 수출 및 통과통관에 대한 협력: 적용 가능한 경우, 매수인은 매도인의 요청에 따라 매도인의 위험과 비용으로, 보안요건과 선적 전 검사를 포함하여 수출국과 통과국(수입국을 제외한다)에 의하여 요구되는 모든 수출/통과 통관절차에 관한 서류 및/또는 정보를 취득하는 데에 있어서 매도인에게 협력하여야 한다.
(b) 수입통관: 적용 가능한 경우, 매수인은 다음과 같은 수입국에 의하여 요구되는 모든 정식 절차를 실행하고 그 비용을 지급하여야 한다. 즉, 수입허가, 수입을 위한 보안통관, 선적 전 검사, 그리고 그 밖의 공적인 허가.

30) DPU B10(통지): 매수인은 자신이 합의된 수령기간 내의 수령시기 그리고/또는 지정목적지 내에서 인도를 수령할 지점을 결정할 권리를 가지는 것으로 합의된 경우에는 매도인에게 충분한 통지를 하여야 한다.

약물품으로 명확하게 특정되어 있어야 한다(DPU B3).

DPU에서의 위험의 이전시기는 매도인이 물품을 지정목적지에서 또는 만약 지정목적지 내의 합의된 지점이 있다면 그 지점에서, 도착운송수단으로부터 양하된 상태로 매수인의 처분 하에 놓이게 한 시점이다(DPU A3, B3).

7) DDP(Delivered Duty Paid), 관세지급인도

“Delivery Duty Paid”(관세지급인도)는 매도인이 수입통관된 물품을 지정목적지에서 도착운송수단에 실어둔 채 양하 준비된 상태로 매수인의 처분 하에 놓이게 한 때에 인도하는 것을 의미한다. 따라서 이 인코텀즈 규칙에서는 인도와 목적지에서의 도착은 같은 것이다(DDP 사용자를 위한 설명문 1). DDP에서는 인도가 도착지에서 일어나고, 매도인이 수입관세와 해당 세금의 납부책임을 지므로, DDP는 11개의 인코텀즈 규칙 가운데 매도인에게 최고 수준의 의무를 부과하는 규칙이다(DDP 사용자를 위한 설명문 3).

DDP에서는 당사자들은 몇 가지의 이유로 가능한 한 명확하게 목적지 또는 목적지점을 특정하기를 권한다. 첫째, 물품의 멸실 또는 훼손의 위험은 그 인도/목적지점에서 매수인에게 이전한다. 둘째, 수입통관비용을 포함하여 그 지점 또는 인도/목적지점 전의 비용은 매도인이 부담하고 수입비용을 제외한 그 후의 비용은 매수인이 부담한다. 셋째, 매도인은 물품을 합의된 장소 또는 인도/목적지점까지 운송하는 계약을 체결하거나 또는 그러한 운송을 준비하여야 한다(DDP 사용자를 위한 설명문 4).

DDP에서는, 매도인은 지정목적지에서, 또는 만약 있다면, 지정목적지 내의 합의된 지점에서 물품을 도착운송수단에 실어둔 채 양하 준비된 상태로 매수인의 처분 하에 두거나 또는 그렇게 인도된 물품을 조달함으로써 인도하여야 한다. 어느 경우이든 매도인은 물품을 합의된 기일에 또는 합의된 기간 내에 인도하여야 한다(DDP A2). 그리고 매도인은 물품이 A2에 따라 인도될 때까지 물품의 멸실 또는 훼손의 모든 위험을 부담한다. 다만 B3에 규정된 상황에서 발생하는 멸실 또는 훼손의 경우에는 그러하지 아니하다(DDP A3). 즉, 매수인은 물품이 A2에 따라 인도된 때부터 물품의 멸실 또는 훼손의 모든 위험을 부담한다. 그러나 a) 매수인이 B7[31]에 따른 그의 의무를 이행하지 아니한 경우

에, 매수인은 그것으로부터 발생하는 물품의 멸실 또는 훼손의 모든 위험을 부담한다. 또는, b) 매수인이 B10[32]에 따른 통지를 하지 않은 경우에, 매수인은 합의된 인도기일 또는 합의된 인도기간의 만료일부터 물품의 멸실 또는 훼손의 모든 위험을 부담한다. 다만 물품은 계약물품으로 명확하게 특정되어 있어야 한다(DDP B3).

DDP에서의 위험의 이전시기는 매도인이 물품을 지정목적지에서 또는 간약 지정목적지 내의 합의된 지점이 있다면 그 지점에서, 수입통관 후 도착운송수단에 실어둔 채 양하 준비된 상태로 매수인의 처분 하에 놓이게 한 시점이다(DDP A3, B3).

(2) 해상운송과 내수로운송에 적용되는 규칙

1) FAS(Free Alongside Ship), 선측인도

"Free Alongside Ship"(선측인도)는 매도인이 물품을 지정선적항에서 매수인이 지정한 선박의 선측(예를 들면, 부두 또는 바지)에 놓이게 한 때에 대수인에게 인도하는 것을 의미한다. 물품의 멸실 또는 훼손의 위험은 물품이 선측에 놓인 때에 이전하며, 매수인은 그 시점 이후의 모든 비용을 부담한다(FAS 사용자를 위한 설명문 1). FAS 규칙은 물품이 선측에 놓이기 전에 운송인에게 교부되는 경우, 예를 들면 물품이 컨테이너 터미널에서 운송인에게 교부되는 경우에는 적절하지 않다. 이러한 경우에는 FAS 규칙 대신에 FCA 규칙을 사용하는 것을 고려하여야 한다(FAS 사용자를 위한 설명문 2).

FAS에서는, 당사자들은 지정선적항에서 물품이 부두나 바지로부터 선박으로 이동하는 선적지점을 가능한 한 명확하게 지정할 것을 권한다. 왜냐하면 그 지점까지의 비용과 위험은 매도인이 부담하고, 이러한 비용과 그와 관련된

31) DDP B7(수출/수입통관): 적용 가능한 경우, 매수인은 매도인의 요청에 따라 매도인의 위험과 비용으로, 다음과 같은 수출국/통과국/수입국에 의하여 요구되는 모든 수출/통과/수입통관절차에 관한 서류 및/또는 정보를 취득하는 데에 있어서 매도인에게 협력하여야 한다. 수출/통과/수입허가, 수출, 통과 및 수입을 위한 보안통관, 선적 전 검사, 그리고 그 밖의 공적인 허가.

32) DDP B10(통지): 매수인은 자신이 합의된 수령기간 내의 수령시기 그리고/또는 지정목적지 내에서 인도를 수령할 지점을 결정할 권리를 가지는 것으로 합의된 경우에는 매도인에게 충분한 통지를 하여야 한다.

처리비용은 항구의 관행에 따라 다르기 때문이다. 그리고 FAS에서는, 수출통관이 가능한 경우에는 매도인이 물품의 수출통관을 하여야 한다. 그러나 매도인은 물품을 수입통관하거나, 수입관세를 납부하거나 또는 수입통관절차를 수행할 의무는 없다(FAS 사용자를 위한 설명문 5).

FAS에서는, 매도인은 물품을 지정선적항에서, 만약 지정선적항에 매수인이 지시한 선적지점이 있는 경우에는 그 지점에서, 매수인이 지정하는 선박의 선측에 놓이게 함으로써 또는 그렇게 인도된 물품을 조달함으로써 인도하여야 한다. 이 경우에 매도인은 합의된 기일에 또는 B10[33]에 따라 매수인으로부터 통지받은 합의된 기간 중의 어느 시기에 또는 그러한 시기의 통지가 없는 경우에는 합의된 기간의 만료일에 그 항구의 관행적인 방법으로 물품을 인도하여야 한다. 매수인이 특정한 선적지점을 지시하지 않은 경우에 매도인은 지정선적항 내에서 그 목적에 가장 적합한 지점을 선택할 수 있다(FAS A2).

그리고 매도인은 물품이 인도될 때까지 물품의 멸실 또는 훼손의 모든 위험을 부담한다. 다만 B3에 규정된 상황에서 발생하는 멸실 또는 훼손의 경우에는 그러하지 아니하다(FAS A3). 즉, 매수인은 물품이 A2에 따라 인도된 때부터 물품의 멸실 또는 훼손의 모든 위험을 부담한다. 그러나 a) 매수인이 B10에 따른 통지를 하지 아니한 경우, 또는, b) 매수인이 지정한 선박이 제 시간에 도착하지 않거나, 물품을 수령하지 않거나, B10에 따라 통지된 시기보다 일찍 선적을 마감하는 경우에는, 매수인은 합의된 인도기일부터 또는 합의된 인도기일이 없는 경우에는 매수인이 B10에 따라 선택한 기일부터 또는 그러한 기일이 통지되지 않은 경우에는 합의된 인도기간의 만료일부터 물품의 멸실 또는 훼손의 모든 위험을 부담한다. 다만 물품은 계약물품으로 명확하게 특정되어 있어야 한다(FAS B3).

FAS에서의 위험의 이전시기는 물품이 선측에 놓인 때이다(FAS A3, B3).

2) FOB(Free on Board), 본선인도

"Free on Board"(본선인도)는 매도인이 물품을 지정선적항에서 매수인이 지

33) FAS B10(통지): 매수인은 매도인에게 운송관련 보안요건, 선박명, 선적지점, 그리고 만약 있다면, 합의된 기간 내에서 선택된 인도일자를 충분히 통지하여야 한다.

정한 선박에 선적하거나 또는 이미 그렇게 인도된 물품을 조달함으르써 매수인에게 인도하는 것을 의미한다. 물품의 멸실 또는 훼손의 위험은 물품이 선박에 선적된 때에 이전하며, 매수인은 그 시점 이후의 모든 비용을 부담한다(FOB 사용자를 위한 설명문 1). FOB 규칙은 물품이 선박에 선적되기 전에 운송인에게 교부되는 경우, 예를 들면 물품이 컨테이너 터미널에서 운송인에게 교부되는 경우에는 적절하지 않다. 이러한 경우에는 FOB 규칙 대신에 FCA 규칙을 사용하는 것을 고려하여야 한다(FOB 사용자를 위한 설명문 2). 그리고 FOB에서는, 수출통관이 가능한 경우에는 매도인이 물품의 수출통관을 하여야 한다. 그러나 매도인은 물품을 수입통관하거나, 수입관세를 납부하거나 또는 수입통관절차를 수행할 의무는 없다(FOB 사용자를 위한 설명문 4).

FOB에서는, 매도인은 물품을 지정선적항에서, 만약 지정선적항에 매수인이 지시한 선적지점이 있는 경우에는 그 지점에서, 매수인이 지정하는 선박에 선적하거나 또는 그렇게 인도된 물품을 조달함으로써 인도하여야 한다. 이 경우에 매도인은 합의된 기일에 또는 B10[34]에 따라 매수인으르부터 통지받은 합의된 기간 중의 어느 시기에 또는 그러한 시기의 통지가 없는 경으에는 합의된 기간의 만료일에 그 항구의 관행적인 방법으로 물품을 인도하여야 한다(FOB A2). 매수인이 특정한 선적지점을 지시하지 않은 경우에 매도인은 지정선적항 내에서 그 목적에 가장 적합한 지점을 선택할 수 있다(FOB A2).

그리고 매도인은 물품이 인도될 때까지 물품의 멸실 또는 훼손의 모든 위험을 부담한다. 다만 B3에 규정된 상황에서 발생하는 멸실 또는 훼손의 경우에는 그러하지 아니하다(FOB A3). 즉, 매수인은 물품이 A2에 따라 인도된 때부터 물품의 멸실 또는 훼손의 모든 위험을 부담한다. 그러나 a) 매수인이 B10에 따른 통지를 하지 아니한 경우, 또는, b) 매수인이 지정한 선박이 제 시간에 도착하지 않거나, 물품을 수령하지 않거나, B10에 따라 통지된 시기보다 일찍 선적을 마감하는 경우에는, 매수인은 합의된 인도기일부터 또는 합의된 인도기일이 없는 경우에는 매수인이 B10에 따라 선택한 기일부터 또는 그러한 기일이 통지되지 않은 경우에는 합의된 인도기간의 단료일부터 물품의 멸

34) FOB B10(통지): 매수인은 매도인에게 운송관련 보안요건, 선박명, 선적지점, 그리고 만약 있다면, 합의된 기간 내에서 선택된 인도일자를 충분히 통지하여야 한다.

실 또는 훼손의 모든 위험을 부담한다. 다만 물품은 계약물품으로 명확하게 특정되어 있어야 한다(FOB B3).

FOB에서의 위험의 이전시기는 물품이 선박에 선적된 때이다(FOB A3, B3).

3) CFR(Cost and Freight), 운임포함인도

"Cost and Freight"(운임포함인도)는 매도인이 물품을 선박에 선적하거나 또는 이미 그렇게 인도된 물품을 조달함으로써 매수인에게 인도하는 것을 의미한다. 물품의 멸실 또는 훼손의 위험은 물품이 선박에 선적된 때에 이전하며, 그러한 상태로 매도인은 명시된 수량의 물품이 목적지에 양호한 상태로 도착하는지의 여부에 관계없이 또는 실제로 물품이 전혀 도착하지 않더라도 그의 의무를 이행한 것으로 된다. CFR에서 매도인은 매수인에 대하여 보험계약체결의무는 없다. 따라서 매수인은 스스로 보험계약을 체결할 것을 권한다(CFR 사용자를 위한 설명문 1). 그리고 CFR 규칙은 둘 이상의 운송방식이 사용되는 경우에는(이것은 물품이 컨테이너 터미널에서 운송인에게 교부되는 경우에 일반적이다) 사용하기에 적합하지 않으며, 이 경우에는 CPT 규칙이 사용하기에 적합하다(CFR 사용자를 위한 설명문 2).

CFR에서는 두 항구가 중요하다. 물품이 선박에 선적되어 인도되는 항구와 물품의 목적항으로 합의된 항구가 그것이다. 위험은 물품이 선적항에서 선박에 선적됨으로써 또는 이미 그렇게 인도된 물품을 조달함으로써 매수인에게 인도된 때 매도인으로부터 매수인에게 이전한다. 그러나 매도인은 물품을 인도지부터 합의된 목적지까지 운송하는 계약을 체결하여야 한다(CFR 사용자를 위한 설명문 4). 그리고 CFR에서는, 수출통관이 가능한 경우에는 매도인이 물품의 수출통관을 하여야 한다. 그러나 매도인은 물품의 수입을 위한 또는 제3국 통과를 위한 통관을 하거나, 수입관세를 납부하거나 또는 수입통관절차를 수행할 의무는 없다(CFR 사용자를 위한 설명문 9).

CFR에서는, 매도인은 물품을 선박에 선적하거나 또는 그렇게 인도된 물품을 조달함으로써 인도하여야 한다. 어느 경우이든 매도인은 합의된 기일에 또는 합의된 기간 내에 그 항구의 관행적인 방법으로 물품을 인도하여야 한다(CFR A2). 그리고 매도인은 물품이 A2에 따라 인도될 때까지 물품의 멸실 또

는 훼손의 모든 위험을 부담한다. 다만 B3에 규정된 상황에서 발생하는 멸실 또는 훼손의 경우에는 그러하지 아니하다(CFR A3). 즉, 매수인은 물품이 A2에 따라 인도된 때부터 물품의 멸실 또는 훼손의 모든 위험을 부담한다. 매수인이 B10에 따른 통지를 하지 아니한 경우에, 매수인은 선적을 위하여 합의된 기일 또는 합의된 기간의 만료일부터 물품의 멸실 또는 훼손의 모든 위험을 부담한다. 다만 물품은 계약물품으로 명확하게 특정되어 있어야 한다(CFR B3).

CFR에서의 위험의 이전시기는 물품이 선박에 선적된 때이다(CFR A3, B3).

4) CIF(Cost, Insurance and Freight), 운임·보험료포함인도

"Cost, Insurance and Freight"(운임·보험료포함인도)는 매도인이 물품을 선박에 선적하거나 또는 이미 그렇게 인도된 물품을 조달함으로써 매수인에게 인도하는 것을 의미한다. 물품의 멸실 또는 훼손의 위험은 물품이 선박에 선적된 때에 이전하며, 그러한 상태로 매도인은 명시된 수량의 물품이 목적지에 양호한 상태로 도착하는지의 여부에 관계없이 또는 실제로 물품이 전혀 도착하지 않더라도 그의 의무를 이행한 것으로 된다(CIF 사용자를 위한 설명문 1). 그리고 CIF 규칙은 둘 이상의 운송방식이 사용되는 경우에는(이것은 물품이 컨테이너 터미널에서 운송인에게 교부되는 경우에 일반적이다) 사용하기에 적합하지 않으며, 이 경우에는 CIP 규칙이 사용하기에 적합하다(CIF 사용자를 위한 설명문 2).

CIF에서는 두 항구가 중요하다. 물품이 선박에 선적되어 인도되는 항구와 물품의 목적항으로 합의된 항구가 그것이다. 위험은 물품이 선적항에서 선박에 선적됨으로써 또는 이미 그렇게 인도된 물품을 조달함으로써 매수인에게 인도된 때 매도인으로부터 매수인에게 이전한다. 그러나 매도인은 물품을 인도지부터 합의된 목적지까지 운송하는 계약을 체결하여야 한다(CIF 사용자를 위한 설명문 4). 또한 CIF에서는, 매도인은 선적항부터 적어도 목적항까지 매수인의 물품의 멸실 또는 훼손에 대한 위험에 대하여 보험계약을 체결하여야 한다. 이것은 목적지의 국가가 자국의 보험자에게 부보하는 것을 요구하는 경우에는 어려움을 야기할 수 있다. 이 경우에는 당사자들은 CFR에 따라 매매하는 것을 고려하여야 한다(CIF 사용자를 위한 설명문 8). 그리고 CIF에서는, 수

출통관이 가능한 경우에는 매도인이 물품의 수출통관을 하여야 한다. 그러나 매도인은 물품의 수입을 위한 또는 제3국 통과를 위한 통관을 하거나, 수입관세를 납부하거나 또는 수입통관절차를 수행할 의무는 없다(CIF 사용자를 위한 설명문 10).

CIF에서는, 매도인은 물품을 선박에 선적하거나 또는 그렇게 인도된 물품을 조달함으로써 인도하여야 한다. 어느 경우이든 매도인은 합의된 기일에 또는 합의된 기간 내에 그 항구의 관행적인 방법으로 물품을 인도하여야 한다(CIF A2). 그리고 매도인은 물품이 A2에 따라 인도될 때까지 물품의 멸실 또는 훼손의 모든 위험을 부담한다. 다만 B3에 규정된 상황에서 발생하는 멸실 또는 훼손의 경우에는 그러하지 아니하다(CIF A3). 즉, 매수인은 물품이 A2에 따라 인도된 때부터 물품의 멸실 또는 훼손의 모든 위험을 부담한다. 매수인이 B10에 따른 통지를 하지 아니한 경우에, 매수인은 선적을 위하여 합의된 기일 또는 합의된 기간의 만료일부터 물품의 멸실 또는 훼손의 모든 위험을 부담한다. 다만 물품은 계약물품으로 명확하게 특정되어 있어야 한다(CIF B3).

CIF에서의 위험의 이전시기는 물품이 선박에 선적된 때이다(CIF A3, B3).

Ⅳ. 맺음말

국제물품매매에 있어서 물품의 멸실 또는 훼손에 대한 위험을 누가 부담하는가 하는 것은 매우 중요한 문제이다. 따라서 국제물품매매계약의 당사자들은 계약을 체결할 때 위험의 이전시기를 정하게 되는데, 이 때 위험의 이전에 관한 명시적인 규정을 두기도 하고, 국제상업회의소(ICC)가 작성한 인코텀즈라고 불리는 정형거래조건을 사용하여 특약을 하기도 한다.

인코텀즈 2020에서는 11가지의 정형거래조건별로 구체적인 위험의 이전시기를 정하고 있다. 인코텀즈 2010 전의 인코텀즈 규칙들에서는 전통적으로 개별 규칙들을 4개의 그룹, 즉 E 그룹, F 그룹, C 그룹, D 그룹으로 분류하였다. 인도지점의 측면에서 본다면, E 그룹과 D 그룹은 양 극단에 있으며, F 그룹,

C 그룹은 그 중간에 있다. 인코텀즈 2010과 2020에서는 사용된 운송수단에 따라 그룹을 분류하고 있으나, 이러한 이전의 분류방법은 여전히 인도지점을 이해하는 데 유용하다. EXW에서의 인도지점은 매수인이 물품을 수취하기로 합의한 지점이며, 매도인은 물품을 이 장소에서 매수인의 처분 하에 두었을 때, 즉 운송과정이 시작되기도 전에, 물품의 멸실 또는 훼손에 대한 위험이 매수인에게 이전한다. 그리고 EXW의 반대편 극단에 있는 DAP, DPU 그리고 DDP의 경우에는, 인도지점은 매도인이나 그의 운송인이 운송할 물품의 목적지와 동일하다. 따라서 D 그룹의 규칙들에서는 운송과정의 매우 늦은 시점에 위험이 이전한다. 다음으로 양극단의 사이에 있는 F 그룹의 규칙(FCA, FAS, FOB)과 C 그룹의 규칙(CPT, CIP, CFR, CIF)에서는, 인도는 다음과 같이 일어난다. 즉, CFR, CIF 그리고 FOB에서는 물품이 선적항에서 선박에 선적된 때, 또는 CPT와 CIP에서는 물품을 운송인에게 교부함으로써, 또는 FCA에서는 물품을 매수인이 준비한 운송수단에 적재하거나 매수인이 지정한 운송인 또는 제3자의 처분 하에 둠으로써 인도되며, 그리고 그 때 위험이 매수인에게 이전한다(인코텀즈 2020 서문 Ⅳ(인도지점)).

이와 같이 인코텀즈 2020에서는, 위험은 원칙적으로 매도인이 물품의 인도의무를 완료하였을 때 매도인으로부터 매수인에게 이전한다. 그러나 몇몇 개별 규칙에서는 매수인이 물품을 합의한 대로 수령하지 않거나 또는 매도인이 그의 물품인도의무을 이행하기 위하여 필요한 통지를 하지 않은 경우에는, 위험은 물품의 인도 전이라도 이전할 수 있다. 또한 인코텀즈에서의 인도는 항상 현실적인 점유의 이전을 의미하는 것은 아니다. 즉, 몇몇 개별 규칙에서는 물품의 현실적인 점유의 이전이 있기 전이라도, 매도인이 물품인도의무를 완료하고 물품을 매수인의 처분 하에 둔 시점에 위험이 이전한다. 개별 규칙 가운데 EXW, FCA, DPU, DDP, FAS, FOB 등의 지정장소인도조건이 여기에 따른다고 할 수 있다.

한편, 오늘날 많은 입법례에서는 쌍무계약 일반의 경우와는 별도로 매매에서의 위험부담의 특칙을 규정함으로써 매매를 특별히 취급하고 있는 것이 보통이다. 그러나 우리 민법에서는 쌍무계약 일반에 적용되는 규정만을 두어 채무자가 자신의 채무를 이행할 때까지 위험을 부담하도록 규정하고 있다. 그러나 우리 민법은 채무자의 위험의 '부담'만을 규정할 뿐이며, 채무의 이행과정에서 어느 시점으로부터 채권자가 위험을 부담하게 되는가 하는 위험의 이전시기에 대하여는 규정하고 있지 않다. 따라서 매매에서의 위험이전의 문제는 매우 어려운 문제를 야기한다. 물론 매매의 경우에도 쌍무계약의 일반에 관한 규정이 적용된다. 그러나 구체적으로 매매에 있어서 언제 위험이 매도인으로부터 매수인에게 이전하는가의 문제에 대하여는 우리 민법의 해석상 여러 가지의 검토가 필요하다. 뿐만 아니라, 법정책적인 문제로서, 매매에서의 위험부담 또는 위험의 이전에 관한 특별규정을 신설하여야 할 것인가도 문제이다. 매매 가운데 통상적으로 운송과정을 수반하는 격지자간의 매매나 국제매매에 있어서는 위험의 이전시기에 관한 문제는 실제로 아주 중요하며 복잡하다. 특히 국제매매의 경우에는 계약체결에 있어서 통상적으로 정형화된 약관이 사용되고 있으므로 우리 민법의 규정이 적용될 여지는 많지 않겠지만, 우리 민법이 준거법으로 되는 경우도 있으므로 검토를 요한다. 이 문제와 관련하여 본고에서 소개한 인코텀즈 규칙이 참고가 될 수 있을 것으로 생각한다.

참고문헌

곽윤직, 채권각론(제6판), 서울: 박영사, 2013.

김상용, 채권각론, 서울: 화산미디어, 2009.

김준호, 채권법(제7판): 파주: 법문사, 2016.

대한상공회의소, Incoterms 2010 공식번역 및 해설서, 서울: 한국금융연수원 출판사업부, 2017.

대한상공회의소, 인코텀즈 2020, 서울: 대한상공회의소, 2019.

송덕수, 채권각론(제4판), 서울: 박영사, 2018.

오세창, Incoterms 2000의 실무적 해설, 서울: 삼영사, 2010.

이기찬, 인코텀즈 7일만에 쉽게 끝내는 무역실무, 서울: 중앙경제평론사, 2020.

이시환·김광수, Incoterms 2010, 서울: 두남, 2010.

이은영, 채권각론, 서울: 박영사, 2004.

최수정, 급부장애와 위험부담, 서울: 소화, 2003.

곽수영, "Incoterms 2020의 주요 개정내용에 대한 특징과 적용상의 유의점에 관한 연구", 무역보험연구, 제21권 제1호, 한국무역연구원, 2020. 3.

김상만, "인코텀즈 2020(Incoterms 2020) 주요 개정 내용과 시사점", 법학논고, 제67집, 경북대학교 법학연구원, 2019. 10.

D.M. Day and Bernardette Griffin, The Law of International Trade 2nd. ed., London: Butterworths, 1993.

Hans Van Houtte, The Law of International Trade, London: Sweet & Maxwell, 1995.

Pamela Sellman(ed.), Law of International Trade(Revision Workbook), London: Old Bailey Press, 1997.

제 2 장

해상운송계약

≫ 자율운항선박과 민사책임 _ 김인유

≫ 해사법의 개념과 분류 _ 정영석

≫ 항만위험물 안전운송 및 취급에 관한 IMO 권고 규정의 검토 및 국내법규의 문제점에 대한 연구 _ 지상규

자율운항선박과 민사책임*

김 인 유

Ⅰ. 서 론

해양사고 중 80% 이상을 차지하고 있는 사유가 선장이나 선원 등의 부주의에 의한 사고로서, 해양사고의 가장 큰 비중을 차지하고 있는 것이 인적 과실에 의한 해양사고이다. 2019년 사고종류별 해양사고 발생 현황(총 2,971건)을 유형별로 보면, 충돌(244), 접촉(38), 좌초(140), 전복(110), 화재·폭발(132), 침몰(61), 기관손상(888), 안전사고(인명사상 228), 부유물 감김(346), 운항저해(151), 해양오염(94), 기타(침수, 추진축계 손상, 조타장치 손상, 속구손상 등 539)으로서[1] 이들 사고의 대부분이 선원들의 인적 과실과 관련되어 있음을 알 수 있다. 그러나 자율운항선박이 도입되면 인적 과실에 의한 사고는 확연히 줄어들 것으로 보인다. 자율운항선박은 선장과 선원에 의해 운항되던 기존 선박과는 달리 자율운항선박 시스템 등에 의해 운항이 지배되기 때문이다.[2]

* 이 논문은 법학연구 제20권 제3호(2020.9)에 게재된 내용을 수정·보완하여 작성한 것임.

1) 해양수산부 중앙해양안전심판원, 「(2019) 해양사고 통계」, 해양수산부 중앙해양안전심판원, 2020, 5쪽.

2) 자율운항선박을 선도하는 롤스로이스는 2020년 선원이 승선하는 원격운항선박을 시작으로 2035년에는 최종적으로 완전자율운항이 가능한 상업용 무인선박을 개발한다고 하며, 노르웨이 Yara Birkeland는 2020년까지 상업용 선박 완전자동 및 원격운항이 가능한 수준의 소형 자율운항선박을 개발하고자 하며, 발틱해의 One Sea 프로젝트는 2020년까지 발틱해에서 완전한 원격조종이 가능한 선박을 시작으로 2025년까지 상업적으로 운항이 가능한 자율운항선박을 개발한다고 발표하였다(최정환·유진호·이상일, 자율운항선박 원격운항자의 역할과 법적 지위에 관한 소고 -선장과 선장개념을 중심으로-, 해사법연구 제30권 제2호, 2018. 7, 157쪽). 일본의 경우 2019년 태평양에서 원격조종이 가능한 선박의 운항시험을 목표로 기술개발 중이며 2025년까지 완전자율운항선박을 개발한다고 발표하였다(이광일, "자율운항선박기술 국제동향", KOSME Webzine 제41권 제5호, 한국마린엔지니어링학회, 2017. 11, 17쪽). 한편 우리나라는 2017년 스스로 경로를 인식하고 장애물을 회피해 운항할 수 있는 자율운항 기능과 긴급 상황 등 발생 시 육상에서 경로를 조종할 수 있는 원격조종 기능을 갖추고 있는 무인선 아라곤Ⅱ를 개발하였다

그렇다고 하더라도 인공지능기술을 장착한 자율운항선박의 시스템 결함 내지는 시스템의 오류 등으로 인한 사고가 발생할 수 있고, 사고 발생시 선원이 승선하고 있지 않으므로 사고에 대한 즉각적인 대응능력이 떨어져 피해가 확대될 여지도 남아있다. 또한 바다의 특성상 육상의 자율주행자동차와는 달리 황천, 태풍 등 급작스런 기상악화로 인한 해상사고도 여전히 존재한다.

기존 선박 사고의 경우, 선장이나 선원이 시시각각의 상황에 부합하는 적절한 대응방안을 결정하여 수행하는 이른바 사람이 주체가 되었지만, 자율운항선박이 도입되면 인공지능 기반의 시스템이 그 역할을 수행하게 된다. 이와 같이 기존 선박의 사고에 대한 책임은 주로 선박소유자나 선장 등이 책임의 주체이었으나, 자율운항선박이 도입되면 이론상으로는 선박운항의 주체였던 선장, 선원을 대체하는 자율운항시스템이 그 책임의 주체가 되어야 할 것이다.

선박의 운항에 따른 사고에 대하여, 민법의 일반 불법행위책임의 법리에 따르면 선장, 선원의 고의·과실로 인한 손해에 대해 선박소유자는 사용자책임을 지는 구조이고, 상법 제809조에서는 특별규정을 두고 있다. 그런데 자율운항선박의 경우 선장 및 선원이 승선하지 않으므로 인적 과실로 인한 손해발생은 거의 없을 것이고, 오히려 자율운항시스템의 결함 내지는 오류에 기인한 사고로 그 초점이 바뀔 것이다.

아직까지는 아니더라도[3] 자율운항선박의 상용화 시기가 다가올수록 시스템 결함으로 인한 사고의 책임소재에 대한 논의는 반드시 이루어져야 한다. 이 경우 시스템 제조업자나 이 시스템을 조종하는 육상운항관리자가 새로운 책임의 주체로 등장할 것이고, 따라서 선박소유자, 자율운항선박 시스템 제조업

(해양수산부, "국산 기술로 개발한 무인선, 해양강국을 향한 닻 올려", 보도자료, 2017. 11. 22).

3) 해양수산부의 보도자료에 따르면, 해양수산부는 자율운항선박 기술개발을 위하여 산업통상지원부와 함께 총 1,603억원을 지원하여 2025년까지 국제해사기구(IMO) Level 3(원격제어·기관 자동화) 수준의 자율운항선박을 개발하고, 후속 연구개발을 통해 2030년까지 Level 4 수준의 완전무인 자율운항선박 개발을 추진하고 있다. 이를 위해 자율운항선박의 운항에 필요한 입·출항 관리, 운항지원센터, 최적 하역, 연료 충전 등을 지원하는 차세대 항만운영 체계도 구축과 초대형·자율운항선박에 적합하고 안정적인 초고속·대용량 하역을 위한 지능형 항만 자동화 시스템을 개발·구축한다는 것이다(해양수산부, "4차 산업혁명 시대 이끌 해양수산 스마트화 본격 시동 –해양수산 스마트화 전략 발표, 9대 핵심과제 중점 추진–", 보도자료, 2019. 11. 11).

자, 육상운항관리자 등 책임주체들 사이의 책임 분배가 중요한 문제로 부각될 것이다.

자율주행자동차에 대한 제조물책임 등 민사책임을 논한 연구는 많이 행해지고 있으나 상대적으로 자율운항선박에 대한 건조자의 제조물책임 등을 논한 연구는 많지 않다. 자율주행자동차에 대한 논의를 차용하여 자율운항선박으로 확대하여 논하고자 한다. 자율운항선박 관련 민사책임은 자율운항선박 건조계약상의 책임, 자율운항선박 충돌로 인한 불법행위책임 및 자율운항선박 시스템 제조자의 제조물책임이 문제될 것이다. 이하에서는 자율운항선박의 사고에 대한 책임 중에서 공법적 영역은 제외하고 민사책임 영역으로 범위를 한정하여 논의를 전개하고자 한다.

II. 자율운항선박의 개념 및 구성요소

1. 자율운항선박의 정의 및 발전 단계별 분류

(1) 자율운항선박의 정의

자율운항 선박에 대한 국제적 차원의 논의는 제98차 국제해사기구(IMO) 해사안전위원회(MSC)에서 자율운항선박을 MASS(Maritime Autonomous Surface Ship)로 규정함으로써 본격화되었고, 제99차 MSC(2018.5.16－25)에서는 자율운항선박(Maritime Autonomous Surface Ship)을 '다양한 수준으로 사람의 간섭 없이 독립적으로 운용될 수 있는 선박'으로 정의하였다.[4] 다만, IMO는 자율운항선박으로 수면 아래 선박(잠수항, 해저탐사선 등)을 포함할 것인지 여부에

4) 자율운항선박과 유사개념으로서는 스마트선박, 디지털선박, 무인선박, 자동화선박, 원격조종선박 등의 개념이 있으나 사람의 개입없이 시스템이 자체적으로 의사결정하고 필요한 조치를 취할 수 있다는 점에서 자율운항선박의 개념을 사용한다(유사개념 구별에 대한 자세한 내용은 박혜리·박한선·김보람, "자율운항선박 도입 관련 대응정책 방향 연구", 해양수산개발원, 2018. 8. 27쪽).

대해 논의하였으나, 해당 선박들이 IMO의 권한 밖이라 하여 이를 제외하였다고 한다.[5)6)]

국제해사기구를 통한 논의와는 별도로 국내에서는 스마트선박, 무인선박, 자동화선박 등 다양한 용어가 사용되고 있으므로 혼란을 방지한다는 측면에서는 이에 대한 정의 규정을 두는 것이 바람직하다. 예컨대 자동차관리법 제2조 제1의3호[7)]에서 자율주행자동차에 대한 정의규정을 두고 있는 것처럼 선박법에 자율운항선박에 대한 정의규정을 둘 필요가 있다.

(2) 자율운항선박의 발전단계별 분류

IMO는 자율운항선박 운용 관련 규정 검토에서 자율화 등급을 다음과 같이 4단계로 분류하였다.[8)]

Level 1 : 자동화된 프로세스 및 결정 지원 시스템을 갖춘 선박(일부는 자동화 운용이 가능하지만, 대부분은 선원이 승선하여 운용 및 시스템과 기능을 제어함)

Level 2 : 원격제어가 가능하며 선상의 선원이 승선하는 선박(선박이 다른 장소로부터 제어 및 운영되고 있지만 선원이 승선하고 있음)

Level 3 : 원격제어가 가능하며 선상에 선원이 승선하지 않는 선박(선박이 다른 장소로부터 제어 및 통제 운영되며 선원이 승선하지 않음)

Level 4 : 완전자율운항이 가능한 선박(선내 운용시스템이 자체적 결정 및 조치가 가능한 선박)

---

5) 전해동, “자율운항선박의 책임제도에 관한 법적 고찰”, 해사법연구 제30권 제3호, 2018. 11, 334쪽.

6) IMO 99차 MSC에서 자율운항선박에 대한 정의를 내렸고 IMO 회원국 간에 어느 정도 국제적인 합의를 이룬 것이므로 이하의 논의에서는 자율운항선박에 대한 정의 및 자율화 등급에 대한 분류는 국제해사기구(IMO)의 정의 및 분류를 따르기로 한다.

7) 자동차관리법 제2조(정의) 1의3. “자율주행자동차”란 운전자 또는 승객의 조작 없이 자동차 스스로 운행이 가능한 자동차를 말한다.

8) IMO, “FRAMEWORK FOR THE REGULATORY SCOPING EXERCISE, MSC 99/WP.9”, 2018. 5. 23. 한편 영국선급(LR: Lloyd's Register)은 자율화 등급을 수동 레벨(AL 0)을 포함하여 7단계로 분류하였고, 덴마크가 IMO 제99차 MSC 회의 의제문서로 제출한 “자율운항 선박 상용화에 대한 법적 장애요소 분석”에서 자동화 등급을 4단계로 분류, 노르웨이 자율운항선박 포럼(NFAS: The Norewegian Forum for Autonomous Ships)은 운항상의 자율화 등급은 결정 지원, 자동화, 지시된 자율, 완전한 자율의 네 가지로 분류하는 등 다양한 분류가 있지만, 이하의 논의는 국제적으로 인정된 IMO의 분류를 따르기로 한다.

현재 기술개발 수준으로 상용화 할 수 있는 단계는 Level 2(선원이 승선한 원격조종선박)와 Level 3(선원이 승선하지 않은 원격조종선박)이 될 것이고, 이 단계에서에서는 육상조종시스템과 육상운항관리자 등이 새로운 책임의 주체가 될 것이다. Level 4의 경우 육상운항관리자 등의 통제로부터 벗어나 선박에 장착된 컴퓨터가 획득한 운항 관련 자료들을 처리하여 자율적으로 선박의 운항을 제어한다. 다만 선상의 중앙컴퓨터가 운항과 관련하여 자율적으로 처리할 수 없는 문제가 발생한 경우에는 육상운용인력에게 선박운항의 통제권을 일시적으로 넘기게 설계되겠지만, 이러한 예외적이고 비상적인 상황이 아닌 한 자율운항선박은 육상인력의 운항통제나 감독으로부터 벗어나 완전히 자유로운 상태에서 자율적으로 항해를 수행한다.[9]

2. 자율운항선박의 구성요소

선박의 구성요소는 크게 인적 요소, 물적 요소, 기술적 요소 등으로 구별할 수 있는 바, 인적 요소는 선장이나 선원이고, 물적 요소는 선박이다. 기술적 요소는 선박의 발전단계에서 중요한 요소로서 특히 인공지능 기술을 장착한 신기술 등이 문제되겠지만, 자율운항선박의 책임문제와 관련해서는 Level 3에서 원격조종시스템 및 육상운항관리자, Level 4에서 자율운항시스템에 대해 먼저 고찰할 필요가 있다.

(1) 원격조종시스템

육상조종센터 및 자율운항시스템의 보조 장치로서 원격 조종시스템은 예상되는 선박의 궤도를 미리 제공함으로써 안전하고 효율적인 무인선박 운용에 필수적으로 사용되고 있는데, 이 시스템은 선박의 동작 예측 제공 및 선박의 이동을 계산하여 그 결과를 화면에 그래픽으로 표시해 준다. 일종의 시뮬레이

9) 이정원, "해상운송법제상 상업용 무인선박의 법적 지위에 관한 연구', 저스티스 통권 제173호, 2019. 8, 263쪽.

션으로 활용할 수 있기에 선박의 복잡한 조작을 사전에 시험하거나 검증할 수 있으므로 선박의 동작 예측을 통해 정확한 자율운항 및 원격조종이 가능해진다.[10)]

(2) 육상운항관리자

육상조종센터에는 자율운항선박의 감시 및 통제를 위해 상시적으로 사람이 상주하게 되는데, 그 역할을 담당할 자가 육상운항관리자이다. 육상조종센터는 선박의 자율운항시스템이 상황을 안전하게 처리할 수 없는 경우에 한하여 제한적으로 개입하는데, 육상조종센터에서 자율운항선박에 명령을 실행하면 선박시스템이 원격제어모드로 변경된다.

여기서 육상운항관리자라 함은 선박에 직접 승선하지 않고 육상의 원격제어센터에서 근무하며 자율운항선박의 각종 기술적(구조, 기계, 전기적 상태에 따른 기술적 요소) 및 운항적(선박의 여객 또는 화물 운송에 따른 항해적 요소) 의사결정에 관여하는 선원 또는 선원 유사의 지위를 가진 자를 말한다.[11)] 즉 육상운항관리자는 VHF 통신, VTS 보고, 선상의 에너지 관리, 상태 모니터링, 유지 보수 계획 등의 업무를 담당하게 될 것이다. 따라서 육상운항관리자 중 최종 의사결정권을 가진 자는 선장의 역할의 일부, 엔지니어 역할의 일부를 수행할 것이지만, 직접 선박에 승선하지 않으므로 이들의 선원성에 대한 논란이 있을 수 있다.

특히 Level 2, Level 3의 자율운항선박에서 육상운항관리자의 역할이 문제된다. Level 2의 경우, 선내 선원에게 선장의 역할을 위임하는 경우 육상의 원격

10) 자율운항선박의 구성에 대해서는, 산업통상자원부·한국산업기술진흥원, “유럽의 스마트 선박 기술 및 정책동향”, 글로벌기술협력기반육성사업(GT) 심층분석보고서, 2017, 44쪽 이하를 참고하여 재구성함.

11) 최정환·유진호·이상일, 앞의 논문, 159쪽. 구체적으로 원격운항자는 ① 선박소유자의 육상조직의 하나로서, 예컨대, 해사본부나 선박관리부서안에 두는 거나 전문적인 선박관리회사의 조직 내에 두는 방안 ② 고도의 ICT기술이 수반된다는 점을 감안해 볼 때 종래의 선박소유자나 선박관리회사와 분리하여 유사기능을 수행하는 해상교통관제센터(VTS)에 위치시켜 공적 조직의 원격 해상안전기술과 사적 조직의 상업적 안전기술수요를 결합시켜 운용하는 방안 ③ 자율운항선박의 제조자 또는 해당 자율운항선박의 프로그래머 조직 내에 원격운항자를 두고, 원격조종 및 자동화 프로그램의 기술적 지원을 받는 방안도 고려할 수 있다.

운항자는 선장의 이행보조자에 해당할 것이고, 육상운항관리자에게 부여하는 경우는 선내 선원은 육상운항관리자의 이행보조자 역할을 수행하게 될 것이다. Level 3의 경우 선상에 선원이 없기 때문에 선박은 전적으로 육상에 있는 육상운항관리자의 지휘통제를 받게 되어 육상운항관리자는 직접 승선하지는 않지만, 기존의 선장 및 선원의 역할을 수행한다고 볼 수 있다.

이와 같이 육상운항관리자의 직무는 기존 해기사의 직무에 추가하여 원격운항에 관한 ICT(Information & Communication Technology) 관련 기술을 더 요구하는 것으로 볼 수 있다.

기존의 법률들은 자율운항선박을 전제하지 않고 제정된 법령들이었고 고도의 기술개발로 Level 3의 무인 원격조종선박이 상용화되는 경우 육상운항관리자도 선박소유자의 이행보조자 또는 운항지휘자로서의 역할을 할 것이고, 육상운항관리자는 종래 선장의 역할의 일부를 수행할 것이지만, 선원은 승선을 전제로 하는 개념이므로 육상운항관리자를 선장 또는 선원의 개념으르 포섭하기에는 어려운 점이 있어 보인다. 따라서 이들의 지위와 역할을 명문화할 필요가 있고 원격운항자의 선원성에 대한 근거규정을 두는 것이 바람직하다.

(3) 자율운항시스템

자율운항시스템은 선박이 계획된 운항 루트에서 허용되는 편차 이내에서 운항할 수 있도록 선박을 제어하는 시스템인데, 선박의 현재 위치, 기술적 조건, 날씨 및 교통상황 등을 스스로 고려하여 계획된 운항 루트에서 일정 수준 이내 자율성을 부여받아 운항할 수 있도록 설계되고 있다. 자율운항시스템은 완전히 자율적으로 작동할 수 있으며, 또한 육상조종센터의 육상운항관리자가 개입하여 선박을 원격으로 제어할 수도 있는데, 이에 따라 Level 2, Level 3의 자율운항선박에서도 인공지능시스템에 의한 자율운항구간이 발생하게 된다.

자율운항시스템은 내비게이션, 기상 및 안전 센서의 데이터를 수집하고 평가하여 잠재적인 위험에 대한 로컬 지도를 구축하고, 여러 센서의 데이터를 수집하고 융합하여 전반적인 불확실성을 줄이도록 하며, 이 센서 모듈로부터 수집 분석된 정보는 특정한 상황에서 적절한 조치를 취하기 위한 기초적인 데

이터로 활용되고 이 데이터를 학습하여 오차범위를 줄여나가는 구조이다.

Ⅲ. 자율운항선박과 건조계약상의 책임

1. 자율운항선박 건조계약의 의의 및 법적 성질

선박의 건조는 일반적으로 건조계약[12)]을 통해 이루어진다. 선박건조계약은 당사자 간의 권리·의무에 관하여 약정한다.

선박건조계약의 법적 성질이 매매인지 도급인지, 아니면 양자를 모두 포함하는 계약인지를 다룬 직접적인 판례는 없다. 다만 선박건조계약은 계약당사자의 주문·지시에 따라 자기의 재료로 물건을 제작하여 상대방에게 공급할 의무를 지는 계약으로서 제작물공급계약의 일종으로 보는 것이 일반적인 견해이다. 도급계약에서 수급인은 도급인이 제공하는 재료로서 도급인의 지시를 받아 그 일을 완성하는 것이 일반적이지만, 수급인이 일의 완성만이 아니라 재료조달의 의무까지 부담하는 경우, 이를 도급계약과는 구별하여 제작물 공급계약이라 한다.[13)] 이와 같이 제작물 공급계약은 "물건의 제작"과 "제작된 물건의 공급"이라는 두 요소가 포함되어 있고, 물건의 제작측면을 강조하는 도급계약설과 매매와 도급의 성질을 모두 포함하는 혼합계약설, 제작물이 대체물인 때에는 매매이고, 부대체물인 때에는 도급이라는 분류설로 견해의 대립이 있다.[14)] 선박건조계약의 법적 성질에 대한 직접적인 판례는 없지만, 제작물공급계약의 법적 성질에 관한 판례는 도급계약의 성질을 띤다고 판시하고 있고,[15)] 신조선 계약의 실무 및 관행에 따르면 건조자는 주문자의 요구에

12) 선박건조계약은 발주계약, 수주계약, 건조계약 등의 명칭이 사용되고 있지만, 이 연구에서는 건조계약으로 표현하기로 한다.

13) 김인유, "건조중인 선박에 관한 법률관계", 한국해법학회지 제32권 제1호, 2010. 4, 13쪽.

14) 김인유, 「선박담보물권법」, 다솜출판사, 2015, 263쪽 이하 참조.

15) 대법원 2006. 10. 13. 선고 2004다21862 판결; 이외에도 동지의 판례로서는 대법원 1987. 7. 21. 선고 86다카2446 판결; 대법원 1999. 1. 29. 선고 98다1584 판결; 대법원 1996. 6. 28. 선고 94다42976 판결; 대법원 1993. 11. 23. 선고 92다38980 판결; 대법원 1987. 7. 21. 선고 86다카2446 판결 등.

따라 당해 선박을 건조하고 그 건조대금을 받는 것이 주된 목적이며, 주문자는 주문한대로 건조된 선박에 대한 대금을 지급하고 당해 선박의 소유권을 취득함에 그 주된 목적이 있다. 따라서 자율운항선박 건조계약은 전형적인 도급계약으로 봐야 할 것이다.

2. 자율운항선박 건조자의 건조계약상 책임

(1) 민법 제667조·제668조상의 책임

선박건조계약의 법적 성질을 도급계약으로 보게 되면, 건조자는 민법 도급계약에 따른 권리의무를 부담하게 된다. 즉 수급인의 담보책임을 규정한 민법 제667조·제668조에 따라 수급인인 건조자는 완성된 목적물 또는 완성전의 성취된 부분에 하자가 있는 때에는 도급인은 수급인에 대하여 상당한 기간을 정하여 그 하자의 보수를 청구할 수 있고, 하자의 보수에 갈음하여 또는 보수와 함께 손해배상을 청구할 수 있다.

한편 도급인이 완성된 목적물의 하자로 인하여 계약의 목적을 달성할 수 없는 때에는 계약을 해제할 수 있다. 따라서 도급인은 자율운항선박에 하자가 있는 경우, 하자보수청구권, 손해배상청구권, 계약해제권을 행사할 수 있게 된다.

(2) 선박건조 계약상의 책임

1) 일본조선소협회(SAJ)의 표준계약서(제9조 WARRANTY OF QUALITY)상의 책임

① (보증) 인도일 이후 12개월 이내에 발견된 선박의 하자에 대하여 조선소가 자신의 비용으로 이를 보수하기로 한다.

② (하자의 통지) 발주자가 선박의 하자를 발견하는 경우 가능한 한 신속하게 이를 조선소에게 통지하여야 하고 그 통지 시기는 늦어도 하자담보기간의 만기일로부터 30일 이내에 이루어져야 한다.

③ (하자의 보수) 원칙적으로 조선소가 자신의 비용으로 하자를 치유하되, 선박을 건조한 조선소에서 하자의 치유를 하는 것이 적절하지 않는 경우에는 발주자가 제3자에게 하자의 보수를 의뢰하고 그 비용을 조선소에게 구상할 수 있다.

④ (조선소의 책임의 범위) (a) 조선소는 하자담보기간이나 통지 요건이 흠결된 하자에 대해서는 면책된다.

(b) 조선소는 하자로 인한 결과적 손해나 특별손해에 대하여 면책된다.

(c) 조선소는 제9조에 의한 하자담보책임 이외에는 다른 일체의 법정 책임에서 면책된다.

2) 국내 A사의 건조계약서(제9조 품질보증)상의 책임

(건조자 책임의 범위)

① 선박의 인도 이후에는 건조자의 선박과 이 계약에 대한 책임은 본조에서 규정된 것에 한정된다. 본조 3항에 규정된 사항을 제외하고 건조자는 선박과 이 계약에 대하여 어떠한 책임과 의무가 없다. 특히, 결함에 따라 직·간접적으로 발생한 경제적 또는 특별 손해, 손실 또는 비용, 시간적 손실, 기대이익의 상실, 체선료, 어떤 종류의 금전적 손실과 또는 비용, 제3자에 대한 어떠한 책임 또는 벌금, 보상, 위약금 또는 처벌 등에 대해 건조자는 어떠한 책임이 없다.

② 건조자는 본조 2항에 따른 발주자의 통지를 건조기간 내에 접수하지 못한 한, 건조기간 이후에 결함이 증대되는 경우를 포함하여 어떠한 경우에도 결함에 대해 책임이 없다.

③ 선박의 인도 이후 본조에서 건조자에게 수리 책임이 있다고 규정되지 않은 결함 및 손해에 대해 건조자는 어떠한 책임도 없다. 본조에서 규정하는 보증은 기타 다른 책임, 보증, 담보를 대체하고, 또는 발주자를 위하여 선박을 건조하고 발주자에게 매도한 이유 때문에 부과되는 법과 관습에 대해서도 대체한다.

3. 자율운항선박 시스템 제조업자의 책임

건조자인 조선소에서 자율운항선박을 모두 제작하는 경우가 아니고, 소프트웨어인 자율운항선박 시스템을 외부업체 맡기는 경우, 그 외부업체가 제공한 시스템에서 결함이 발견된 경우, 기본적으로는 시스템 제조업자는 채무불이행책임, 매도인의 담보책임, 도급에 따른 수급인의 담보책임 등을 져야할 것이다.

다만 인공지능시스템의 제작 형태에 따라, 예컨대 조선소가 전문 인공지능시스템 업체에게 해당 소프트웨어를 구입한 경우와 조선소의 주문에 따라 제작한 소프트웨어를 납품받은 경우(또는 선박소유자가 시스템 제조업자에게 선박의 사양에 맞게 주문제작을 의뢰하여 납품받아 이를 조선소에 제공하여 탑재한 경우), 전자는 매매계약이고, 후자는 도급계약에 해당될 것이다.

인공지능시스템을 매매계약으로 보는 경우 ① 매도인의 하자담보책임인 민법 제581조에 해당되어 계약해제, 손해배상청구를 할 수 있고, 손해배상을 청구하지 않고 하자 없는 물건을 청구할 수도 있다. 이러한 권리는 매수인이 그 사실을 안 날로부터 6월내에 행사하여야 한다.

이 경우 하자담보책임 이외에 하자 있는 시스템을 공급한 제조업자를 상대로 불완전이행을 이유로 채무불이행책임을 청구할 수도 있다.[16] 채무불이행에 기한 손해배상은 통상손해 뿐 아니라 특별손해도 예외적으로 인정된다.

인공지능시스템의 결함으로 자율운항선박 소유자나 조선소가 제조업자를 상대로 ② 채무불이행책임을 주장하는 경우에는 매도인의 예견가능성 유무에 따라 하자로 인한 확대손해까지 배상받을 여지는 있다. 그러나 계약당사자가 아닌 제3자의 생명, 신체 또는 재산상의 손해에 대해서는 적용할 수 없다는 문제가 발생한다. 판례도 마찬가지이다.[17]

한편 도급계약에 해당되는 경우라면 수급인의 담보책임을 규정한 민법 제667조·제668조에 따라 하자보수청구, 손해배상청구, 하자로 인하여 계약의 목

16) 판례는 채무불이행책임과 하자담보책임이 경합적으로 인정된다고 한다(대법원 2004. 7. 22. 선고 2002다51586 판결).

17) 대법원 1997. 5. 7. 선고 96다39455 판결.

적을 달성할 수 없는 때에는 계약을 해제할 수 있다. 다만 하자의 보수, 손해배상의 청구 및 계약의 해제는 목적물의 인도를 받은 날로부터 1년 내에 하여야 한다.

자율운항시스템 하자로 인해 발생한 확대손해에 대해서는 이 역시 시스템 제조업자에게 계약책임을 물을 수는 없고, 시스템 자체의 하자 내지 손해에 대해서만 수리 내지는 손해배상을 청구할 수 있을 뿐이다.

4. 소 결

SAJ의 표준계약서 제9조에 따르면, 건조자는 선박이 인도된 날로부터 12개월(보증기간) 이내에 발견된 선박의 하자에 대하여, 자신의 비용으로 하자를 보수하여야 하고, 손해배상과 관련해서는 하자로 인한 결과적 손해나 특별손해에 대한 면책 및 전술한 하자담보책임 이외에는 다른 일체의 법정 책임에서 면책된다. 한편 국내 A사의 경우도 SAJ의 표준계약서 제9조의 하자담보책임과 비슷한 내용을 규정하고 있지만, 보다 상세한 내용을 규정하고 있다.

이와 같이 자율운항선박 건조계약서에 따르면 선박의 하자로 인한 손해, 즉 선박 자체의 손해에 대해서는 건조자에게 그 수리청구 및 손해배상의 책임을 물을 수 있지만, 하자로 인한 확대손해에 대해서는 건조자에게 배상책임을 물을 수는 없다.

자율운항선박 시스템의 하자에 대한 시스템 제조업자의 책임은 시스템 공급계약을 매매계약으로 보든, 도급계약으로 보든 양자는 모두 계약관계를 전제로 한 것이기 때문에 계약관계가 없는 제3자의 생명, 신체 및 재산상 손해에 대해서는 이른바 확대손해에 대해서는 적용할 수 없다. 따라서 자율운항선박 시스템의 결함으로 인한 확대손해의 배상은 불법행위책임이나 제조물책임으로 해결할 수밖에 없다.

Ⅳ. 자율운항선박 충돌에 대한 불법행위책임

1. 서 설

자율운항선박 자체의 결함 또는 자율운항시스템의 결함으로 제3자의 생명, 신체 또는 재산상의 손해 등 확대손해가 발생한 경우, 선박건조계약의 당사자는 선주와 조선소이기 때문에 제3자는 계약관계가 없으므로 계약법상으로는 모든 손해를 전보할 수는 없을 것이다.

따라서 계약관계가 없는 제3자가 입은 손해의 전보는 불법행위책임으로 배상받을 수밖에 없다. 그런데 우리 민법 제750조 불법행위책임을 적용하기 위해서는 제조업자의 고의·과실, 위법성, 손해의 발생, 제조업자의 고의·과실과 손해발생 사이의 인과관계를 피해자가 입증하여야 한다. 문제는 고도의 전문기술과 IT가 접목된 자율운항선박의 제조상의 과실을 피해자가 입증한다는 것은 거의 불가능에 가깝다. 다만 Level 2 내지 Level 3에서는 선장 내지는 육상운항관리자가 개입하여야 하므로 이들의 고의과실의 문제는 남아있고, 이들의 책임여부를 가려야 하므로 불법행위책임에 대한 논의의 실익은 여전히 존재한다.

2. 선박충돌로 인한 불법행위책임

(1) 선박충돌 및 책임의 주체

자율운항선박은 자율운항시스템에 충돌회피 프로그램이 탑재되어 있어 사전에 충돌을 예방할 수 있지만, 해상에서는 황천 등 기상악화를 비롯한 예측불가능한 상황들이 다수 존재하기 때문에 모든 선박충돌을 방지할 수 있는 것은 아니다.

상법은 선박충돌에 대한 특칙(878조, 879조)을 두어 물적 손해에 대해서는 과

실비율에 따라 분할책임 부담하고 있고, 이때 과실은 선장과 선원을 기준으로 판단하는데, 자율운항선박의 경우 누구의 과실을 기준으로 할지가 문제된다.

선장과 선원의 승선 여부에 따라 승선하는 경우는 선장과 선원의 과실을 기준으로 하고, 승선하지 않는 경우는 육상운항관리자를 기준으로, 완전자율선박의 경우는 자율운항기술이 탑재된 선박 자체를 기준으로 하면 될 것이다.

선박충돌의 경우 책임의 주체는 원칙적으로 선박소유자이다(상법 제878조, 879조, 880조)

선체용선의 경우 선체용선자가 선원을 고용한 경우에는 선체용선자가 책임의 주체(850조 1항)가 된다. 정기용선자가 운항중인 선박의 경우에는 정기용선자가 아니라 선박소유자가 책임의 주체가 된다는 것이 판례이다.[18]

선박소유자가 책임을 지는 것은 선장과 선원 등은 선박소유자가 고용하여 선박소유자의 지휘·감독 하에 두고 운항을 지배하고 있기 때문이다. 따라서 정기용선자의 경우 이미 선장과 선원이 고용된 선박을 이용하는 것에 불과하므로 이들의 관리감독은 여전히 선박소유자에게 있기에 책임의 주체도 선박소유자가 되는 것이다.

이러한 관점에서 볼 때, 자율운항선박이 충돌사고를 낸 경우 누가 책임의 주체가 될 것인지는 누가 실질적으로 자율운항선박을 관리·감독하느냐의 문제로 직결된다.

(2) 육상운항관리자 등의 책임

Level 1의 경우 여전히 선장과 선원들이 탑승하고 있으므로 이들을 고용하여 이들을 통해 선박을 실질적으로 관리·감독하는 사람이 책임의 주체가 될 것이다. 선장은 선박소유자의 피용자로서 선장은 제3자에 대하여 민법 제750조 불법행위책임을 지고, 선박소유자는 민법 제756조 사용자책임을 진다.

Level 2와 Level 3에서는 육상운항관리자가 선장과 선원의 임무를 대신하는 형태이므로 누가 육상운항관리자를 관리·감독하느냐에 따라 책임의 주체가

18) 대법원 2003. 8. 22. 선고 2001다65977 판결.

결정될 것이다. 선박소유자가 육상운항관리자를 직접 고용하여 사용하는 경우에는 선박소유자가 책임의 주체가 될 것이고, 이 경우 육상운항관리자의 고의·과실에 대한 사용자책임을 지게 된다. 반면에 육상운항관리회사(예: 컨대 선원관리회사)가 육상운항관리자를 고용하면서 육상조종센터를 운용하는 경우에는 선박소유자와 이들 회사 사이의 관계에 따라 다르겠지만, 양자가 별도의 관계라면 육상운상관리회사가 책임을 져야할 것이고, 이 경우 해상운송인의 면책 및 책임제한 적용 여부 등의 문제가 제기될 수 있다. 육상운항관리자의 선원성을 인정한다면 이들은 해상운송인의 이행보조자로서 실제운송인의 지위를 취득할 수 있다고 할 수 있을 것이다.

3. 인공지능시스템의 오류 등으로 인한 선박충돌 책임

(1) 인공지능시스템에게 책임을 귀속시키는 견해

자율운항시스템(AI)에게 전자인격부여설,[19] 법인 유추적용설, 로마법상 노예의 제한적 인격 등을 부여하여 책임주체성을 인정하면 자율운항시스템(AI), 즉 Level 4 자율운항선박 자체에게 책임을 귀속시킬 수 있다는 것이다. 이 경우 인공지능은 실제운송인과 유사한 지위를 가지고 민법 제750조의 일반불법행위책임을 지거나 상법 제809조의 계약상 책임을 부담할 수 있을 것이다.

전통적인 의미의 운송인은 직접 계약을 체결한 운송인이지만, 계약관계가 없더라도 운송계약에 따라 실제로 해상에서 물건을 운송한 선박도 실제운송인으로서의 지위를 가지게 되는데, 1991년 개정 상법은 실제운송인이라는 개념을 제789조 제4항에 도입하였고, 현재는 실제운송인이라는 용어를 제798조 제4항에서 사용하고 있고, 제900조에서는 실제운송인에 대하여 운송계약을 체결한 운송인(이하 “계약운송인”이라 한다)의 위임을 받아 운송의 전부 또는 일부를 수행한 운송인(이하 “실제운송인”이라 한다)을 말한다고 정의하고 있다.

19) 고세일, “인공지능과 불법행위책임 법리”, 법학연구 제29권 제2호, 충남대학교 법학연구소, 2018, 94~95쪽.

따라서 선박소유자가 직접 송하인과 계약을 체결하고 자율운항선박을 통해 해상운송을 수행한다면 선박소유자는 계약운송인으로서 역할을 하게 되고, 자율운항선박은 책임주체성을 가진다는 전제하에 실제운송인과 유사한 책임을 지게 할 수도 있을 것이다.

그러나 현재 인공지능 기술 수준으로 볼 때 사람과 같이 불법행위책임을 인정할 수 없고, 법인 유추적용설 또한 설사 인공지능에 대해 권리주체성 인정하더라도 민사책임을 질 수 있는 책임재산이 없기에 한계가 있다는 비판이 가해진다.[20]

(2) 선박소유자에게 책임을 귀속시키는 견해

인공지능이 스스로 학습을 통해 상황판단을 하고 운항을 지배하더라도 인격을 부여하여 책임 귀속 주체로 삼을 수는 없고, 이를 통해 자연인인 선박소유자가 책임귀속 주체가 되어야 한다는 견해로서, 인공지능을 통해 이익을 향유하는 선박소유자가 책임귀속의 주체가 되는 것은 민법의 불법행위책임법리에 따르는 것이고, 이 경우 적용 가능한 규정은 제750조, 제758조(공작물소유자책임) 제759조(동물점유자책임)이다.

인공지능을 갖춘 자율운항선박의 소유자라고 하더라도 종래 선박과 마찬가지로 일반적인 불법행위책임을 부담하게 하거나, 인공지능을 갖춘 자율운항시스템을 애완동물 또는 공작물로 보아 선박소유자에게 책임을 부담시키고자 한다.

다만 민법 제750조는 가해자의 고의·과실을 요구하는데, 인공지능을 통한 자율운항에서 선박소유자의 고의·과실을 증명하는 것이 어렵다는 비판이 제기될 수 있고, 민법 제758조는 공작물의 점유자와 소유자가 공작물로 말미암아 손해를 입은 사람에게 무과실책임을 지도록 규정하고 있는데, 인공지능의 설치 또는 보존의 하자로 불법행위가 발생한 경우 동 규정을 적용하는 것은 무과실책임인 동조의 적용으로 피해자구제에는 적합할는지는 몰라도 신기술

20) 이중기, "인공지능을 가진 로봇의 법적 취급", 홍익법학 제17권 제3호, 2016, 1~27쪽.

을 이용한 산업발전을 과도하게 제한한다는 비판이 있다.[21]

그리고 민법 제759조는 동물점유자 책임인데, 인공지능을 위험한 동물과 유사한 물체로 보아 이를 관리하고 점유하는 사람에게 제759조를 유추적용하자는 것은 인공지능은 인간에 의해 만들어진 무생물로서 생명을 가진 동물과 전혀 다르기 때문에 이의 적용은 과도한 해석이라는 견해[22]와 이를 통해 하나의 책임모델을 구상해 볼 수 있다는 견해[23]가 있다.

한편 상법 제809조에 따르면, 송하인에 대하여 항해용선자나 정기용선자는 용선계약의 당사자이므로 계약운송인으로서 채무불이행책임을 지고, 선박소유자는 실제운송인으로서 제809조의 법정책임을 지게 되는데, 이러한 법리를 자율운항선박에 적용하여 시스템의 오류로 인해 사고가 발생하는 경우, 선박소유자는 계약운송인으로서, 인공지능시스템이 실제운송인으로서 부진정연대책임으로 구성할 수 있다는 견해도 있다.[24]

함부르크 규칙[25]에서 처음 도입된 계약운송인과 실제운송인의 개념을 차용하여 실제운송인인 인공지능은 민법 제750조 소정의 불법행위책임을 지고, 인공지능시스템의 결함이 있는 경우에는 선박소유자가 민법 제756조 소정의 사용자책임을 부담할 수 있을 것이라고 한다.

그러나 Level 2 내지 Level 3 단계에서 육상운항관리자가 시스템을 조종하여 사고 발생 시 육상운항관리자와 선박소유자 사이에는 적용할 수 있을 것이지만, Level 4 단계에서 시스템이 선박에 장착되어 있는 경우에는 시스템은 이미 선박에 부합물이다. 따라서 실제운송인 및 계약운송인은 선박소유자가 될 것이고, 시스템 자체는 사람이 아니므로 사용자책임을 적용할 수 도 없다. 다만 시스템의 결함으로 인한 손해는 제조물책임으로 해결해야 할 것이다.

---

21) 최경진, "지능형 신기술에 관한 민사법적 검토", 정보법학 제19권 제3호, 2015, 234쪽.
22) 정진명, "인공지능에 대한 민사책임 법리", 재산법연구 제34권 제4호, 2018, 154쪽.
23) 신동환, "인공지능로봇과 배상책임에 관한 소고", 안암법학 통권 제55호, 2018, 49~50쪽.
24) 이현균, "자율운항선박의 운항 관련 책임에 관한 연구", 고려대학교 대학원 박사학위논문, 2018. 12, 100쪽.
25) 함부르크 규칙에서는 최초로 실제운송인이라는 개념을 도입하여 제1조 제2호에서 그 정의규정을 두고 있고, 제10조 제1항에서 따라 계약운송인은 실제운송인과 연대하여 운송인으르서 책임을 진다, 제7조 제2항에 따라 그의 직무범위에서 행위를 한 경우 운송인이 주장할 수 있는 운송인의 항변사유 및 책임제한을 실제운송인도 주장할 수 있다.

4. 자율운항선박과 기존 선박과의 충돌

운항하는 모든 선박을 일시에 자율운항선박으로 교체하지 않는 이상 자율운항선박과 기존선박이 더불어 운항될 것이기 때문에 양 선박간의 충돌이 발생하면 어떻게 처리해야 될지도 문제된다.

Level 1의 경우는 현재와 크게 다를 바가 없겠지만, Level 2와 Level 3의 경우 육상운항관리자의 운항 지배 정도 여부에 따라, 육상운항관리자의 과실유무를 기준으로 판단하면 될 것이고, Level 4 완전자율운항선박의 경우는 자율운항시스템의 오류 여부를 기준으로 과실여부를 판단하여 상법 제878조 및 제879조의 기존 선박충돌법리에 따라 해결하면 될 것이다.

5. 해킹으로 인한 선박충돌 책임

자율운항선박, 스마트항만, e-navigation 등 IT기술이 상용화될수록 사이버보완문제가 발생할 것이고, 특히 해킹을 통해 자율운항선박을 조작하여 불법행위가 자행된 경우 그 책임소재가 문제된다. 예컨대 자율운항 선박의 위치정보를 해킹하여 잘못된 정보의 입력으로 해적[26]의 표적이 되거나 안전운항에 피해를 주어 자율운항선박의 좌초, 침몰 등 막대한 인적·물적 피해를 입게 된다.

물론 자율운항선박은 육상운항조종실에서 운항관리자가 직접 선박의 운항을 관리, 감독하고 있으므로 해킹에 즉시 대응할 수 있고 원격제어용 프로그램을 통해 해킹을 차단할 수 있는 기술을 탑재하겠지만, 해킹 기술 또한 진보할 것이고 또한 완전자율운항선박의 경우 육상운항조종자도 없으므로 해킹으로 인한 불법행위에 대한 책임을 논해야 할 것이다.

26) 유엔해양법협약 제101조에서 해적의 정의를 "공해의 다른 선박, 항공기 또는 당해 선박이나 항공기내의 사람이나 재산에 대한 불법적 폭력, 억류 혹은 약탈행위"라고 정의하고 있는데, Level 3-Level 4 자율운항선박은 선원이 승선하지 않으므로 해적이 성립하기 어려울 것이다. 불법적으로 선박을 탈취하는 해적행위의 범위에 전자적인 방법도 포함한다고 해석하거나, 선원의 승선을 전제로 한 해적 개념이므로 별도의 규정을 둘 필요가 있다.

위치정보에 대한 부정한 접근은 전파법 위반을 들어 처벌할 수는 있으나, 해킹으로 자율운항선박에 발생한 손해에 대한 책임의 귀속 및 보험보상의 문제를 어떻게 해결할 것인지에 대한 논의가 있어야 한다.

선원이 탑승하지 않는 Level 4의 자율운항선박이 해킹당한 상황에서 선박충돌 등의 불법행위로 인해 제3자에게 손해가 발생한 경우, 선박소유자는 해당 선박에 대한 지배를 상실했다고 보아야 할 것이므로 그 손해배상책임을 선박소유자에게 귀속시킬 수는 없을 것이다. 그렇다면 그 책임을 결국 예기치 못한 상황에 대비하여 보험을 드는 수밖에 없을 것이다.

보험으로 먼저 피해자를 구제하고 시스템의 결함 등이 발생한 경우라면 제조자에게 제조물책임을 들어 구상권을 행사하게 하면 될 것이다.

6. 소 결

인공지능시스템 자체에게 책임을 귀속시키자는 견해는 선박소유자가 통제할 수 없는 인공지능시스템의 오류로 발생한 손해를 선박소유자에게 귀속시키지 않으려는 시도이기는 하지만, 인공지능에게 인격을 부여하여 권리주체성을 인정하더라도 이들에게 책임재산이 없어 피해자 구제에는 한계가 있다.

그러나 해상법에서는 선박에 대한 특정채권자에게 선박 및 그 부속물에 대해 선박우선특권을 인정하고 있고, 영국에서는 선박을 의인화하여 선박우선특권을 대물소송의 방식으로 실행한 점을 고려해 보면, 선박 및 그 부속물을 책임재산으로 하고 특정사안에서 전자인격 또는 법인 유사의 인격을 부여하여 책임주체가 될 수 있는 방안도 가능은 할 것이다.

다만 선박 및 그 부속물로 피해자에 대한 충분한 구제가 불가능하고 인공지능의 오류에 대해 증명이 불가능한 점, 권리의 주체에 대한 우리 민법과 대인소송인 우리 민사소송법 등의 법제에 부합하지 않는 점 등을 고려한다면 오히려 선박소유자에게 책임의 주체성을 인정하자는 것이다.

선박충돌의 경우 책임의 주체는 선박을 통해 이익을 향유하는 선박소유자이고, 자율운항선박 또한 선박소유자가 운항이익을 누리그 있고, 자율운항 시스템에 의하기는 하지만 여전히 자율운항선박을 지배(육상운항관리인을 지휘감독하거나 완전자율운항선박의 경우 시스템 조작 등 지배)하고 있다고 볼 수 있기 때문에 자율운항선박의 책임의 주체는 선박소유자로 볼 수 있는 것이 합당하다는 것이다. 다만 시스템의 오류 등으로 발생한 손해에 대해서는 제조물책임법을 통한 구제, 즉 선박소유자와 자율운항시스템 자체가 아닌 시스템 제조자를 책임의 주체로 하여 선박소유자와 시스템 제조자를 부진정연대책임을 부담하게 하는 것이 더 타당해 보인다.

양자의 책임을 부진정 연대책임으로 구성하는 근거는 예컨대 사고의 원인이 자율운항선박에 탑재된 자율운항 시스템의 오작동 내지 자율운항 설비를 제어하는 각종 데이터나 소프트웨어의 문제일 경우, 자율운항선박의 소유자는 선박 관리상의 하자에 대한 책임을, 그리고 이러한 자율운항 시스템을 제작한 자의 제조물책임을 적용하여 양자를 책임의 주체로 보자는 것이다. 이렇게 선박소유자와 제조자에게 책임 분산을 시도하는 것이 피해자 구제 측면 나아가 시스템제조자의 기술개발 촉진이라는 측면에서 보다 합리적이라고 생각된다.

V. 자율운항선박과 제조물책임

1. 제조물책임의 의의 및 법적 성질

(1) 의 의

제조물책임이란 통상적으로 기대되는 안전성이 결여된 제품으로 인하여 그 제품의 소비자나 이용자가 인적·재산적 손해를 입은 경우, 그 제조자가 발생한 손해에 대하여 책임을 부담하는 것을 말한다.

제조물책임은 제품의 결함으로 인하여 소비자에게 생명·신체 기타 재산상의 손해가 발생한 경우의 배상책임이라는 점에서, 매매목적물의 하자로 인하여 목적물을 이용할 수 없음에 대한 책임인 매도인의 하자담보책임(제580조,

제581조)과는 구별된다.

제조물의 결함으로 생명·신체 기타 재산에 확대손해가 발생한 경우의 손해배상은 특별법으로서 제조물책임법이 민법에 우선하여 적용된다.[27]

(2) 법적 성질

제조자가 제조물의 결함이나 위험성을 인식하였는가를 묻지 않고, 제조물의 결함으로 인하여 발생한 확대손해에 대해 제조자는 배상책임을 진다. 즉 제조물에 결함이 있는 것으로 객관적으로 인정되면 족하고, 그 결함에 제조업자의 과실이 있는지를 묻지 않는 무과실책임이다.[28]

이에 비해 제조물의 객관적인 결함이 존재하면 제조업자의 주관적 과실이 없더라도 책임을 지게 된다는 순수한 의미의 무과실책임이 아니라 제조업자의 과실유무와 관계없이 결함이 없는 한 책임을 지지 않는다는 결함책임을 표현하는 것이 더 적절하다는 견해가 있다.[29]

민법상 불법행위책임은 과실책임이냐 무과실책임이냐의 문제이지, 양자 이외에 결함책임이 있는 것은 아니다. 계약책임 특히 매매의 경우, 목적물에 하자가 있으면 하자담보책임을 진다고 하고 하자에 대한 책임이라는 의미에서 하자책임이라는 표현을 쓰고 있고, 제조물책임법에서 제조물의 결함으로 인하여 발생한 손해에 대하여 제조업자가 배상하여야 한다는 규정을 들어 결함에 대한 책임이라는 의미에서 결함책임이라는 표현을 쓸 수는 있지만, 제조물책임법도 특별법상 불법행위책임 영역이고, 불법행위책임에는 과실책임, 무과실책으로 구별하고 있을 뿐, 별도의 책임유형으로서 결함책임이 있는 것은 아니기에 제조물책임의 법적 성질을 무과실책임으로 보는 것이 타당하다고 생각한다.

27) 양형우, 「민사법특강」 제2판, 피앤씨미디어, 2018, 1371쪽.
28) 양형우, 앞의 책, 1371쪽.
29) 최병록, "기술혁신과 제조물책임과의 연관관계에 관한 연구", 2015년 한국기술혁신학회 학술대회, 한국기술혁신학회, 2015, 131쪽.

(3) 관련 판례

1) 국내 사례

부산지방법원은 선박의 결함에 관해 상법 제796조 제11호 소정의 '숨은 하자'에 의한 운송인의 면책을 인정하여 화주에 대한 운송계약상 손해배상책임을 면제해 주었는데, 이 판결에서 피고는 선박을 용선한 운송인으로서 화주인 원고로부터 운송을 의뢰받아 운송 중에, '평형수 탱크 주입 밸브 캐이싱 플랜지'라는 부품의 파손으로 인하여 화물이 적재된 컨테이너 30대가 물에 잠기는 사고가 발생하였다. 원고의 손해배상청구에 대하여 피고는 상법 제796조 제11호 소정의 '숨은 하자'에 대한 면책을 주장한 사례에서, 부산지방법원은 전문기관의 조사 등 다양한 요소를 종합적으로 고려해 보았을 때, 이 사건 플랜지의 부식에 관해 피고로서 상당한 주의를 기울여도 발견할 수 없는 상법 제796조 제11호 소정의 '선박의 숨은 하자'에 해당한다고 판시[30]하여 운송인에게 운송계약상의 책임을 면제해 주었다.

이 사안에서 운송인이 선박의 결함을 선박의 숨은 하자라고 주장하여 면책되는 경우, 화주는 이 선박의 결함으로 재산상 손해를 입었기에 조선소를 상대로 제조물책임을 주장할 수 있을 것이다.

자율운항선박이 도입되면 운송인은 자율운항선박의 결함을 숨은 하자로 주장하여 책임을 면하게 될 것이고, 화주는 화물의 손해에 대해 자율운항선박의 제조업자인 조선소 또는 시스템제조업자에게 제조물책임을 주장하는 사례가 늘어날 것이다.

2) 외국 사례 – 선박 MSC Carla 사건[31]

선박 MSC Carla는 1972년 스웨덴에서 건조된 컨테이너선으로, 1984년 선박의 길이를 15미터 연장하는 개조공사를 현대미포조선(이하에서는 H조선이라

30) 부산지방법원 2016. 3. 25. 선고 2014가단246949 판결.

31) 서정우·조종주, "MSC Carla 사례상 선박의 제조물책임", 무역상무연구 제64권, 한국무역상무학회, 2014. 12, 167~168쪽에서 재인용하여 요약하였음.

칭한다)에서, 선박을 두 부분으로 잘라 앞쪽 선체와 뒤쪽 선체 사이에 미리 제작된 블록을 삽입하고 용접으로 연결하는 방법으로 완성하였다.

선박 연장개조 공사 후 13년이 지난 1997년 11월 컨테이너 화물을 가득 싣고 프랑스(Le Havre항)를 떠나 미국(Boston항)으로 향해 대서양을 항해하던 중 심한 폭풍을 만나 용접라인을 따라 두 조각으로 깨져 침몰했고, 이에 따라 위 선박에 선적돼 있던 컨테이너 화물들이 모두 멸실되는 사고가 발생했다.

사고 발생 후 MSC Carla 사의 선주는 1997년 12월9일 뉴욕남부지방법원에 선주책임제한절차를 신청했으며, 위 선박에 선적돼 있던 화물들에 대한 1000여개 각국 화주들(Cummins Engine Co., Inc., et al.)은 미국법원에서 개시된 선주책임제한절차로 인해 선주로부터의 피해회복이 어렵게 되자, 사고시점으로부터 13년여 전인 1984년 위 선박에 대한 연장개조작업을 수행한 H조선을 상대로 불법행위 또는 제조물책임 등을 근거로 1998년 9월에 선주책임제한절차가 개시된 미국 뉴욕남부지방법원에 손해배상을 청구하는 제3자소송(third-party complaints)을 제기했고, 현대미포조선은 위 소송개시 이전인 1998년 6월에 화주들을 상대로 대한민국 울산법원에 채무부존재확인 소송을 제기하였다.

이에 대해 뉴욕남부지방법원은 울산법원 소송에 대해 소송중지명령을 내리고 2004년 7월9일 H조선의 손해배상책임을 인정하는 중간판결을 했으며(U.S. District Court SDNY 97Civ.9052(Ro) Opinion &order)(Rationis Enterprises, Inc. of Pananma and Mediterranean Shipping Co. S.A. of Geneva, 97 Civ. 9052(Ro)), H조선은 위 소송중지명령 및 판결에 대해 불복항소했고 미국 항소법원은 2005년 10월17일 H조선에 손해배상 책임이 없다는 취지로 뉴욕남부지방법원 판결을 파기했고(Rationis Enterprises Inc. of Panama, Mediterranean Shipping Co., S.A. of Geneva, 04-4267-CV, 04-5571-CV(V), 04-6028-CV(CON) 2d Cir.), 위 판결은 확정됐다.

위 판결은 조선회사의 선박연장개조작업 이후 십 수 년이 지나 선박이 대서양에서 두 조각으로 절단돼 침몰한 사고로 인해 멸실된 화물의 소유자들이 위 개조작업을 한 조선소를 상대로 손해배상을 청구한 건에 대한 것으로, 위 소송의 핵심은 과연 선박개조작업 후 십 수 년이 지난 시점에서 발생한 선박침몰사고에 대해 과연 피고에게 과실책임 또는 제조물책임을 물을 수 있는 지 여부에 대한 것이라 할 수 있는데, 1심법원인 뉴욕남부지방법원의 판결에서는 피고가 Midbody를 제작해 이를 사용해 선박을 연장 개조한 것이므로 이는 "Repair"가 아닌 "Sale"이며 따라서 피고는 디자인 및 개조공정상의 결함에 대해 제조물책임법리에 기해서 책임을 부담해야 한다고 판시했다. 그러나 위 판결은 그 후 시효기간경과를 이유로 항소심에서 파기 환송되어서 선례로서의 의의를 상실했다고 한다.[32)]

이 사안에서는 피해를 입은 화주들의 손해배상 청구에 대하여 선박소유자는 선주책임제한으로 맞섰고, 피해회복이 어려운 화주들은 H조선사를 상대로 제조물책임을 주장하여 1심에서 승소하였지만 항소심에서는 시효기간 경과를 이유로 파기 환송되었다. 그런데 자율운항선박이 상용화되면 이 사건은 두 가지 측면에서 쟁점이 될 것이다. 물론 하나는 제조물책임이겠지만, 다른 하나는 선박소유자의 책임제한의 문제이다. 선박소유자 등의 책임제한에 대한 전통적 논거는 선장과 선원이 조종하는 선박이 일단 출항한 이후에는 선박소유자 등은 선박에 한 통제를 사실상 상실한다는 점에서, 선박소유자의 책임을 전부 인정하는 것은 불합리하므로 일정한 유한책임만을 인정하자는 것이었다. 그러나 자율운항선박의 경우, 선원 등이 승선하지 않는다는 점에서 선원 등의 승선을 전제로 한 책임제한에 관한 규정 등에 관한 기존의 논거는 그 설득력이 떨어질 것이고 이에 대한 새로운 검토가 있어야 할 것이다.

2. 자율운항선박의 제조물성 여부

(1) 자율운항선박자체의 제조물성

제조물책임법의 적용대상인 제조물은 제조되거나 가공된 동산을 말한다. 20톤 이상의 선박은 등기할 수 있다고 하여 준부동산이라고도 하지만, 선박의

32) 정해덕, "논단/선박 건조자의 제조물책임", 코리아쉬핑가제트, 2016. 10. 13.일자 기사.

본질은 동산이다. 따라서 자율운항선박도 제조되거나 가공된 동산이므로 동법의 적용대상이라고 할 수 있다.

자율운항선박은 기존 선박에 원격조종시스템, 자율운항시스템이라는 인공지능시스템이 부가된 고도의 기술, 즉 소프트웨어와 하드웨어가 결합된 동산이다. 인공지능시스템이 선박의 일부를 구성한 경우(동법 제2조 제1호의 다른 동산이나 부동산의 일부를 구성하는 경우에 해당된다), 즉 인공지능시스템이 탑재된 선박은 완성된 제조물로서 동법의 대상이 되는 것에는 의문의 여지가 없다.

그런데 인공지능시스템이 해당 선박에 탑재된 경우가 아닌, 예컨대 육상의 자율운항선박 조종센터의 인공지능시스템의 경우는 이 자체를 선박과 별도의 제조물책임의 대상인지가 검토되어야 한다.

(2) 인공지능시스템(소프트웨어)의 제조물성

인공지능시스템은 소프트웨어의 일종으로서 동법의 적용대상이 되기 위해서는 제조되거나 가공된 동산이어야 하는데, 유체물로서의 부품의 결합이 아닌 자율운항기술을 담당하는 소프트웨어를 제조물로 보아 시스템의 오류로 인한 손해에 대해서도 제조물책임을 적용할 수 있는지에 대해 검토가 필요하다.

우리 민법상 물건이라 함은 유체물 및 전기 기타 관리가능한 자연력을 말하고, 토지 및 그 정착물을 부동산, 부동산 이외의 물건을 동산이라고 한다(민법 제98조, 제99조). 따라서 동산은 유체물, 전기 기타 관리가능한 자연력 중에서 부동산이 아닌 물건을 말한다고 정의할 수 있다. 소프트웨어가 이 동산의 정의에 포함될 수 있을 것인지, 나아가 소프트웨어의 제조물성 인정여부에 대해 학설은 대립하고 있다.

1) 긍정설

가) 소프트웨어 자체를 제조물로 보는 견해

민법 제98조에서 무체물인 전기를 동산에 포함시키고 있으므로 소프트웨어도 전기와 유사한 물건으로 유추 적용할 수 있다고 한다.[33] 우리 민법이 물건의 개념을 구체적인 형태를 가진 것으로 한정하지 않기 때문에 소프트웨어도 재산적 가치를 지니며 제조업자가 소비자에게 판매하는 상품이므로 제조물에 해당한다고 한다. 온라인 소프트웨어의 경우 전기, 전파, 물, 가스 등과 비슷한 형태로 소비자에게 전달되고 소프트웨어로 인해 발생한 손해에 대해 소비자를 보호할 필요성이 있으므로 소프트웨어를 제조물책임의 적용대상에 포함하는 것이 입법 정책적으로 옳다고 한다.[34]

나) 소프트웨어가 탑재된 저장매체 또는 전자제품을 제조물로 보는 견해

온라인으로 유통되는 소프트웨어의 경우 제조물책임성을 인정할 수 없지만, 소프트웨어가 IC 회로칩, CD-ROM, DVD 등의 저장매체에 저장되거나 컴퓨터, 의료기기 등 전자제품에 탑재된 경우에는 저장매체 또는 전자제품의 일부를 구성하게 되고 형체를 갖추게 되므로 소프트웨어도 제조물로 인정할 수 있다는 견해이다.[35]

소프트웨어도 제조업체가 제조하여 유통하는 일종의 상품이며, 소프트웨어 자체의 오류 또는 바이러스 감염 등과 같은 결함으로 인하여 다른 데이터나 하드웨어에 손상을 입히는 등 확대손해까지 야기할 수 있으므로 제조물의 소비자를 보호하는 제조물책임법의 입법취지를 고려하여 제조물책임을 인정하자는 견해이다.[36]

2) 부정설

제조물책임법상 제조물 개념을 문리해석하면 소프트웨어는 무체물이며 관리할 수 있는 자연력도 아니므로 소프트웨어는 민법 제98조의 물건 또는 제99조 제2항의 동산에 해당하지 않는 일종의 서비스로 보는 견해로서, 과실책임의 일반불법행위법리 또는 하자담보책임에 따라서 해결하는 것이 옳다고 주

33) 김민중, "컴퓨터바이러스에 따른 손해에 대한 법적 책임", 인터넷법률 제18호, 법무부, 2003, 97쪽.
34) 차성민, "소프트웨어와 제조물책임", 한국통신학회 하계학술대회 논문집, 한국통신학회, 2005, 205쪽.
35) 김민동, "콘텐츠 이용자 보호를 위한 법제 개선 방향", KOCCA 연구보고서 제10권 제45호, 한국콘텐츠진흥원, 2010, 255쪽.
36) 최승재, "제조물책임법의 적용대상의 획정에 관하여", 인권과 정의 제315호, 대한변호사협회, 2002, 49쪽.

장한다.[37] 무체물인 서비스는 타인의 편의를 위한 유무형의 노력을 제공하는 것이므로 물건과는 달리 그 내용을 명확히 확정하기가 곤란해 상대방의 기대치가 적용기준이 될 수 없으므로 서비스의 결함으로 인해 생명, 신체 또는 재산상의 손해가 발생하는 경우에까지 무과실책임인 제조물책임을 적용할 것은 아니라고 한다.[38]

(3) 소결 – 자율운항선박의 제조물성 인정여부

긍정설의 경우도 소프트웨어를 선박에 장착하여 선박의 일부를 구성하는 경우, 소프트웨어의 결함을 선박 자체의 결함으로 보는 견해에 따르면 소프트웨어의 결함으로 인한 확대손해의 책임 주체는 완성된 선박의 건조업자이겠지만, 소프트웨어 자체를 제조물로 보는 견해에 따르면 소프트웨어 개발업자가 제조물책임의 주체가 된다는 점에서 차이가 있다.

제조물책임법 제2조 제1호 제조물의 정의("제조물"이란 제조되거나 가공된 동산(다른 동산이나 부동산의 일부를 구성하는 경우를 프함한다)을 말한다.)와 민법 제98조 제99조 물건 및 동산의 개념 규정들을 고려한다면, 소프트웨어는 그 자체만으로 제조물책임법의 대상으로 보기는 어려워 보인다. 또한 제조물책임법 제정당시 상황을 보더라도 AI(인공지능) 같은 무체물인 시스템의 존재를 전제하고 제조물의 정의규정을 둔 것은 아니라고 본다면 입법자가 상정하지 못한 대상의 등장이다.

소프트웨어가 선박에 장착되어 선박의 일부를 구성하게 되면 제조물책임법 제2조 제1호의 다른 동산의 일부를 구성하는 경우에 해당되어 동법의 적용대상이 된다.

다만 인공지능시스템 자체를 동법의 대상으로 삼기에는 해석상 불가능하지는 않지만, 여전히 논란의 여지가 있으므로 동법의 개정을 통해 인공지능시스템 등을 제조물의 범위에 포함하도록 하는 것이 논란을 방지하고 시대의 조류

37) 이상정, "제조물책임법 제정의 의의와 향후 과제", 저스티스 제68호, 한국법학원, 2002, 10~11쪽.
38) 주지홍, "소프트웨어 하자로 인한 손해의 제조물책임법리 적용여부", 민사법학 제25호, 한국민사법학회, 2004, 456쪽.

에 편승하는 길이다.

3. 자율운항선박 시스템 제조업자의 면책여부

(1) 면책사유 및 면책의 제한

제조물책임법은 행위자의 고의과실을 문제 삼는 것이 아니라(무과실책임), 제조물의 결함으로 인한 생명, 신체 또는 재산상의 손해에 대하여 배상책임을 인정(동법 제3조 제1항)하는 결함책임으로서 엄격책임이다. 따라서 이에 해당하면 예외 없이 제조자에게 책임을 지워야 하겠지만, 위험배분의 측면에서 제조자 등에게 일정한 면책사유를 인정하고 있다. 즉 ① 제조업자가 해당 제조물을 공급하지 아니하였다는 사실(제조물 불공급) ② 제조업자가 해당 제조물을 공급한 당시의 과학·기술 수준으로는 결함의 존재를 발견할 수 없었다는 사실(개발위험) ③ 제조물의 결함이 제조업자가 해당 제조물을 공급한 당시의 법령에서 정하는 기준을 준수함으로써 발생하였다는 사실(법령준수) ④ 원재료나 부품의 경우에는 그 원재료나 부품을 사용한 제조물 제조업자의 설계 또는 제작에 관한 지시로 인하여 결함이 발생하였다는 사실(설계·제작 지시) 등이다.

제조물책임법 제3조에 따라 손해배상책임을 지는 자가 제조물을 공급한 후에 그 제조물에 결함이 존재한다는 사실을 알거나 알 수 있었음에도 그 결함으로 인한 손해의 발생을 방지하기 위한 적절한 조치를 하지 아니한 경우에는 제1항 제2호부터 제4호까지의 규정에 따른 면책을 주장할 수 없다(동법 제4조 제2항).

이른바 제조물관찰의무를 말하며,[39] 이는 이미 유통시킨 제조물에 대한 지속적인 관찰을 통하여 소비자에게 피해나 위험이 발생하지 않도록 조치해야

---

39) 관찰의무의 구체적 내용은 ㉠ 생산 및 설계에 대한 안전성 검토, ㉡ 위해정보의 수집, ㉢ 제조물의 안전성에 대한 연구 강화, 학술적 정보의 모니터링 강화, ㉣ 위험인지 후의 경고 및 리콜 등을 든다(권대우, "제조업자의 제조물책임에 관한 소고", 민사법연구 제14집 제1호, 2006. 6, 33~36쪽).

하는 거래상 주의의무를 말한다. 최초 공급시에는 드러나지 않았으나 공급후에 결함이 발견되었고, 이 결함의 존재를 알았거나 알 수 있었음에도 손해방지를 위한 조치(예컨대 리콜)를 취하지 않은 경우라면 면책을 주장할 수 없다.

(2) 자율운항선박 시스템 제조업자의 면책여부

제조물의 결함에 대한 책임의 주체는 기본적으로 완성 제조물의 제조업자이지만, 예외적으로 원재료나 부품의 경우에는 그 원재료나 부품을 사용한 제조물 제조업자의 설계 또는 제작에 관한 지시로 인하여 결함이 발생한 것이 아니라면, 이들도 제조업자로서 책임을 진다(제4조 제1항 제4호).

따라서 자율운항선박시스템 부품을 제조한 제조업자의 책임은 ① 조선소의 설계 또는 지시에 따라 인공지능시스템 제조업자가 제조하였고, 그 제조물의 결함으로 손해가 발생하였다면 인공지능시스템 제조업자는 제4조 제1항 제4호에 따라 면책이 되고, 조선소는 제조물책임을 부담지만, ② 이러한 설계 또는 제작 지시가 없는 경우라면 인공지능시스템 제조업자도 제조물책임법상 책임의 주체가 된다(소프트웨어가 제조물책임의 대상이 되느냐는 학설 여부와 무관하게 제4조 제1항 제4호에 따라). ③ 선박소유자의 지시에 따라 건조한 경우라면 선주가 요구한 재료를 요구한 방식으로 제작하고 그 단계마다 선주의 승인을 받기 때문에[40] 조선소나 인공지능시스템 제조업자는 면책될 가능성이 높고 선박소유자의 일반불법행위 책임만이 남게 될 것이다.

시스템 제조업자가 책임을 지는 경우라면 완성 자율운항선박 제조자인 조선소와 시스템 제조자는 피해자에 대하여 부진정연대책임을 부담하게 될 것이고, 조선소는 시스템의 결함으로 손해가 발생한 것으로 판단되면 시스템 제

40) SAJ 제4조 제1항에 따르면, 선박건조자는 발주자에게 건조될 선박의 설계와 도면을 제출하면 발주자는 14일 이내에 승인과 주석을 달아 선박건조자에게 반송하고 제4조 제2항에 따라 대표자를 선임하여 제4조 제3항에 따라 선박 건조기간 중 선급협회 또는 건조자의 검사팀이 실시하는 검사에 참석하여 감독하도록 하고 있다.
한편 국내 A사의 건조계약서 제4조 제3항에서도 건조자는 발주자의 승인을 받기 위하여 발주자에게 설계도면을 각 3부씩 제출하여야 하며 발주자는 수령 후 14일 이내에 건조자에게 승인 또는 주석을 달아 건조자에게 각 1부씩을 반송하여야 하고, 제4조 1항에 따라 발주자의 대표 1명 이상을 파견하여 상주시켜야 하고, 선박 건조기간 동안 선박 및 부속장치, 선박의 외형, 작업진행상황, 건조에 이용된 재료, 건조장소, 저장고를 검사할 권한이 있다.

조업자에게 구상권 행사 및 계약책임을 물을 수도 있을 것이다.

제조물에는 선박, 선박에 탑재된 자율운항시스템, 육상조종센터의 조종시스템, 선박과 육상조종센터를 연결하는 통신망 등 관련 시스템 전부가 포함되므로, 이들 각각의 시스템 제조업자들은 경우에 따라 제조물책임법상 책임의 주체가 될 수 있다.

4. 제조물책임법상 손해의 범위

(1) 확대손해

제조물책임법에서 제조물책임은 제조물의 결함으로 생명·신체 또는 재산에 손해를 입은 자에게 그 손해를 배상하여야 한다고 규정하여 제조물의 결함으로 인한 확대손해를 그 대상으로 하고 있다(제3조 제1항).

따라서 조선소의 제조물책임은 자율운항선박이 항행 중에 선박의 결함으로 인해 발생한 화물 등의 재산상 손해, 인명피해 등의 인적 손해가 발생한 경우 적용될 것이며, 신조선만이 아니라 수리조선도 그 대상이 된다.[41]

(2) 선박 자체의 손해

제조물책임법은 제3조에서 그 제조물에 대하여만 발생한 손해는 제외한다고 규정하여 자율운항선박 자체의 손해는 동법상의 책임에서 배제된다. 따라서 이 경우 자율운항선박 자체의 손해에 대해서는 계약책임 내지 담보책임으로 해결해야 한다. 이와 같이 선박 자체에 대한 손해가 제조물책임법의 대상이 되지 않고 선박에 적재된 운송물에 대한 손해는 운송인과 화주 간의 운송계약상의 책임문제로 해결하는 경우가 그 동안의 거래 실정이었다.[42]

41) 정해덕, “논단/선박 건조자의 제조물책임”, 코리아 쉬핑가제트, 2016. 9. 29.일자 기사.

42) 선박 건조자의 제조물책임을 직접 다룬 판례는 찾아보기 어렵고, 전술한 선박 MSC Carla 사건에 대한 미국법원의 판결이 선박 건조자의 제조물책임을 인정한 바 있으나, 선박의 경우 선박자체의 손해나 판례에 따르면 영업손실은 제조물책임의 대상이 되지 않고, 선박에 적재된 운송물 등의 손해는 운송인과 화주간의 쟁송으로 대부분 해결되므로, 선박건조자가 선박 자체의 결

(3) 영업상 손해

자율운항선박의 결함으로 운항을 하지 못함으로써(수리기간 동안의 운임 포함) 받지 못하게 된 운임, 즉 영업상의 손해가 제조물책임법의 대상이 되는지에 대해 대법원은 '제조물에 대하여만 발생한 재산상 손해'에는 제조물 자체에 발생한 재산상 손해뿐만 아니라 제조물의 결함 때문에 발생한 영업 손실로 인한 손해도 포함되므로 그로 인한 손해는 제조물 책임법의 적용 대상이 아니라고 한다.[43] 따라서 이 판결에서는 발전기의 제조 및 공급에 관여한 회사들 중에 직접적 계약당사자에게 발전기 결함에 대한 채무불이행책임을 부담할 것이지, 피고 두산중공업의 불법행위책임, 사용자책임(민법 제756조), 도급인 책임(민법 제757조)에 관한 원고 주장을 모두 배척하였다.

이에 대해 영업상 손해도 넓은 의미에서 제조물책임법에서 상정하고 있는 보호대상인 재산상 손해의 범위에 포함되고, 이를 보호대상에서 제외하여야 할 아무런 법적 근거가 없으며, 피해자 입장에서는 물건의 훼손보다 영업상의 손해가 더 중요하고 보호가치가 있는 재산상의 손해일 것이므로 제조물책임법의 배상범위에 포함시켜야 한다는 견해가 있다.[44] 특히 상선의 경우 운항이 예정되어 있고 운항에 따른 운임이 주된 수입원임을 고려한다면 선박자체의 결함으로 운항을 하지 못함으로써 발생한 영업손실은 확대손해로서 제조물책임법의 보호대상에 포함시키는 것이 타당해 보인다.

5. 제조물관찰의무

(1) 제조자의 제조물관찰의무

제조물책임법은 손해배상책임을 지는 자가 제조물을 공급한 후에 그 제조

함으로 인한 손해에 대해 계약책임이나 불법행위책임을 부담하는 이외 별도의 제조물책임을 부담하는 경우는 별로 없을 것이라는 견해가 있다(정해덕, "논단/선탁 건조자의 제조물책임", 코리아 쉬핑가제트, 2016. 10. 27.일자 기사.

43) 대법원 2015. 3. 26. 선고 2012다4824 판결.

44) 이동환·김재완, "제조물의 결함과 영업상의 손실－대상판결 : 대법원 2015. 3. 26. 선고 2012다4824 판결－", 고려법학 제89권, 고려대학교 법학연구원, 2018, 91~92쪽.

물에 결함이 존재한다는 사실을 알거나 알 수 있었음에도 그 결함으로 인한 손해의 발생을 방지하기 위한 적절한 조치를 하지 아니한 경우에는 제4조 제1항 제2호부터 제4호까지의 규정에 따른 면책을 주장할 수 없다(제4조 제2항)고 규정하여 제조업자로 하여금 이른바 제조물관찰의무를 부과하고 있다.

제조물관찰의무라 함은 이미 유통시킨 제조물에 대한 지속적인 관찰을 통하여 소비자에게 피해나 위험이 발생하지 않도록 조치해야 하는 제조업자의 거래상 주의의무를 말한다. 즉 제조업자의 거래상 주의는 제조물에 대한 설계·제조·지시로만 끝나지 않고 그 이후에도 학문·기술수준의 발전에 좇아 지속적으로 제조물을 관찰하여 소비자에게 위험이 발생하지 않도록 예방할 의무로 연결된다.[45] 이러한 제조물관찰의무의 구체적인 내용으로는 ㉠ 생산 및 설계에 대한 안전성 검토, ㉡ 위해정보의 수집, ㉢ 제조물의 안전성에 대한 연구 강화, ㉣ 학술적 정보의 모니터링 강화, ㉤ 위험 인지 후의 경고 및 리콜 등을 들 수 있다.[46]

(2) 선박안전법상 선장의 결함 신고의무

제조물책임법에서 제조자의 제조물관찰의무와는 별도로 선박안전법에서는 누구든지 선박의 안전설비의 결함을 발견한 때에는 신고하도록 규정하고 있다.[47]

제조물책임법상 제조자로 하여금 관찰의무를 부과한 것은, 이미 유통시킨 제조물에 대하여도 지속적인 관찰을 통하여 소비자에게 피해나 위험이 발생하지 않도록 조치해야 하는 주의의무를 규정한데 비하여, 선박안전법상 결함의 신고의무는 제조자에 국한하지 않고 누구든지 결함 발견시 신고의무를 부과함으로써, 선박의 안전 내지는 선원의 안전을 위한 조치로 이해된다.

45) 정용수, "제조물책임법상 면책사유에 관한 연구", 한국소비자원, 2008. 12, 117쪽.
46) 권대우, 앞의 논문, 33~36쪽; 정용수, 앞의 논문, 119쪽.
47) 선박안전법 제74조(결함신고에 따른 확인 등) ①누구든지 선박의 감항성 및 안전설비의 결함을 발견한 때에는 해양수산부령으로 정하는 바에 따라 그 내용을 해양수산부장관에게 신고하여야 한다.

6. 소 결

자율운항선박의 건조자에게 제조물책임을 묻기 위해서는 자율운항선박이 제조물인지가 먼저 규명되어야 하고, 제조물성이 긍정되면 자율운항선박에 결함이 있어야 하고 그 결함과 손해발생 사이에 인과관계가 있어야 한다. 그리고 손해는 그 제조물에 대해서 발생한 손해 이외에 제조물의 결함으로 생명·신체 또는 재산에 손해, 즉 확대손해가 발생하여야 한다.

대전제로서 자율운항선박의 제조물성을 논해야 하나, 기존 선박처럼 단순하지가 않다. 사실 기존 선박의 경우 선박 자체의 손해는 계약책임이나 담보책임으로 해결하였고, 영업손실은 제조물책임법의 대상이 아니므로 제조물책임법에 문의하는 경우는 거의 없었다고 해도 과언이 아니다. 그러나 자율운항선박은 사람이 아닌 인공지능시스템이 관여하고, 이 시스템의 결함으로 인한 손해에 대해 제조물책임법을 적용하는 경우가 늘어날 것임은 분명해 보인다.

그런데 이 자율운항시스템은 선박에 탑재되는 경우도 있을 수 있고, 육상제어실에 별도로 시스템을 설치하여 선박을 제어할 수도 있다. 다만, 전자의 경우처럼 소프트웨어가 선박에 장착되어 선박의 일부를 구성하게 되면 다른 동산의 일부를 구성하는 경우(제조물책임법 제2조 제1호)에 해당되어 동법의 적용대상으로 볼 수 있지만, 후자의 경우는 인공지능시스템 자체를 동법의 대상으로 삼기에는 논란의 여지가 있으므로 입법으로 해결하는 수밖에 없다.

한편 영업상 손해가 제조물책임법의 대상인지에 대해 우리 대법원은 이를 부정하고 있지만, 일반 제조물과는 달리 선박의 경우 운항으로 인한 운임이 주된 수입임을 감안한다면 자율운항시스템의 결함으로 인한 영업손실도 확대손해로서 제조물책임법의 보호범주에 포함시켜야 할 것이다.

Ⅵ. 결 론

이 연구는 자율운항선박과 민사책임에 대한 연구로서, 크게 세 부분으로 첫째, 계약책임으로서 자율운항선박 건조계약상의 책임, 둘째, 불법행위책임으로서 자율운항선박 충돌로 인한 불법행위책임 셋째, 제조물책임으로서 자율운항선박 시스템 제조자의 제조물책임에 대하여 논의하였다.

먼저 자율운항선박 건조계약상 책임과 관련하여, 국제적으로 많이 행하고 있는 일본조선소 협회의 건조계약서 및 국내 조선소의 건조계약서상 책임관련 내용을 검토하였고, 그 결과 선박의 하자로 인한 손해, 즉 선박 자체의 손해에 대해서는 건조자에게 그 수리청구 및 손해배상의 책임을 물을 수 있지만, 하자로 인한 확대손해에 대해서는 건조자에게 배상책임을 물을 수는 없음을 확인하였다. 따라서 자율운항선박 시스템의 결함으로 인한 확대손해의 배상은 불법행위책임이나 제조물책임으로 해결할 수밖에 없다.

자율운항선박 충돌로 인한 불법행위책임과 관련하여, Level 2와 Level 3에서 육상운항관리자의 책임문제와 Level 4에서 자율운항 시스템의 권리주체성에 대하여 검토하였다.

특히 Level 4 선박충돌의 경우에도 책임의 주체는 선박을 통해 이익을 향유하는 선박소유자이고, 자율운항선박 또한 선박소유자가 운항이익을 누리고 있고, 자율운항 시스템에 의하기는 하지만 여전히 자율운항선박을 지배하고 있다고 볼 수 있기 때문에 자율운항선박의 책임의 주체는 선박소유자로 보는 것이 합당하다는 것이다. 다만 시스템의 오류 등으로 발생한 손해에 대해서는 제조물책임법을 통한 구제, 즉 선박소유자와 자율운항시스템 자체가 아닌 시스템 제조자를 책임의 주체로 하여 선박소유자와 시스템 제조자를 부진정연대책임을 부담하게 하자는 제안이다.

마지막으로 자율운항선박에 대한 제조물책임과 관련하여, 국내외 사례 및 AI 시스템이 제조물책임법의 대상인지와 관련하여 민법에서의 논의를 검토하였다. 선박의 경우 선박 자체의 손해나 영업손실은 제조물책임의 대상이 아니라는 것이 판례의 태도이고, 선박에 적재된 운송물 등의 손해는 운송인과 화주간의 운송계약 책임으로 해결되므로, 선박건조자가 선박 자체의 결함으로 인한 손해에 대해 계약책임이나 불법행위책임을 부담하는 정도로 해결되는 것이 거래 실정이었다. 그러나 국내 사례에서 본 바와 같이 운송인은 숨은 하자를 주장하여, 해외 사례에서는 선주책임제한을 들어 선주나 해상운송인은 면책되었고 화주의 피해 구제는 어려운 점이 있었으나, Level 4의 자율운항선박의 시대로 이어지면 화주의 피해전보를 위해서는 제조물책임법어 문의하는 경우가 늘어날 것으로 보인다.

이상은 자율운항선박과 관련되는 민사책임에 관한 논의로서, 특히 민사책임의 주체는 보험과도 밀접한 관련이 있으므로 앞으로 선박제조물책임보험 등의 논의를 기대한다.

참고문헌

[단행본]

김인유, 「선박담보물권법」, 다솜출판사, 2015.

양형우, 「민사법특강」 제2판, 피앤씨미디어, 2018.

해양수산부 중앙해양안전심판원, 「(2019) 해양사고 통계」, 해양수산부 중앙해양안전심판원, 2020.

[논문]

권대우, "제조업자의 제조물책임에 관한 소고", 민사법연구 제14집 제1호, 2006. 6.

고세일, "인공지능과 불법행위책임 법리", 법학연구 제29권 제2호, 충남대학교 법학연구소, 2018.

김민동, "콘텐츠 이용자 보호를 위한 법제 개선 방향", KOCCA 연구보고서 제10권 제45호, 한국콘텐츠진흥원, 2010.

김민중, "컴퓨터바이러스에 따른 손해에 대한 법적 책임", 인터넷법률 제18호, 법무부, 2003.

김인유, "건조중인 선박에 관한 법률관계", 한국해법학회지 제32권 제1호, 2010. 4.

박혜리·박한선·김보람, "자율운항선박 도입 관련 대응정책 방향 연구", 해양수산개발원, 2018. 8.

서정우·조종주, "MSC Carla 사례상 선박의 제조물책임", 무역상무연구 제64권, 한국무역상무학회, 2014. 12.

신동환, "인공지능로봇과 배상책임에 관한 소고", 안암법학 통권 제55호, 2018.

이광일, "자율운항선박기술 국제동향", KOSME Webzine 제41권 제5호, 한국마린엔지니어링학회, 2017. 11.

이동환·김재완, "제조물의 결함과 영업상의 손실－대상판결 : 대법원 2015. 3. 26. 선고 2012다4824 판결－", 고려법학 제89권, 고려대학교 법학연구원, 2018.

이상정, "제조물책임법 제정의 의의와 향후 과제", 저스티스 제68호, 한국법학원, 2002.

이정원, "해상운송법제상 상업용 무인선박의 법적 지위에 관한 연구", 저스티스 통권 제173호, 2019. 8.

이중기, "인공지능을 가진 로봇의 법적 취급", 홍익법학 제17권 제3호, 2016.

이현균, "자율운항선박의 운항 관련 책임에 관한 연구", 고려대학교 대학원 박사학위논문, 2018. 12.

정용수, "제조물책임법상 면책사유에 관한 연구", 한국소비자원, 2008. 12.

정진명, "인공지능에 대한 민사책임 법리", 재산법연구 제34권 제4호, 2018.

정해덕, "논단/ 선박 건조자의 제조물책임", 코리아 쉬핑가제트, 2016. 10. 27

주지홍, "소프트웨어 하자로 인한 손해의 제조물책임법리 적용여부", 민사법학 제25호, 한국민사법학회, 2004.

차성민, "소프트웨어와 제조물책임", 한국통신학회 하계학술대회 논문집, 한국통신학회, 2005.

최경진, "지능형 신기술에 관한 민사법적 검토", 정보법학 제19권 제3호, 2015.

최병록, "기술혁신과 제조물책임과의 연관관계에 관한 연구", 2015년 한국기술혁신학회 학술대회, 한국기술혁신학회, 2015.

최승재, "제조물책임법의 적용대상의 획정에 관하여", 인권과 정의 제315호, 대한변호사협회, 2002.

최정환·유진호·이상일, 자율운항선박 원격운항자의 역할과 법적 지위에 관한 소고 –선장과 선장개념을 중심으로–, 해사법연구 제30권 제2호, 2018. 7.

산업통상자원부·한국산업기술진흥원, "유럽의 스마트 선박 기술 및 정책동향", 글로벌기술협력 기반육성사업(GT) 심층분석보고서, 2017.

해양수산부, "국산 기술로 개발한 무인선, 해양강국을 향한 닻 올려", 보도자료, 2017. 11. 22.

해양수산부, "4차 산업혁명 시대 이끌 해양수산 스마트화 본격 시동 –해양수산 스마트화 전략 발표, 9대 핵심과제 중점 추진–", 보도자료, 2019. 11. 11.

해사법의 개념과 분류*

정 영 석

Ⅰ. 머리말

1980년 한국해양대학교에 해사법학과가 개설되면서 막연하게나마 우리나라에서도 해사법(maritime law)이 무엇인가를 생각하게 되었다. 당시 한국해양대학교에서는 항해학과와 기관학과에서 선박운항에 필요한 몇 가지 법률을 '해사법규'라는 과목으로 강의하고, 「해상충돌예방규칙협약」(COLREG)과 해상법 정도를 독립된 법 과목으로 세분화해서 강의해 왔다. 당시에는 이들 과목을 모두 넓은 의미의 해사법규로 이해하고 있었다. '법규'라는 명칭에서 알 수 있듯이 당시의 해사법규는 선박운항에 필요한 개별법규를 한데 모아서 강의하는 과목 정도로 이해하고 있었기 때문에 학문적인 의미에서 해사법규나 해사법학의 개념이 정립된 것은 아니었다.

해사법이 우리나라에서 학문적으로 연구가 되고 강의가 되기 시작한 것은 1980년 한국해양대학교에 해사법학과가 개설된 것이 첫 걸음이었던 것으로 보인다. 법학의 학문적 기초 위에 해사공법과 해사사법을 학문적으로 발전시키고, 해사법 실무에 능숙한 전문가 양성을 목적으로 해사법학과가 설립된 것은 우리나라 해사법의 발전에 획을 긋는 중요한 사건이었다. 그러나 당시의 해사법학과에서는 해사법이 무엇인가에 대한 개념이 정립된 상태에서 연구와 강의가 이루어지고 있었던 것은 아니고, 기존의 항해학과와 기관학과에서 항해사와 기관사를 양성하기 위하여 교육한 해사법규를 세분화하여 강의하기 시작한 것에서 출발했기 때문에 그 이후 연구와 강의가 거듭되면서 자연스럽

* 2019년 부산판례연구회에서 발간한 「해사법의 제문제」에 게재된 같은 제목의 논문을 수정보완한 것임.

게 해사법의 개념을 정립하게 되었다. 특히 1986년 대학원에 해사법학과가 개설되면서 해사법의 개념 정립과 해사법의 학문적 연구가 본격적으로 이루어지기 시작했다고 해도 과언이 아니다.

더욱이 해사법원의 설립 필요성이 대두하고 해사법원을 어디에 어떤 형태로 설립할 것인가를 두고 부산, 인천, 서울이 치열하게 논쟁을 벌이고 있는 요즘, 해사법원의 개념과 대상사건의 종류와 범위를 확정하기 위해서는 결국 해사법이 무엇인가에 대한 논의가 다시 원점에서 다루어지지 않을 수 없다.

이하에서는 해사법의 개념을 먼저 이론적으로 검토해 본 다음, 해사법원의 관할대상이 되는 해사법을 어떤 범위까지로 인정해야 바람직한 것인지 등에 대하여 확대하여 검토해 보기로 한다.

II. 학문적 의미에서 해사법의 개념과 분류

1. 해사법의 개념

해사법(marine laws, maritime laws)이란 해사활동에 관한 법 규범 전체를 일컫는 것으로 해법이라고도 한다. 여기서 해사활동이라 함은 바다를 활동의 장소로 하여 전개되는 생활관계를 말한다.[1] 이와 관련하여 해사 또는 해사활동을 해양에서 전개되는 선박에 의한 항행활동에 직접 관련된 생활관계로 해석하고 해사법의 개념도 항행활동에 관한 법으로 한정하는 좁은 개념으로 이해하기도 한다.[2]

먼저, 독일법계와 영미법계에서의 해사법에 관한 개념을 살펴보기로 한다.[3]

1) 정영석, 해사법규강의(제6판), 텍스트북스, 2016, 3쪽.
2) 임동철, 해상법·국제운송법연구, 진성사, 1990, 283쪽.
3) 이하의 설명은 임동철, 앞의 책, 283~286을 정리한 것이다. 필자의 은사이신 이 책의 저자 임동철 교수님은 한국해양대학교 해사법학부를 퇴직하시면서 필자에게 저작권을 양도하셨기 때문에 이 책의 내용을 가급적 원문대로 소개하려고 한다.

독일에서는 해사법(Seerecht)을 ① 해상에서의 선박항해에 관한 법(Seeschiffahrtsrecht)이며, ② 일반적인 교통법(Verkehrsrechts)의 일부를 구성하고 있고, ③ 해상에서의 선박항행에 관한 특별법이라고 정의하고 있다.4) 해사법은 선박항행에 관한 특별법이지만 폐쇄적이고 고립된 법체계(abgeschlossenes Rechtssystem)를 형성하고 있는 것이 아닐 뿐 아니라, 일반법 규범의 적용을 배제하는 특별한 규정이 있는 경우가 아닌 한 일반법의 한 분야로 분류된다.5) 또 교통법(Verkehrsrechts)의 한 분야로 보기도 하는데, 일반 성문법규로서 교통법(Verkehrsresetz)이 따로 있는 것은 아니고, 철도법·항공법·해사법·내수선박항행법(Binnenschiffahrtsrecht)·자동차법 등 개별적인 교통수단에 관한 특별법의 집약된 개념으로서 공법적 규정과 사법적 규정을 포함한 개념으로 보고 있다. 따라서 해사법은 그 중 해상에서의 선박항행과 관련된 법으로서 교통법의 한 분야라는 의미로도 정의된다.6) 독일은 라인 강의 수운과 운하를 통한 내수로 운송이 발달해 있기 때문에 바다와 내수의 경계 즉 해사법과 내수항행법의 적용 범위가 논의되기도 한다.7) 해사법은 여러 가지 교통 중에서 내수항행법과 가장 유사한 성질을 가지고 있으며 항공법과도 상당한 공통점을 지니고 있다.8) 결론적으로 독일에서의 해사법(Seerecht)은 선박의 해상항행에 관한 특별법으로서 교통법의 한 분야를 구성하고 있으며 공법과 사법을 모두 포함한 개념이라고 할 수 있다.9)

영미법계에서는 'maritime law', 'admiralty law' 또는 'shipping law' 등이 해사법에 해당하는 용어로 사용된다. 바다에 관한 법을 해법(sea laws)10)이라고도 한다. 또 'maritime'과 'admiralty'는 어원상의 차이는 있지만 오늘날은 대부분 같은 의미로 사용된다.11) 영국이나 미국에 'maritime law'나 'law of

4) Schaps－Abraham, *Das Seerecht in der Bundesrepublic Deutschland, Kommentar und Materialsamlung, vierte, vollig, neu Auflage*, Berlin, 1978, S.3ff.
5) Id., Prüßmann/Rabe a.a.O. S.1.
6) Id.
7) Abraham a.a.O., S. 2ff.
8) Schaps－Abraham a.a.O., S.4.
9) 임동철, 앞의 책, 284쪽.
10) *Jowitt's Dictionary of English Law(Vol. 2)*, London, Sweet & Maxwell Limited, 1977, p.1616.
11) Gilmore and Black, *The Law of Admiralty*, New York, The Foundation Press Inc., 1975, p.1; Schoenbaum, Yiannopoulos, *Admiralty and Maritime Law*, Charlottesville, The Michie Company

admiralty'라는 제정법이 존재하지 않는 것은 물론, 판례법주의의 특징상 용어에 대한 체계적이고 명확한 정의도 찾아보기 어렵다. 대개 주요 학자들의 저술을 통해서 개념이나 범위를 추론할 수 있을 뿐이다.

Gilmore & Black은 그의 저서 'The Law of Admiralty'에서 "law of admiralty 또는 maritime law란 대체로 수상에서의 물건 및 여객운송업에 관한 중요한 사항을 규율하는 법규(rules), 개념(concepts) 및 법적 관행(legal practices)의 총체이다."라고 정의를 내리고 있다.[12] 또한 'law of admiralty'나 'maritime law'는 해운산업에 관한 사법의 중요한 부분을 포함하지만 그 범위가 해운산업의 모든 법적 이해관계의 범위와 반드시 일치하는 것은 아니다. 그들의 저서 "The Law of Admiralty"에서도 약간의 행정법적·공법적인 사항 이외에는 거의 대부분 사법적인 내용을 다루고 있고, 해양법(law of the sea)은 그 내용에 포함하고 있지 않다.

반면 'maritime law'에는 공법인 해양법(law of the sea)이 포함되어야 한다는 견해도 있다.[13] 이렇게 주장하는 학자들은 'maritime law'를 해운산업(shipping industry)만 규율하는 법으로 생각하는 것은 잘못이기 때문에 'maritime (admiralty) law'와 'law of the sea'를 양분하는 견해는 허구적인 것이라고 비판한다. 양자는 인간의 바다에 대한 관계라는 공통된 연원과 전통에서 비롯된다는 점에서 차이가 없다고 한다. 바다의 정치적·경제적 중요성은 상업과 무역의 매개체로서의 기능에 있었으며 공법의 영역이건 사법의 영역이건 종래의 해법(sea－law)은 해운활동과 상업적인 힘 또는 해군력의 행사로 인하여 생긴 문제들에 대응하여 발전하여 왔지만, 20세기 이후 기술 발달로 바다는 자원의 보고로 등장하였으므로 'maritime(admiralty) law'가 해양자원에 관한 새로운 영역에 관심을 갖지 않을 수 없다고 한다. 이러한 견해를 주장하는 Schoenbaum과 Yiannopoulos는 그들의 공저인 "Admiralty and Maritime Law"에서 'maritime law'를 'shipping law' 뿐만 아니라 해양자원의 이용과 개발에 관한 법도 포함하는 개념이라고 한다.[14]

Law Publishers, 1984, p.1.

12) Gilmore and Black, id., p.1.

13) Schoenbaum, Yiannopoulos, op. cit., pp.1~2.

14) Schoenbaum, Yiannopoulos, p.1.

해사법이 일찍이 발달한 영미에서는 해사법(maritime law)과 해상법(the law of admiralty)과 동일한 것으로 보고 있었다.[15] 이러한 견해는 해사법과 해상법은 모두 수상물건운송 및/또는 여객운송에 관한 법과 개념을 실체로 하는 것이라고 보기 때문에, 해사공법(public law)이나 해양과 해양자원에 관한 법인 해양법(the law of the sea)과는 전혀 다른 사법(private law)의 영역으로 보는 관점에서 출발한다.[16] 이처럼 영미법계 국가에서는 해사법(maritime law)을 해상법(admiralty) 또는 해사사법에 한정하여 정의하는 것이 전통적인 개념인 반면, 해양법을 포함하는 개념은 제2차 세계대전 이후의 산물이다.[17]

'선박에 의하여 전개되는 항행활동'에 직접적으로 관련된 생활관계는 협의의 해사활동 또는 항행관계라고 말할 수 있다.[18] 선박, 선원, 항만, 해상운송, 해상교통, 해상안전, 해양환경문제, 수산업 활동, 해양레저활동 중 선박의 운항과 관련된 법은 모두 협의의 해사법의 적용대상에 속한다고 볼 수 있기 때문에 해상법은 물론 선박의 운항과 직접적으로 관련된 생활관계를 규율하는 해운행정법규, 항만행정법규 등 각종 해사공법 분야도 포함되는 개념이라고 할 수 있다.[19] 또한 선박운항과 직접적인 관련이 없는 해양개발 및 해양환경보전과 관련된 각종 법규 및 국제법 영역의 해양법(law of the sea)은 해법(sea-law) 또는 광의의 해사법으로 정의할 수 있다.[20]

또한 語源上으로 "maritime"이라는 말은 "of or pertaining to the sea" 즉 "바다의" 또는 "바다에 관한"이라는 넓은 뜻이지 꼭 海運에 관한 것이 아님을 지적한다.

15) Gilmore & Black, op. cit., p.1.

16) Thomas J. Schoenbaum, *A. N. Yiannopoulos, op. cit.,* p.1.

17) Id.*,* p.1.

18) 國土交通省海事局監修, 最新海事法規の解說(24訂版), 東京, 成山堂書店, 2004, 1쪽; 임동철, 앞의 책, 283쪽.

19) 정영석, 앞의 책, 3쪽.

20) Thomas J. Schoenbaum, A. N. Yiannopoulos가 이러한 견해를 취하고 있다(Thomas J. Schoenbaum, A. N. Yiannopoulos, op. cit., p.1). 정영석, 앞의 책, 3쪽의 넓은 의미의 해사법의 정의도 같은 견해로 볼 수 있다. 다만, 전통적인 해사법학자 중에는 선박에 의한 항행활동에 직접 관련된 생활관계를 규율하는 법으로서 해사에 관한 공법적·공법적·사회법적 법규를 모두 포함하는 법규로 선박의 항행활동과 관련된 법규로 정의하는 견해가 있다(임동철, 앞의 책, 283쪽).

〈그림 1〉 해사법의 개념도

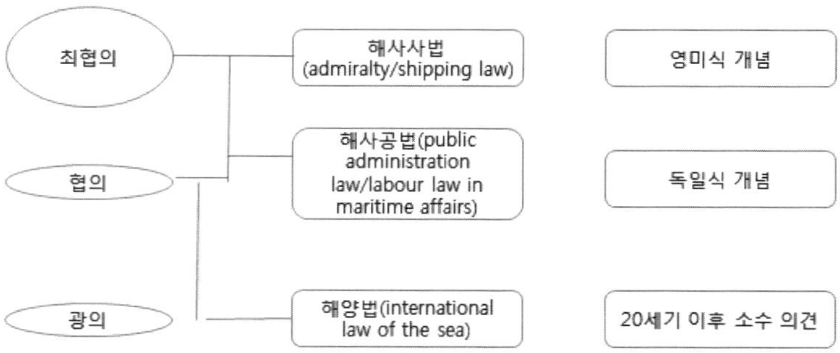

2. 해사법의 분류

가. 해사법의 학문적 분류

㈎ 해사국제법과 해사국내법

해사국제법은 해사에 관한 국가 간 또는 국가와 국제기구 간의 관계를 규율하는 법을 총칭하며, 주로 국제관습법과 조약(treaty)으로 이루어진다.

「해양법에 관한 유엔협약」(United Nations Convention on the Law of the Sea : UNCLOS), 「ILO 통합해사협약」(Maritime Labour Convention, 2006), 「국제해상충돌예방규칙협약」(International Regulations for Preventing Collisions at Sea, 1972 : COLREG), 「해상인명안전협약」(International Convention for the Safety of Life At Sea, 1974 : SOLAS), 「선박으로부터의 해양오염방지에 관한 국제협약」(International Convention for the Prevention of Pollution from Ships, 1973 and its 1978 Protocol : Marpol, 73/78), 「해상수색 및 구조에 관한 협약」(International Convention on Maritime Search and Rescue, 1979 : SAR) 등이 해사국제법에 속한다.

한편, 해사국내법은 해사에 관한 국내 법령의 모두를 총칭하는 개념이다. 즉, 「상법 제5편 해상편」, 「선박법」, 「선박안전법」, 「선원법」, 「선박직원법」, 「해사안전법」, 「해양사고의 조사 및 심판에 관한 법률」 등이 해사국내법의 영역에 속한다.

(나) 해사사법과 해사공법

해사법 중 사인(私人) 간의 수평적 거래관계를 규율하는 법을 해사사법이라 한다. 해상법, 해상보험법, 「유류오염손해배상보장법」 등이 해사사법의 영역에 속하는데, 이들 법률은 넓은 의미의 해상법에 속한다.[21]

또 해사법 중 국가 조직이나 국가 간 또는 국가와 개인 간의 관계를 규율하는 법을 해사공법이라 한다. 해사공법은 「선박법」, 「선박안전법」, 「선원법」, 「선박직원법」, 「해사안전법」, 「해양사고의 조사 및 심판에 관한 법률」, 「해양법에 관한 유엔협약」, 「ILO 통합해사협약」, 「국제해상충돌예방규칙협약」, 「해상인명안전협약」, 「선박으로부터의 해양오염방지에 관한 국제협약」, 「해상수색 및 구조에 관한 협약」 등이 있다. 해사공법은 대부분 해사행정법규와 해사노동법규 등에 해당하는 것으로 해사법규에서 다루는 영역은 해사공법 중 일부에 해당한다.

(다) 기타 분류방법

해사법을 어떻게 분류하는가 하는 것은 기준에 따라 달라지겠지만, 필자는 넓은 의미의 해사법을 해사사법과 해사공법으로 나눈다. 해사사법은 다시 해상법과 해상보험법으로 분류하고 해사공법은 해양법(law of the sea)을 포함하여 각 법령의 적용 영역을 기준으로 선박법규, 선원법규, 해상교통법규, 해양환경법규, 해양안전관리법규, 해운행정법규, 항만행정법규, 수산행정법규로 구분하고 있다.[22] 법학의 일반적인 분류나 설명과 달리 해사법에서는 항상 선박에 관한 규정이나 선박에 관한 법규를 우선 설명하거나 열거하는 경향이 있다. 이는 해사법이 애초에 선박의 항행활동과 관련된 법령에서 발달해 왔고, 실제 법의 적용에 있어서도 그 법의 적용대상 선박이 먼저 정해져야 인적 주체와 적용 영역 등이 정해지기 때문이다. 최근에는 해양영토와 관련된 법이나 해양개발 등과 관련된 해양법의 영역이 중요시되고 있기는 하지만 전통적으로는 선박을 떼어놓고 해사법을 설명할 수 없기 때문에 해사법의 전체적인 분

21) 정영석, 앞의 책, 5쪽.
22) 정영석, 앞의 책, 6~7쪽 및 <그림 1.1> 해사법의 분류 참조.

류에서도 선박법규가 우선하고 개별법규에서도 대부분 적용대상 선박을 규정하는 것에서 시작된다.

나. 업무 유형별 분류

해사법은 개별법의 적용 대상인 행정업무를 중심으로 분류할 수도 있는데, 정부 각 부처의 담당 업무가 분류 기준이 될 수 있다. 편의상 해양수산부의 세부 부서별 업무 분장에 따라 담당 법령별로 구분하면, ① 해양정책법규, ② 수산정책법규, ③ 해운물류행정법규, ④ 항만행정법규, ⑤ 해사안전행정법규 등으로 분류할 수 있을 것이다. 또 해양경찰청의 고유한 업무와 관련된 법령에 대하여는 ⑤ 해양경찰법규로 분류할 수도 있을 것이다.

㈎ 해양정책법규

해양수산부 해양정책실 소관의 각 국과에서 담당하고 있는 해양정책 업무와 관련된 법령을 해양정책법규로 분류할 수 있다.

「남극활동 및 환경보호에 관한 법률」, 「독도의 지속가능한 이용에 관한 법률」, 「마리나 항만의 조성 및 관리 등에 관한 법률」, 「무인도서의 보전 및 관리에 관한 법률」, 「배타적 경제수역에서의 외국인어업 등에 대한 주권적 권리의 행사에 관한 법률」, 「수중레저활동의 안전 및 활성화 등에 관한 법률」, 「습지보전법」, 「연안관리법」, 「크루즈산업의 육성 및 지원에 관한 법률」, 「해수욕장의 이용 및 관리에 관한 법률」, 「해양공간계획 및 관리에 관한 법률」, 「해양과학조사법」, 「해양산업클러스터의 지정 및 육성 등에 관한 특별법」, 「해양생태계의 보전 및 관리에 관한 법률」, 「해양수산과학기술 육성법」, 「해양수산발전 기본법」, 「해양심층수의 개발 및 관리에 관한 법률」, 「해양환경관리법」, 「해양환경 보전 및 활용에 관한 법률」 등을 들 수 있다.[23]

이외에도 「해양법에 관한 유엔협약」, 「영해 및 접속수역법」, 「배타적 경제수역법」 등의 국제협약 중 해양영토와 관련된 법령은 해양정책법규로 분류할

---

23) 국가법령정보센터 현행법령 소관부처별 검색 참조 : http://www.law.go.kr/LSW/lsAstSc.do?tabMenuId=tab6# (2018. 5. 28. 검색).

수 있다.[24)]

㈏ 수산정책법규

해양수산부 수산정책실 소관의 각 국과에서 담당하고 있는 수산정책업무와 관련된 법령을 수산정책법규로 분류할 수 있다.

「관상어산업의 육성 및 지원에 관한 법률」, 「국립수산과학원 시험·조사 및 분석의뢰 규칙」, 「귀농어·귀촌 활성화 및 지원에 관한 법률」, 「낚시 관리 및 육성법」, 「내수면어업법」, 「농수산물 유통 및 가격안정에 관한 법률」, 「농수산물 품질관리법」, 「농수산자조금의 조성 및 운용에 관한 법률」, 「농어업인의 안전보험 및 안전재해예방에 관한 법률」, 「농어업재해대책법」, 「농어업재해보험법」, 「농어촌정비법」, 「선박안전 조업규칙」, 「수산물 유통의 관리 및 지원에 관한 법률」, 「수산생물질병 관리법」, 「수산업법」, 「수산업·어촌 발전 기본법」, 「수산업협동조합법」, 「수산자원관리법」, 「수산종자산업육성법」, 「수산직접지불제 시행에 관한 법률」, 「어선법」, 「어선원 및 어선 재해보상보험법」, 「어업자원보호법」, 「어장관리법」, 「어촌·어항법」, 「어촌특화발전 지원 특별법」, 「연근해어업의 구조개선 및 지원에 관한 법률」, 「원양산업발전법」, 「친환경농어업 육성 및 유기식품 등의 관리·지원에 관한 법률」, 「해양수산생명자원의 확보·관리 및 이용 등에 관한 법률」 등을 들 수 있다.

㈐ 해운물류행정법규

해양수산부 해운물류국의 소관 각과에서 담당하고 있는 해운물류와 관련된 각종 행정법령을 해운물류행정법규로 분류할 수 있다.

「국제선박등록법」, 「물류정책기본법」, 「선박관리산업발전법」, 「선박법」, 「선박직원법」, 「선박투자회사법」, 「선원법」, 「선주상호보험조합법」, 「자동차 등 특정동산 저당법」, 「해양산업클러스터의 지정 및 육성 등에 관한 특별법」, 「해운법」 등을 들 수 있다.

㈑ 해사안전행정법규

해양수산부 해사안전국의 소관 각과에서 담당하고 있는 해사안전과 관련된

24) 정영석, 앞의 책, 5쪽.

각종 행정법령을 해사안전행정법규로 분류할 수 있다.

「국제항해선박 등에 대한 해적행위 피해예방에 관한 법률」, 「국제항해선박 및 항만시설의 보안에 관한 법률」, 「선박 및 해상구조물에 대한 위해행위의 처벌 등에 관한 법률」, 「선박안전법」, 「선박에서의 오염방지에 관한 규칙」, 「선박의 입항 및 출항 등에 관한 법률」, 「선박평형수 관리법」, 「유류오염손해배상 보장법」, 「항로표지법」, 「해사안전법」, 「해양사고의 조사 및 심판에 관한 법률」 등을 들 수 있다.

(마) 항만행정법규

해양수산부 항만국의 소관 각과에서 담당하고 있는 항만행정과 관련된 각종 법령을 항만행정법규로 분류할 수 있다.

「도선법」, 「마리나 항만의 조성 및 관리 등에 관한 법률」, 「신항만건설 촉진법」, 「항만법」, 「항만공사법」, 「항만운송사업법」, 「항만인력공급체제의 개편을 위한 지원특별법」 등을 들 수 있다.

〈그림 2〉 해양수산부 조직도(2018.5.26. 현재)

(바) 해양경찰행정법규

해양경찰청의 소관 각 부서에서 담당하고 있는 해양경찰행정과 관련된 각종 법령을 해양경찰행정법규로 분류할 수 있다.

「밀항단속법」, 「선박교통관제의 시행 등에 관한 규칙」, 「수상레저안전법」, 「수상에서의 수색·구조 등에 관한 법률」, 「연안사고 예방에 관한 법률」, 「자동차 등 특정동산 저당법」, 「해양경비법」 등을 들 수 있다.

Ⅲ. 현대 해사법과 해사법원의 연혁적 고찰[25)]

해사법은 세상에서 가장 오래된 법역의 하나로서 그 효시는 명확하지 않지만, 지중해 연안에서는 오늘날과 같이 수상운송이 중요했기 때문에[26)] 대부분의 학자들은 지중해 연안국가에서 시작되었다고 한다. 게다가 국가 간의 해상운송에서 발생하는 분쟁의 해결은 재판관할권과 쟁송절차에서 서로간에 공통점을 찾을 수 없었다. 이러한 요인들이 각각의 해안도시 마다 각각의 항구에서 적용할 법전과 분쟁을 해결할 특별한 법원을 필요로 하게된 요인이 되었다. 또 일부 법전은 다른 항구에서도 사용이 되었는데, 그러한 법전이 아말피해법전(the Tablets of Amalfi), 오레롱 해법전(the Rules of Oleron) 등이었다. 이들 법전에서 각 해운국가별로 통일화 되는 방향에서 일반해사법(general maritime law)으로 발달하게 되었다.[27)]

특별법원과 국제적인 법원칙으로 특징되는 해사법(maritime law)은 식민지시대에 영국을 거쳐서 미국까지 전달되었다. 이전에 이미 지중해의 해사법의 개념은 영국을 포함한 유럽의 대서양 국가와 볼틱 국가로 퍼져 나갔다. 영국 각 항구의 해사법원(the maritime courts)이 해적사건과 전리품소송(spoil

25) 이하에서는 소위 중세의 해사법이라고 하는 유럽의 지중해에서 발성한 해사법이 영국을 비롯한 유럽 각항구도시를 거쳐서 미국으로 건너가서 독자적인 재판관할권을 가지게 되기까지의 연혁을 간략히 살펴본다. 고대로부터 근세까지의 해사법의 생성과 탈전에 대한 자세한 내용은 "임동철, 앞의 책, 273~280쪽 참고.

26) Frank L. Maraist, *Admiralty in a Nutshell*, West Publishing, 1983, p.1.

27) Id., pp.1~2.

claims)에서 적절한 해결책을 찾지 못하자 해군제독(the Lord of the Admiralty)의 관할로 넘어가게 되었다. 영국 왕실은 이어서 해군 부제독 법원(vice-admiralty court)을 설치해서 미국 식민지에서의 해사분쟁(maritime disputes)에 대하 권한을 부여했다.

미국 대혁명(the Revolution) 이후 권리장전에서 의회에 항소법원(an appeal court)를 설립할 권한을 주었지만, 이들 사건에 대한 최초의 관할권은 주법원에 부여함으로써 주마다 다른 제도가 도입되어 혼란을 야기하게 되었다. 이에 미국 연방의회가 해상법과 해사문제에 대한 권한을 가지고, 특별 연방법원의 설립과 해사분쟁(maritime disputes)을 해결하기 위한 후속법률을 제정할 권한을 가지게 되었다. 이러한 법이 미국 해사법(American Admiralty)이다.[28)]

Ⅳ. 해사법원의 심판대상사건과 해사재판의 영역

1. 의 의

최근 수십 년간 우리는 특허법원, 가정법원, 행정법원, 회생법원 등을 설립한 것을 비롯하여 노동법원 등과 함께 해사법원을 전문법원으로 설립하는 것을 추진해 오고 있다. 특히 이러한 전문법원의 설립은 재판의 전문성을 높여서 신속하고 당사자가 납득할만한 정확한 재판을 지향한다고 볼 수 있다. 특히 해사법원은 해사사건에 대한 재판의 국제적 신뢰도 높임으로서 우리 해사법률시장을 국제적으로 발전시킬 수 있다는 점에서 고려해 볼만한 가치가 있다고 생각한다. 다만, 해사법원의 심판대상인 해사사건이 무엇인지에 따라 해사법의 정의는 그 범위가 달라진다고 할 수 있다. 이는 단순한 개념의 정립 문제에 그치는 것이 아니고, 재판의 전문성 확보, 적정한 사건수의 확보, 국제화의 가능성, 법률시장의 형성 등이 종합적으로 고려되어야 할 문제이다. 이하

28) Id., pp.1~3.

에서는 영국, 미국, 중국의 해사법원을 중심으로 해사법의 개념 또는 심판의 범위에 대하여 간략히 살펴보고 해사법원 설립 시 대상이 되는 해사법의 개념 또는 그 범위에 대하여도 의견을 피력하고자 한다.

2. 영국의 해사관할권과 관할 사건의 범위

"해군흑서(Black Book of the Admiralty)"에 따르면 해사고등법원(High Court of Admiralty)[29]은 에드워드 1세 치하에서 세워진 것으로 되어 있으나, 실제로는 1360년경에 에드워드 3세가 설치했던 것으로 보인다. 원래 영국 해군에서의 규율문제와 해적행위 및 포획물－해상에서 나포한 배와 물건－에 관한 사안만을 취급했으나, 1360년 전후에는 상사(商事)와 선박에 관련된 사안에 대한 민사관할권을 가졌던 것으로 보인다. 처음에는 전국을 3개 지역으로 나누어 3개의 독립된 해사법원－각각에는 그것을 관장하는 제독이 있었음－을 두었으나, 15세기 초에 1명의 제독이 관장하는 하나의 해사고등법원으로 통합되었다.

당시 이 법원은 1명의 집행관(marshal)과 기타의 관리들을 두었고, 소송절차를 따랐다. 해사법원의 관할권은 역사적으로 볼 때 바다에서 또는 어느 주(州)의 경계 내에도 속하지 않는 영국 해안에서 범해진 영국 국적의 선박과 선원이 관련된 모든 범죄와 위법행위에 적용되었다. 16세기에 그러한 형사사건에 대한 관할권은 해군 장관이나 그의 부관, 그리고 대법관에 의해 임명된 3~4명의 법관에게 부여되었다.

초기의 해사법원은 코먼 로 법원에서 사용된 소송절차와 거의 동일한 절차에 따른 것으로 보인다. 그러나 해운 및 상사사건에 대해서 동 법원이 관할권을 갖게 되고, 그에 따라 그 관할사건들도 국제적 성격을 띠게 되면서 로마의 민사법에 기초를 둔 소송절차와 유럽 대륙에서 사용된 것과 유사한 소송절차가 도입되었다. 15, 16세기에 해사법원은 점진적으로 코먼 로 법원에 속하는

29) 영국의 법원은 '고등법원－항소법원－대법원'체계로 되어 있기 때문에, 고등법원이 우리 사법제도상으로는 지방법원인 제1심법원에 해당한다; 최대권, 영미법(개정증보판), 박영사, 1998, 188쪽.

많은 상사사건과 기타 사건에 대한 관할권을 획득했다.

이것은 해사법원과 코먼 로 법원의 법관들 사이에 많은 관할분쟁을 야기했다. 당시는 코먼 로 법관들의 지위가 우세했기 때문에 해사법원은 17세기까지 상대적으로 덜 중요했다. 그러나 18세기에 대규모 해상전(海上戰)이 일어남에 따라 해사법원은 포획물 관할권을 행사할 수 있게 되었고, 18세기 말과 19세기 초에 이 법원은 전시포획심판소로서 그 국제적 중요성을 널리 인정받게 되었다.

1834년 해사법원의 관할권 내(즉 바다)에서 일어난 범죄를 재판하는 권한이 중앙형사법원(Central Criminal Court)으로 이관되었다. 그 뒤 1844년에 제정된 법률에 의해 이 권한은 다시 순회법관에게 넘어갔다. 그 이후로 해사법원은 주로 해운·충돌·해난구조(海難救助) 등에 관한 해사사건을 취급했다.

이러한 부분에 있어서 법원의 관할권은 19세기 중반에 통과된 2개의 수권제정법(授權制定法)에 의해 크게 확대되었다. 이들 제정법이 집행되었던 방식, 법원의 보호 아래 활동하는 해사보좌인(nautical assessor)이 제공한 도움, 선박(특히 증기선)의 엄청난 증가, 충돌과 해난구조 및 화물에 대한 피해사건의 증가와 중대성 등으로 인하여, 이 법원은 영국에서 매우 중요한 법원이 되었다. 1873년, 1875년의 법원법(Judicature Act)에 의하여, 해사고등법원은 영국의 다른 주요법원들과 함께 고등법원(High Court of Justice)에 통합되었다.

고등법원은 1심 관할권 및 상소관할권을 갖는 3개 재판부로 구성되는데, 토지 및 부동산 사건은 'Chancery Division', 상사사건과 해사사건은 'Queen's Bench Division', 가사사건은 'Family Division'에서 다룬다. 이와 같이 현재는 해사법원은 폐지되고 고등법원 상사부(Queen's Bench Division)에서 다루고 있다.[30] 다만, 상사부에는 해사법정(admiralty court)과 상사법정(commercial court)이 설치되어 해사법정에서 해사사건을 다룬다.[31]

고등법원 상사부의 관할 사건의 종류는 ① 선박점유권, 선박손해, 운송물 손해분쟁 등, ② 「상선법」(Merchant Shipping Act)에 따른 배상청구, ③ 대물청구사건, 선박충돌사건, 책임제한사건, 해난구조 등, ④ 상거래 문서 또는 계약,

30) 이상, 정영석, "해사법원 설립 필요성과 부산유치전략", 부산시청 해사법원 유치 세미나, 5쪽.
31) 서희원, 영미법강의(개정판), 박영사, 2002, 135쪽.

물건수출입 사건, 보험 및 재보험 분쟁, 은행과 금융서비스, 물품매매 분쟁 등으로서,[32] 해사사건으로 볼 수 있는 것은 그 성질이 상사사건이고 해사소송은 민사소송의 일종이다.

2. 미국의 해사관할권과 관할 사건의 범위

미국의 민사사건은 주법원에서 1심 재판을 하는 것이 원칙이나 해사사건에 대하여는 원칙적으로 연방법원이 제1심 관할권을 행사하도록 「연방 헌법」 제3조에서 규정하고 있다.[33] 전문법원은 아니지만 제1심을 연방법원에서 재판한다는 점에서 해사사건을 일반 민사사건과는 달리 취급하고 있기 때문에 해사사건의 범위가 문제된다. 미국에서는 개별사안별로 판단하여 해사성(maritime)을 인정할 경우에는 연방법원에서 관할권을 가지도록 하는데, ① 선박과의 관련성, ② 가항수로(navigable waters)에서의 사건, ③ 해사성(maritime flavor) 등을 기준으로 해사사건인지의 여부를 판단한다.[34] 「민사소송법」상으로는 해사계약(maritime contract), 해사불법행위(maritime tort), 해상 근로자 배상소송(worker compensation claims), 해산(property)에 대하여 해사재판관할권(jurisdiction)이 있는 것으로 본다.[35] 이들은 모두 민사사건에 해당한다.

3. 중국의 해사법원과 관할 사건의 범위

중국의 사법제도는 '인민법원－중급인민법원－고급인민법원－최고인민법원'의 4급 법원체계에 2심제로 운영되고 있다. 「민사소송법」의 특별법인 「해사소송특별절차법」[36]에 의하여 해사소송제도를 갖추고 있고 주요 항구도시

32) 부산발전연구원, "해사전문법원 설립 및 유치방안", 해사전문법원 설립 워크샵, 2017. 5. 11, 14쪽.
33) The United States Constitution Article Ⅲ(the judiciary article), a clause extending the judiciary power of the federal sovereign to "all cases of admiralty and maritime jurisdiction." ; Frank L. Maraist, op. cit., p.3.
34) Id., pp.16~26.
35) Id., pp.27~47.
36) 1999년 12월 25일 제9기 전국인민대표대회상무위원회 제13차 회의에서 통과된 이 법의 원 명칭

11곳에 11개의 해사법원을 설치하여 각 해사법원에서 해사사건의 제1심 소송을 진행하고, 이에 불복할 경우에는 고급인민법원에 항소할 수 있다(해사소송특별절차법 제5조).[37] 즉, 해사법원은 중급인민법원에 해당하는데,[38] 미국에서 해사사건의 1심을 연방항소법원에 제기하는 것과 유사한 형태로 보인다. 해사법원은 해사사건에 대한 배타적 관할권을 행사한다.

〈그림 3〉 중국 법원 조직도와 해사법원의 특징[39]

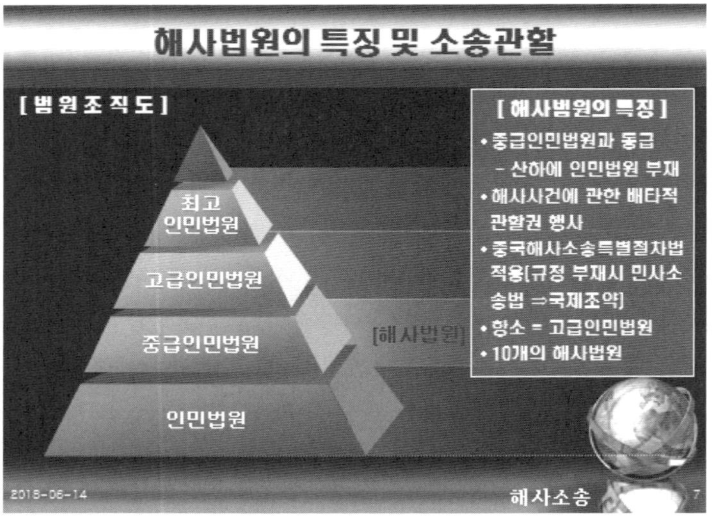

해사법원의 관할사건은 해상계약분쟁, 해사불법행위 분쟁, 법률로 정한 기타 해사분쟁을 대상으로 한다. 해사법원의 토지관할사건으로는 불법행위, 해상계약, 용선계약, 해상보험계약, 해상노무계약. 해사담보, 선박저당, 선박소유권·점유권·사용권·우선특권과 관련된 사건이 있다. 또 전속관할사건으로는 연해항구에서의 작업분쟁, 해양오염, 해양탐사개발계약과 관련된 사건이 있

은 「中華人民共和國 海事訴訟特別程序法」이다. 중국에서는 "절차"를 "程序"라고 한다. 이하에서는 한국식 법률 용어인 "「해사소송특별절차법」" 또는 줄여서 「해소법」으로 부르기로 한다.

37) 정영석 외 3인, 중국 해상법 및 해사소송제도 연구, 한국해운조합 연구용역 최종보고서, 2009, 36쪽.

38) 정영석, "중국의 해사소송제도와 해사법원 설립의 시사점", 부산판례연구회 송년발표회, 2016.12., 6쪽.

39) 정영석, 위의 "중국의 해사소송제도와 해사법원 설립의 시사점", 7쪽.

다. 또 선박 또는 적하의 강제집행(청구보전) 사건을 관할한다.

이러한 사건은 <표 1>에서 보는 것과 같이 22가지의 해사채권으로 구분될 수 있는데, 모두 민사사건에 해당한다.[40]

〈표 1〉「해사소송특별절차법」상 해사법원의 관할 채권의 종류[41]

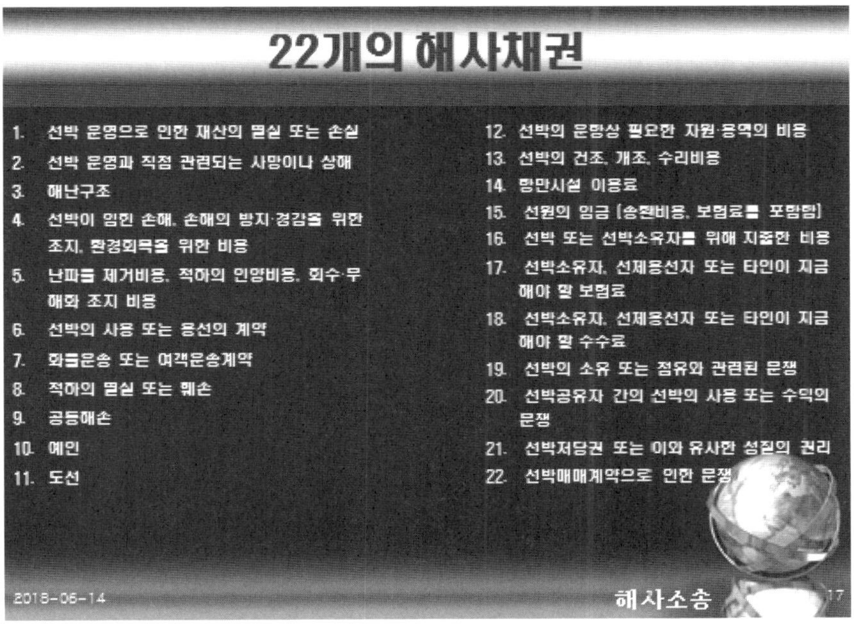

4. 해사사건의 범위와 해사법의 개념

비록 해사법의 기원을 중세의 지중해 연안 국가의 항구도시의 해사법원 판례에서 찾고 있지만, 근대적 의미에서 해사법원은 영국의 해군제독 법원(Court of the Lord of Admiralty)에서 출발한 것이다. 그러나 이미 고찰한 바와 같이 「1875년 법원법」에 의하여 해사법원이 폐지되고 고등법원(제1심 민사법원)의 상사부(Queen's Bench Division)로 편입되었는데, 「1970년 집행법에 관

40) 중국 해사법원의 사건수리범위(해사사건의 범위)에 대하여는 정영석 외 3인, 위의 연구보고서, 31~33쪽 참조.

41) 정영석, 위의 "중국의 해사소송제도와 해사법원 설립의 시사점", 17쪽.

한 개정법률」(Administration of Justice Act, 1970)에 의하여 상사부의 해사법정 (admiralty court)에서 해사사건이 다루어지고 있다.[42]

또 미국은 「연방 헌법」에 의하여 해사사건(admiralty cases)의 제1심을 연방법원의 관할에 두도록 함으로써 해사사건을 일반 민사사건과 구분하여 재판하도록 하고 있다.

결국 영국과 미국은 독립된 해사법원은 설치하고 있지 않지만, 해사사건을 민사사건의 일부로 분류하고 있으며, 각각 고등법원의 해사법정이나 연방법원에 관할권을 두도록 함으로써 사실상 일반 민사사건과는 구분하여 독립된 재판부에서 심판하는 것으로 볼 수 있다.

또 중국은 미국의 해사사건을 분류하는 기준인 선박관련성, 가항수로에서의 사건, 해사성을 반영한 해사계약사건, 해사불법행위사건, 기타 해사사건 등과 해사청구보전 등에 대하여 22가지의 채권에 대하여 10개의 독립된 해사법원에서 관할하도록 하고 있다. 중국의 해사법원은 중급인민법원급에 해당하지만 2심제 중 제1심 법원에 해당하기 때문에 해사법원의 관할사건은 1심 사건이라는 점도 참고할 만하다.

중국의 해사사건 역시 민사사건에 해당한다. 최근에는 해사법원에서 행정사건이나 형사사건도 심판을 하지만 이는 기존의 해사사건이 법원을 유지하기에 부족하기 때문에 심판대상을 확대한 것으로 해사법원의 전문관할사건의 범위가 확대된 것으로는 볼 수 없다.

우리나라에 해사법원을 설립한다면 다음과 같은 문제를 먼저 고려해야 할 것이다.

첫째, 해사법원의 심판대상이 되는 해사사건은 무엇이며, 해사법은 무엇인가가 먼저 정의되어야 할 것이다. 이에 대하여는 ① 해사법원의 심판대상, 즉 해사사건을 바다와 관련된 민사, 형사, 행정사건을 포괄하는 개념으로 매우 넓게 보는 견해, ② 민사사건과 행정사건을 포괄하는 개념으로 보는 견해와 ③ 민사사건에 한정하여 기존의 영국, 미국, 중국 등의 해사재판과 같은 범위를 주장하는 견해로 나누어 볼 수 있다.

42) 서희원, 앞의 책, 135쪽.

둘째, 해사법원을 독립된 전문법원으로 설립할 만큼 전문성이 있는가, 즉 전문성이 확보되는 범위에서 해사사건과 해사법의 정의가 이루어져야 할 것이다. 이때 해사사건과 해사법의 개념을 민사사건에 한정할 경우에는 이미 영국, 미국, 중국 등의 해사소송에서 검증된 바와 같이 전문성의 인정에는 별 문제가 없어 보인다. 그러나 그 대상을 형사사건이나 행정사건으로 확대할 경우에는 과연 전문성을 인정할 수 있을 것인가가 그 내용면에서나 형식적인 면에서 담보되기 어렵다고 본다. 예컨대 대법원이 운영하는 "대한민국 법원 종합법률정보" 사이트에서 2018년 6월 15일 "용선"이라는 단어로 판례를 검색하면 민사 143건, 형사 21건, 세무 17건, 일반 행정 7건이 검색된다.[43] 여기서 형사사건 21건을 살펴보면, 특정경제범죄가중처벌 등에 관한 법률위반, 조세범처벌법위반, 업무상횡령, 업무상배임, 사문서위조, 위조사문서행사, 자격모용사문서작성, 배임증재, 증권거래법위반, 살인, 업무상일반교통방해 등의 범죄행위에 대한 재판이 이루어진 것으로 용선계약의 내용을 분석해야할 만큼의 해사사건으로서의 전문성을 인정하기는 어렵다. 행정사건의 경우에도 대부분 행정처분의 취소 또는 변경을 요구하는 사건으로 용선된 선박을 사용했다는 점 외에는 해사사건으로서의 전문분야에 해당한다고 보기는 어렵다.

셋째, 충분한 사건은 확보가 가능한가, 아니면 당장의 사건이 부족하더라도 해사법원을 전문법원으로 설립할 만한 충분한 이유와 성장가능성이 있는 가 등에 대한 검토가 이루어져야 할 것이다. 민사사건을 기준으로 통상 해사사건이라고 할 수 있는 사건은 용선, 선하증권, 신용장, 선박, 해상보험 등을 주제어로 검색할 수 있는데, "대한민국 법원 종합법률정보" 사이트에서 2018년 6월 15일 자로 이들 단어로 검색하면 <표 2>와 같은 결과가 나온다. <표 2>의 자료는 1954년부터 2017년까지의 판례가 검색된 결과인데, 위에서 언급한 주제어로 검색한 결과 총 2,381건의 판례가 검색되었는데, 이 중 민사사건이 1,568건, 형사사건이 303건, 세무를 포함한 행정사건이 452건이다. 물론 각각의 사건 중 중복 집계된 사건도 상당부분 있을 것으로 보인다. 지난 63년간 1,568건 발생한 민사사건으로는 독립된 법원을 설립하기에 충분한 사건을 확

43) http://glaw.scourt.go.kr/wsjo/panre/sjo060.do?prevUrl=interSrch&tabId=0&q=%EC%9A%A9%EC%84%A0#1529029540971 (2018. 6. 15. 11시 검색).

보하고 있다고 보기는 어렵지만, 그렇다고 303건에 불과한 형사사건이나 452건에 불과한 행정사건이 더해진다고 해도 해사법원의 설립에 도움이 될 만한 유의미한 수치에는 미치지 못한다.

이러한 점을 고려한다면, 해사법원의 설립은 해사법원을 매체로 한 해사법률시장의 활성화와 해운지식경제산업의 활성화 등을 목적으로 한 정책적 고려에 의해서 설립이 가능한 것이다. 이때의 해사법은 역시 전통적인 '해상법'(admiralty)을 중심으로 한 매우 좁은 의미에서의 해사법으로 정의되는 것이 타당하다고 본다.

〈표 2〉 우리나라 해사사건 추계

1954. 1. 1.~2017. 12. 31

	용선	선하증권	신용장	선박	해상보험	소계
민사	143	273	320	656	176	1,568
형사	21	21	51	264	4	303
세무	17	16	73	185	3	294
일반행정	7	1	7	135	8	158
소계	188	311	451	1,240	191	2,381

V. 맺음말

1980년도에 한국해양대학교에 해사법학과가 설립되면서 우리나라에 해사법이라는 법학의 한 영역이 본격적으로 연구되기 시작하였다. 최근에는 해사법원의 설립이 논의되면서 해사법원이 다루어야 할 해사사건은 무엇이며 이때 해사사건에 적용될 해사법은 어떤 법을 말하는 것인지에 대한 논의가 이루어지고 있다. 다만, 학문적인 의미에서 개념을 정의한다기 보다는 다분히 독립된 전문법원으로서 해사법원을 설립하기에 사건수가 절대적으로 부족하다고 인식되면서 사건수를 적정수준으로 늘리기 위하여 여러 가지 방법으로 해사법의 정의를 확대하는 방향에서 논의가 이루어 지고 있는 듯하다.

해사법의 개념은 주로 영국, 미국의 해사소송에서 다루어지는 법의 영역에 따라서 대체로 'admiralty'를 의미한다는 점에는 연혁적으로 나 해사소송제도상 어느 정도 확립된 정의가 내려진 상태라고 본다. 다만 학문적으로는 해상노동법을 포함한 경제법과 행정법의 영역도 선박에 의한 항행활동과 관련된 법의 영역은 해사법으로 본다는 점에서는 대체로 큰 이의를 찾기 어렵다. 다만, 전문법원으로서 해사법원이 설립된다면 기존의 법원과는 다른 전문성을 근거로 해야 하는데, 이러한 면에서 해사법이 적용되는 사건이라그 하더라도 행정사건의 경우에는 그 내용이 행정처분의 취소나 무효, 변경을 다투는 사건이기 때문에 해사사건으로서의 전문성과는 상당한 차이가 있어 보인다. 또 최근 논의되는 형사사건의 경우도 해상에서 발생한 사건이라는 점을 제외하고는 전혀 독립된 법원에서 다루어야 할 전문성이나 특수성을 인정하기는 어려워 보인다. 그렇다고 사건수가 획기적으로 늘어나서 해사법원 나에 민사부, 형사부, 행정부를 별도로 설치할 정도가 되는 것도 아니기 때문에 오히려 하나의 심판부에서 민사, 형사, 행정사건을 모두 다루게 됨으로서 전문성에 역행하는 결과를 초래할 가능성이 더 높아 보인다.

반면, 해상법으로 대표되는 전통적인 해사사건 또는 가장 좁은 의미의 해사법은 영국, 미국, 중국 등에서 이미 검증된 해사소송의 대상이 된다고 할 수 있다. 또 이러한 영역의 해사법은 국제성과 특수성에 의하여 소송의 영역뿐아니라, 법률 컨설팅, 해사중재 등의 산업을 형성할 수 있는 분야로서 해사법원 설립의 정책적 이유를 제공해 준다고 볼 수 있다.

참고문헌

부산발전연구원, “해사전문법원 설립 및 유치방안”, 해사전문법원 설립 워크샵, 2017.5.11.

서희원, 영미법강의(개정판), 박영사, 2002.

임동철, 해상법·국제운송법연구, 진성사, 1990.

정영석, “중국의 해사소송제도와 해사법원 설립의 시사점”, 부산판례연구회 송년발표회, 2016.12.

정영석, “해사법원 설립 필요성과 부산유치전략”, 부산시청 해사법원 유치 세미나.

정영석, 해사법규강의(제6판), 텍스트북스, 2016.

정영석외 3인, 중국 해상법 및 해사소송제도 연구, 한국해운조합 연구용역 최종보고서, 2009.

최대권, 영미법(개정증보판), 박영사, 1998.

國土交通省海事局監修, 最新海事法規の解說(24訂版), 東京, 成山堂書店, 2004.

Frank L. Maraist, *Admiralty in a Nutshell*, West Publishing, 1983.

Gilmore and Black, *The Law of Admiralty*, New York, The Foundation Press Inc., 1975.

Jowitt's *Dictionary of English Law*(Vol. 2), London, Sweet & Maxwell Limited, 1977.

Schaps－Abraham, *Das Seerecht in der Bundesrepublic Deutschland, Kommentar und Materialsamlung*, vierte, vollig, neu Auflage, Berlin, 1978.

Schoenbaum, Yiannopoulos, *Admiralty and Maritime Law*, Charlottesville, The Michie Company Law Publishers, 1984.

http://glaw.scourt.go.kr/wsjo/panre/sjo060.do?prevUrl＝interSrch&tabId＝0&q＝%EC%9A%A9%EC%84%A0#1529029540971 (2018. 6. 15. 11시 검색).

http://www.law.go.kr/LSW/lsAstSc.do?tabMenuId＝tab6# (2018. 5. 28. 검색).

항만위험물 안전운송 및 취급에 관한 IMO 권고 규정의 검토 및 국내법규의 문제점에 대한 연구*

지 상 규

Ⅰ. 머리말

우리나라의 산업 경제발전은 박정희 시대의 1962~1981년까지 추진되었던 경제개발 5개년 계획을 시작으로, 1996년 7차까지 진행되었으며, 경제개발 제3차 계획부터 진행된 중화학 공업 육성 정책에 따라 정유, 화학 및 석유사업이 급속도로 발전하였다. 아울러 석유화학공업에 필요한 원료인 위험물과 화학물질의 수입량 또한 산업의 발전과 괘를 같이 하여 진행되었다. 즉 석유화학산업은 자동차·조선·에너지·조립 등의 핵심 기간산업의 중요한 핵심소재를 공급하기 때문이다. 따라서 석유화학산업의 발전은 곧바로 원재료의 수입 및 화학제품의 수출의 확대를 가져오게 되었고 항만[1]의 위험물 물동량과 처리량은 지속적으로 증가하고 있다. 국내의 위험물컨테이너 물동량을 살펴보면, 2014년 560,560TEU, 2015년 589,220TEU로 5% 증가 하였으나, 2016년에 562,298TEU로 9%감소하였고, 2017년은 다시 652,611TEU로 16%증가하였다. 그리고 2018년은 730,999TEU로 전년대비 12% 증가함으로써 5년간 2016년을 제외하고는 매년 6% 정도의 증가세를 보이고 있다. 특히 위험물컨테이너 물동

* 본 논문은 법학연구 제20권 제3호에 발표된 자료를 일부 수정한 것이다.

1) 항만이란 해상과 육상운송의 중간 지점으로서의 지정학적 위치를 갖고 있으며, 공간적으로 해상운송수단인 선박과 육지의 연결을 용이하게 하는 설비를 갖춘 곳을 의미한다. 따라서 항만은 화물의 선적과 양륙을 수행하는 기능을 하고 있으며, 아울러 화물을 저장, 보관 및 장치하는 장소이다(윤창술, "항만내 위험물관리의 안전도 제고를 위한 법적 대응방안", 「법학연구」, 20권 2호, 경상대학교 법학연구소, 2012).

량의 대부분을 차지하고 있는 부산항의 경우는 2014년 481,157TEU, 2015년 504,203TEU로 물동량이 증가 하였으나, 2016년에 471,521TEU로 감소하였고, 2017년은 570,330TEU로 증가하였다. 2018년도 647,452TEU로 증가하였다.

〈표 1〉 우리나라 수출·입 위험물컨테이너 물동량 현황

(단위: TEU)

	2014		2015		2016		2017		2018	
	수 입	수 출	수 입	수 출	수 입	수 출	수 입	수출	수 입	수 출
합 계	275,703	284,857	290,015	299,205	269,769	292,529	308,399	344,212	345,400	385,599
부산항	246,299	234,858	260,644	243,559	239,222	232,299	279,525	290,805	315,219	332,233
인천항	12,401	31,690	12,766	10,744	13,455	11,105	14,960	12,160	15,408	8,742
여수항	11,576	9,020	10,721	35,586	10,974	39,242	7,203	31,675	8,558	35,626
울산항	3,760	7,664	4,422	7,713	4,458	8,457	5,254	8,056	4,785	7,486
평택항	372	3	1,268	1,602	1,358	1,424	1,430	1,512	1,430	1,512
포항항	1,295	1,622	194	1	302	2	27	4	0	0

출처: 2020년 해양수산부 보도자료 참조.

이렇듯 2014년부터 2018년까지 2016년을 제외하고는 꾸준히 위험물컨테이너의 물동량이 지속적으로 증가하고 있는 추세에 있다.[2] 그러나 이러한 위험물컨테이너의 증가는 위험물의 보관, 운송 및 하역 등의 과정에서 누출이나 화재 또는 폭발 등의 위험 가능성을 증가시키고 있다. 이러한 위험물 사고는 위험물의 제조, 취급, 운송 및 보관 중에 발생 할 확률이 높다. 또한 위험물의 이동과는 관계없이 위험물의 특성에 의해 온도, 습도 및 산소 함유량의 영향에 의해 자체적인 화학반응에 따라 화재 또는 폭파 등의 사고가 빈번하다. 이러한 위험물 사고로 인한 화재, 폭발, 유출 등의 1차적 피해뿐 만 아니라 2차적인 재산, 인명 패해 등의 간접적 피해 또한 막대하다. 가장 최근의 예로서 2015년 8월에 발생한 중국 텐진항 폭발사고[3]는 컨테이너 보관업체의 허술한

2) 매일경제 디지털 뉴스국, "한국, 세계 경제 규모 12위 유지. 1인당 국민소득 세계 30위권", 매일경제 디지털 뉴스국, 2019. 7. 7.

3) 윤동하·김선구·최용석, "항만 위험물 리스크 관리를 위한 요인평가에 관한 연구", 「해운물류연

관리와 소방관들의 위험물 인식 부족으로 일어났으며, 소방관 포함 165명이 사고로 인하여 사망하였고, 8명이 실종되었다. 또한 793명이 부상, 폭발로 건물 7동 및 자동차 8천여 대가 전소되었으며, 700여 명이 직접피해를 입었고, 인근 1만 7천여 가구가 간접피해를 보았다. 이는 중국정부와 기업의 위험물관리 미숙 및 잘못된 대응으로 전례가 없는 항만에서의 대형사고로 기록되어 있다. 이러한 텐진항의 폭발사고에도 불구하고, 우리나라는 항만에서 위험물의 관리, 저장 및 취급에 관한 법률의 미비 및 주관부처 등의 혼재 등으로 안전사고의 예방에 대한 혼란이 발생할 여지가 있으며, 위험물 취급시설의 노후화와 터미널 공간의 부족으로 인한 위험물 컨테이너 저장 시설의 부족 등이 문제로 지적되고 있다. 또한 위험물 취급관리자의 교육 및 자격기준의 문제, CIP 검사의 부족 등의 문제점을 들 수 있다. 그러나 본 논문에서는 항만위험물의 저장 및 처리에 관한 사항을 중심으로 위험물 관련 국제협약 및 국내법의 주요 내용과 국제해사기구(이하 IMO)의 "항만내 위험물의 안전운송 및 취급에 관한 권고(MSC/Circ. 1216)"규정의 주요 내용을 위주로 하여 2016년 해양수산부가 제안한 "항만 내 위험물 컨테이너 하역 및 적재 매뉴얼"의 내용과 차이점, 그리고 국내 항만위험물 관리에 관한 법률들의 문제점과 그 해결을 위한 방안을 제시하고자 한다.

Ⅱ. 국내·외 위험물 관리 법률 현황

1. 국내위험물 관련 법률

국내위험물에 대한 관련 법률은 해당부처가 각각 분리되어 있으며, 위험물의 종류와 범위 등이 상이하게 관리되고 있다. 행정안전부는 위험물안전관리법의 관리주체로서 위험물의 관리 종류를 규정하고 있으며, 환경부는 화학물

구」, 34권 4호, 한국해운물류학회, 2018, 589면.

질관리법, 해양수산부는 위험물 선박 운송 및 저장규칙, 선박의 입항 및 출항 등에 관한 법률 및 선박안전법 등을 통해 위험물의 운송과 저장에 관한 내용을 관리하고 있으며, 고용노동부는 산업안전보건법을 통해 근로자 중심의 위험물 관리에 관한 규정을 관리하고 있다. 그러나 상기 국내위험물 관련 법률들은 위험물의 저장 및 보관 그리고 운송 관련 규정에 있어 위험물의 분류 기준과 정의 등이 상이하게 규정되어 있다. 이러한 위험물 분류의 기준이 법률의 규정마다 차이가 있음으로 인해 위험물의 저장, 보관 및 운송에 관련된 종사자들에게 업무의 혼란을 줄 우려가 있다.

〈표 2〉 위험물 관련법률의 위험물분류체계

IMDE Code	위험물안전관리법	산업안전보건법	기타 관련법
화약류	제5류 자기반응성물질	폭발성물질	총포·도검·화약류 단속법
가연성가스 비가연성가스 독성가스		가연성가스	고압가스안전관리법
인화성액체	제4류 인화성액체	인화성물질	
가연성고체 자연발화성물질 금수성물질	제2류 가연성고체 제3류 자연발화성물질 금수성물질	발화성물질 –가연성고체 –자연발화성 금수성물질	
산화성물질 유기과산화물	제1류 산화성고체 제6류 산화성액체	산화성물질	
독성물질 병원물질		독성물질	유해화학물질관리법
방사성물질			원자력관리법
부식성물질		부식성물질	
기타 위험물 및 환경유해물질		유기용제 특정화학물질	

(1) 위험물안전관리법

위험물안전관리법은 위험물의 저장, 취급, 운반 및 안전관리에 관한 사항을 규정하고 있다. 따라서 동법의 제정 목적은 위험물로 인한 사고방지 및 공공의 안전성 확보이다. 위험물이 무엇인가와 관련하여 동법은 인화성 또는 발화성 등의 성질을 가지는 것이라고 정의하고 있으며, 위험물의 분류를 물리적·화학적 성질에 따라 구분하고 있는데, 제1류에서 제6류까지로 분류한다. 제1류는 산화성고체,[4] 제2류는 가연성고체,[5] 제3류는 자연발화성물질[6] 및 금수성물질,[7] 제4류는 인화성액체,[8] 제5류는 자기반응성물질,[9] 제6류는 산화성액체[10]로 분류하고 있다. 또한 위험물 저장시설의 설치와 관련한 규정을 두고 있는데, 대통령이 정하는 바에 따라 그 설치장소는 특별시장, 광역시장, 시도지사의 허가를 요하고 있다. 항만위험물의 저장과 관련된 규정은 아래에서 자세히 살펴보도록 하겠다.

(2) 화학물질관리법

화학물질관리법은 화학물질에 의한 국민의 건강 및 환경의 위해로부터 이를 예방하고 화학물질을 적절하게 관리하는데 목적이 있다. 또한 화학물질로부터 발생하는 사고에 신속히 대응하게 함으로써 국민의 생명과 재산 및 환경

---

4) 고체 또는 기체로서 산화력의 잠재적인 위험성 또는 충격에 대한 민감성을 판단하기 위하여 소방청장이 정하여 고시하는 시험에서 고시로 정하는 성질과 상태를 나타내는 것을 말한다.
5) 연소할 수 있는 고체와 마찰에 의하여 화재를 일으킬 수 있는 고체를 말한다.
6) 운송 중 통상적인 상태에서 자연발열하거나 공기와의 접촉으로 발열하거나 또는 화재를 일으킬 수 있는 액체 또는 고체로서 자연발화성 물질과 자체발열성 물질이 있다.
7) 물과의 접촉으로 인하여 자연적으로 인화성이 되거나 위험한 양의 인화성 가스를 발산하기 쉬운 액체 또는 고체물질을 의미한다.
8) 인화성을 갖는 액체로서 상온에서 액체의 유동성을 갖고 있으며, 인화성액체의 위험성은 인화점에 의해 구분되며, 인화점이 상온 이하인 물질은 상온에서 항상 발화원에 의해 인화의 위험성을 갖고 있다.
9) 산소가 관여되지 아니하여도 강한 발열분해를 일으킬 수 있는 열적으로 불완전한 물질을 의미한다.
10) 물질 자체가 반드시 연소하지는 아니할지라도 일반적으로 산소 발생에 의하여 다른 물질의 연소를 유발하거나 또는 연소를 돕는 조연성 물질로 산소를 방출하여 연소성 물질의 화재에 대한 위험을 증가시키는 물질을 말한다.

을 보호하는 것을 제정 목적으로 한다. 동법은 화학물질의 유해성에 따라 유독물, 관찰물질, 취급제한·금지물질 및 사고대비물질로 분류하고 있으며, 주요 내용으로 ① 화학물질에 대한 통계조사 및 정보체계구축, 유해화학물질 취급 및 설치 운영기준 구체화 등의 안전관리 강화 ② 화학사고 장외영향평가제도 ③ 사고대비물질 관리 강화, 화학사고 발생시 즉시 신고의무 부여 등 화학사고 대비 대응으로 구성되어 있다. 또한 유해성이 있는 물질로서 대통령령이 정하는 기준에 따라 환경부장관이 고시하는 물질을 유독물로 정의하고 있으며, 취급제한물질은 위해성이 클 것으로 인정되는 화학물질을 의미하며, 그 용도로의 제조, 수입, 판매, 보관·저장, 운반 또는 사용을 금지하기 위하여 환경부장관이 관계 중앙행정기관의 장과의 협의와 화학물질의 등록 및 평가 등에 관한 법률 제7조에 따른 화학물질평가위원회의 심의를 거쳐 고시한 것으로 정하고 있다. 사고대비물질은 여러 화학물질 중에서도 급성독성·폭발성 등이 매우 강하므로, 화학물질사고 발생 가능성이 매우 높거나 그 피해 규모가 클 것으로 우려되는 화학물질을 말하다. 따라서 화학사고 대비가 필요하다고 인정하여 동법 제39조에 따라 환경부장관이 지정·고시한 화학물질이다. 그러나 화학물질관리법의 위험물의 분류는 위에서 살펴본 위험물안전법의 분류기준과는 상이하다.

(3) 산업안전보건법

산업안전보건법은 그 제정 목적이 산업안전·보건에 관한 기준을 확립하는 것이며, 그 책임의 소재를 명확하게 함으로써 산업재해 예방 및 쾌적한 작업환경의 조성에 있다. 그러함으로써 근로자의 안전과 보건을 유지·증진을 위해 1981년에 제정되었다. 이 법은 산업안전보건의 기본법이라고 할 수 있는 법률이다. 그러나 동법은 위에서 살펴본 위험물안전관리법 및 화학물질관리법상의 위험물 정의 기준과는 다르게 산업현장에서 근로자의 보건 상 특히 유해하다고 인정되는 물질을 유해 또는 위험한 물질로서 규정하고 있다. 또한 유해물질의 분류로서 폭발성물질, 발화성물질, 산화성물질, 인화성액체, 가연성가스, 부식성물질, 독성물질로 분류하고 있다.

(4) 위험물 선박운송 및 저장규칙

위험물 선박운송 및 저장규칙은 선박으로부터 운반되거나 저장하는 위험물, 그리고 위험물 취급자에 대한 위험물 안전운송 교육과 상용위험물의 취급에 관한 사항을 규정하고 있다. IMO의 국제해상위험물규칙(이하 IMDG Code[11]) 의 관련 규정을 국내법으로 계수하였다. 따라서 본 규정은 IMDG Code의 위험물 분류기준, 표시 및 표찰 그리고 선박에서의 위험물 적재 및 격리방법 등에 관한 사항을 규정하고 있다. 아울러 위험물질 별 검사 및 점검 제도에 관한 내용으로서 적재검사, 컨테이너 수납검사, 용기 및 포장검사, 위험물검사 대행기관에 관한 사항, 그리고 검사원인가기준 및 IMDG Code상의 포장위험물을 수납한 컨테이너 및 용기 적합 여부를 점검할 수 있도록 규정하고 있다. 특히 위험물컨테이너 점검과 관련한 규정에서 해수부장관은 외국으로부터 수입되는 위험물의 수납 컨테이너, 포장용기, 화물고박의 상태 그리고 위험믈표장의 표시와 표찰의 적합성에 관한 사항은 IMDG Code의 내용을 그대로 수용하여 이를 규정하고 있으며, CIP(Container Inspection Program) 검사항목을 명시하고 있다.

2. 국제위험물 관련 규정

(1) 국제위험물 분류 체계[12]

국제적으로 위험물 분류와 관련된 주요 규정은 첫째 "위험물운송 국제규정(이하 UN RTDG (United Nations Recommendations on the Transport of Dangerous Goods))"이 있으며, 두 번째 "화학물질분류 및 표시에 관한 국제규정(이하 GHS (Gloally Harmonized System of Classification and Labelling of

11) IMDG Code는 2002년 5월 IMO의 75차 회의에서 IMDG Code 31차 개정판의 발행과 동시에 강제[화를 결정하고, 2004년 1월 발효가 되었다. 그리고 2년마다 개정이 되고 있으며, 국내 규정도 이에 따라 개정되고 있다.

12) 최나영환, 박상원, 신수용 김우선, "항만 위험물 컨테이너 공급사슬 관리방안 연구", 한국해양수산개발원 연구보고서, 2018, 18~19면 참조.

Chemicals))"이 있다. UN RTDG의 위험물 분류체계를 살펴보면 총 9종으로 분류하고 있는데, 폭발성 물질, 가스류, 인화성 액체류, 가연성 물질류, 산화성 물질류, 독성 물질 및 감염성 물질, 방사성 물질, 부식성 물질, 기타 위험물질 및 제품으로 분류하고 있다. 이는 IMDG Code에 의한 포장위험물의 분류체계와 유사하다. GHS는 물리적 위험성, 건강유해성, 환경유해성 3가지로 분류하고 있다. 이중 물리적 위험성은 17종, 건강·환경유해성은 12종으로 세부 분류하고 있다.

1956년 UN 경제사회이사회의 위험물운송전문가 위원회(UNCOE)[13]에서 포장 위험물에 대한 유엔권고(UN Recommendation)를 제정하였다. 이는 유엔경제사 회이사회(ECOSOC)는 위험물 운송을 통제하는 국제규칙이 각 운송수단별, 지역별, 국가별로 통합되지 못하는 상황을 인식함에 따라 1956년 위험물 운송에 관한 유엔권고를 통해 선박, 항공, 도로 ,철도 등 운송수단에 적용 가능한 기준 안을 제정하게 된 것이다. 유엔권고 이후 국제해사기구(IMO), 국제민간항공기구(ICAO), 유럽경제위원회 (UNEC), 국제철도운송기구(OCTI) 등이 운송수단별 위험물 운송기준을 제정하게 되었으며 운송수단별로는 선박은 국제해상위험물규칙(IMDG Code), 항공은 위험물항공운송기술지침(TI), 철도는 국제위험물철도운송규칙(RID), 도로는 국제위험 물 도로운송규칙(ADR), 내수로의 경우는 국제위험물내수로운송규칙(ADN) 등으로 국제기준이 제정되었다. 유엔권고는 법적 성격상 구속력이 없으나 국제해상위험물규칙, 위험물항공 운송기술지침, 국제위험물철도운송규칙, 국제위험물 도로운송규칙, 국제위험물 내수로운송규칙 등과 같은 국제규칙은 국내법상 적용되어 이를 통해 구속력을 적용하고 있다. 특히 IMDG Code는 국내의 선박안전법상 위험물선박운송 및 저장규칙, 해양환경관리법상 선박으로부터의 오염방지, 선박입출항법상 위험물의 항만반입통제 등에 적용되었다.

13) United Nation Committee of Expert of Transport of Dangerous Goods

(2) 국제 위험물 관련 법률

1) 국제위험물 분류 체계[14)]

국제적으로 위험물 분류와 관련된 주요 규정은 첫째 "위험물운송 국제규정(이하 UN RTDG (United Nations Recommendations on the Transport of Dangerous Goods))"이 있으며, 두 번째 "화학물질분류 및 표시에 관한 국제규정(이하 GHS (Gloally Harmonized System of Classification and Labelling of Chemicals))"이 있다. UN RTDG의 위험물 분류체계를 살펴보면 총 9종으로 분류하고 있는데, 폭발성 물질, 가스류, 인화성 액체류, 가연성 물질류, 산화성 물질류, 독성 물질 및 감염성 물질, 방사성 물질, 부식성 물질, 기타 위험물질 및 제품으로 분류하고 있다. 이는 IMDG Code에 의한 포장위험물의 분류체계와 유사하다. GHS는 물리적 위험성, 건강유해성, 환경유해성 3가지로 분류하고 있다. 이중 물리적 위험성은 17종, 건강·환경유해성은 12종으로 세부 분류하고 있다.

1956년 UN 경제사회이사회의 위험물운송전문가 위원회(UNCOE)[15)]에서 포장 위험물에 대한 유엔권고(UN Recommendation)를 제정하였다. 이는 유엔경제사 회이사회(ECOSOC)는 위험물 운송을 통제하는 국제규칙이 각 운송수단별, 지역별, 국가별로 통합되지 못하는 상황을 인식함에 따라 1956년 위험물 운송에 관한 유엔권고를 통해 선박, 항공, 도로, 철도 등 운송수단에 적용 가능한 기준 안을 제정하게 된 것이다. 유엔권고 이후 국제해사기구(IMO), 국제민간항공기구(ICAO), 유럽경제위원회 (UNEC), 국제철도운송기구(OCTI) 등이 운송수단별 위험물 운송기준을 제정하게 되었으며 운송수단별로는 선박은 국제해상위험물규칙(IMDG Code), 항공은 위험물항공운송기술지침(TI), 철도는 국제위험물철도운송규칙(RID), 도로는 국제위험 물 도로운송규칙(ADR), 내수로의 경우는 국제위험물내수로운송규칙(ADN) 등으로 국제기준이 제정되었다. 유엔권고는 법적 성격상 구속력이 없으나 국제해상위험물규칙, 위험물항공 운

14) 최나영환, 박상원, 신수용 김우선, "항만 위험물 컨테이너 공급사슬 관리방안 연구", 한국해양수산개발원 연구보고서, 2018, 18~19면 참조.

15) United Nation Committee of Expert of Transport of Dangerous Goods

송기술지침, 국제위험물철도운송규칙, 국제위험물 도로운송규칙, 국제위험물 내수로운송규칙 등과 같은 국제규칙은 국내법상 적용되어 이를 통해 구속력을 적용하고 있다. 특히 IMDG Code는 국내의 선박안전법상 위험물선박운송 및 저장규칙, 해양환경관리법상 선박으로부터의 오염방지, 선박입출항법상 위험물의 항만반입통제 등에 적용되었다.

2) 국제 위험물 관련 법률

국제 위험물 운송과 관련된 법률 규정들은 운송수단별, 지역별, 국가별로 상이하게 규정되어 있었으며, 이로 인해 위험물의 정의 및 관리주체 그리고 문제 발생 시 대응에 대한 부분에 상당한 차이를 나타내고 있었다. 이에 1956년 유엔경제사회이사회(United Nations Economic and Social Council)는 UN권고를 제정하였고, 선박·항공·도로·철도 등 운송수단별 적용 가능한 기준안을 제정하였다. 이에 따라 각 운송수단별로 항공의 경우에는 국제민간항공기구(International Civil Aviation Organization), 선박의 경우는 IMO, 철도는 국제철도운송정부간기구(Intergovernmental Organization for International Carriage by Rail)등이 위험물 운송기준을 마련하였다. 즉 항공은 "위험물항공운송기술지침(Technical Instruction)", 선박은 IMDE Code, 철도는 "국제위험물철도운송규칙(Regulations Concerning the International Carriage of Dangerous Goods by Rail)" 등을 제정하여 위험물의 운송과 관련된 사항을 규율하고 있다. 또한 화학물질 등으로 인한 해양환경오염의 방지를 위해 1989년 3월 미국 알레스카에서 발생한 엑슨 발데즈(Exxon Valdez)호의 좌초를 계기로 1990년에 "기름오염의 대비·대응 및 협력에 관한 국제협약(1990 OPRC)" 채택되었고, 1995년에 발효되었다. 동 협약에 의하면 OPRC 협약의 당사국들은 국가적으로 또는 다른 나라와 협력으로 오염사고를 다루기 위한 대책을 세워야 하며, 선박들은 IMO에 의해 개발된 선박의 기름오염긴급계획을 보관하여야 한다는 규정을 두고 있다. 동 협약의 발효이후 유류 이외의 위험·유해물질(HNS)까지 확대하는 새로운 협약인 2000년 위험·유해물질 오염사고의 대비·대응 및 협력에 관한 의정서(OPRC−HNS Protocol)가 채택되었다. 그리고 2010년 1996년의 HNS협약의 단점들을 보완하여 HNS협약의 개정의정서가 제정되었다. 또한, 북미, 유럽, 호주 및 뉴질랜드는 국제협약과 기준을 완전히 도입하여 모든 운송 수단에 적용되는 통합된 위험물운송법을 마련하고 있다. 일본은 통합된 위험물운송법을 마련하지 못하고 국제협약의 이행을 위한 차원에서 선박안전법과 항공법에 관련 조항을 삽입하여 부분적으로 국제기준을 도입하고 있으며 우리나라는 일본의 모형을 따르고 있다.[16] 즉 우리나라와 일본은 별도의 법률을 제 정하여 국제협약의 본질적인 내용을 수용하는 방법을 취하고 있는 것이다. 미국은 연방위험물운송법(Federal Hazardous Materials Transportation Law) 또는 연방위험물법이라 칭하는 US Code 49, Chapter 51과 미연방규정 집인 CFR(Code of Federal Regulations) Title 49의 Chapter 1의 Sub－chapter C 위험물규정(Hazardous Materials Regulations)으로 구성되어 있다. 위험물운송법과 위험물규정은 국제법과 기준의 체계를 그대로 도입하여 독립적으로 완전한 체계를 갖추고 있다.[17]

3. 소 결

국내위험물 관련 법률들은 각각 위험물의 분류에 관한 기준이 상이하고 또한 위험물의 정의 등도 법률 소관부처의 목적에 따라 다르게 규정되어 있다. 이로 인해 위험물의 저장, 보관 및 관리에 혼선이 발생할 우려가 항시 상존하고 있는 것이 문제이다. 그러나 외국의 경우에는 위험물질을 물리적·화학적 유해성에 따라 체계적으로 분류하고 있으며, 대상물질이 소관부처에서 관리하는 것이 아닌 경우에는 이를 별도의 법률에 규정함으로써 일관된 관리체계를 구성하고 있는 것이 특징이다. 또한 각국에서 규정된 위험물 관련 법률들은 기본적으로 IMDG Code를 기초로 하여 규정되어 중복을 피하고 혼란을 최소화하고 있는 것이 특징이다. 따라서 국내의 위험물관련 법률들도 분류체계를 통합할 필요성이 있으며, 소관부처별 분산되어 있는 관리체계를 하나로 일원화할 필요성이 있다.

16) 박민정, “위험물운송 국제규정 주요용어 번역 표준안 연구”, 서경대학교 학위논문, 2012, 33면.
17) 박민정, 위의 논문, 34면.

Ⅲ. IMO MSC/Circ. 1216 권고 규정의 주요 내용 및 항만 내 위험물 관련 국내 법률

1. 항만의 위험물 안전관리의 개념 및 안전사고의 특징

(1) 개 념

현행법상 항만내 위험물 누출사고에 대한 개념을 단독적으로 규정한 법률은 찾을 수 없다. 다만 '해양 사고의 조사 및 심판에 관한 법률' 제2조 제1항에 따르면, "해양안전"은 해양사고의 방지를 의미하며, 항만 내에서 발생한 사고는 해양사고에 해당하므로 이 규정이 항만내 안전사고의 개념 정의에 대체로 적용된다고 보아야 한다.[18] 그러나 항만안전관리에 관한 법률로는 선박입출항법, 국제 항해 선박 및 항만시설의 보안에 관한 법률, 신항만건설촉진법, 항만공사법 등은 해양사고를 규율 한 다기 보다는 대부분 항만보안 및 오염관리 등의 공공안녕을 추구하고 있다. 따라서 관련 법률들의 여러 규정을 종합하여 보면, 항만안전사고란 '해운법, 선박법, 유선 및 도선사업법 등에서 규정하는 선박 및 해운업 중 안전수칙위반, 변칙 운항 등에 의한 사고와 항만 관련자들의 부주의에 의해 바다(해양)에서 발생되는 사고 중 항만에서 발생하는 사고'라고 정의할 수 있다. 즉 항만에서의 선박의 입출항과 접안 시 발생하는 선박 및 운송물 이송시설을 비롯한 여러 가지 항만의 이용과 직·간접적으로 연관되는 시설과 기구 등의 보관, 운용 및 수리 시 등에 정상적인 기능을 하지 못하거나 계약의 위반 또는 불법행위 등으로 발생하는 책임의 문제 발생이라고 정의 할 수 있다.[19] 이를 다시 항만내 위험물 누출사고로 한정하면 항만 내에서의 선박관리상 나타나는 과실로 인한 위험물 누출사고, 항만 내에서의 위험물의 화재·폭발관 관련된 누출사고, 항만 입출항시 발생하는 선박충돌 사고

18) 조동오 외, "해상안전관리에 관한 항만별·수행업무별 취약요인 및 대책", 한국해양수산개발원 연구보고서, 1996, 1~3면 참조.

19) 박철호, "항만내 안전사고와 손해배상책임", 「법학연구」, 제20권 제2호, 경상대학교 법학연구소, 2012, 183면.

에 의한 누출 또는 화재사고, 위험물의 보관과 선적 및 하역과 관련된 누출사고 등 항만 내에서 발생하는 여러 가지 누출사고를 포함한다. 특히 우리나라에서 발생하는 해상사고의 대부분은 항만 및 항만주변의 항로에서 주로 발생하고 있다.[20] 따라서 항만 안전사고에 대한 대비는 항만운영에 있어서 매우 중요한 사항임을 알 수 있다. 이렇듯 항만에서 위험물 컨테이너의 하역, 운송, 보관 및 반출은 IMDG Code에 의해 분류되고 운송된다. 또한 항만의 위험물 관리와 관련한 관련 국내 법률은 앞에서 살펴보았듯, 위험물안전관리법, 화학물질관리법, 고압가스안전관리법, 원자력안전관리법, 총포·도검·화약류 등의 안전관리에 관한 법률 등을 통해 위험물의 저장과 장치 등이 관리되고 있다. 이에 해양수산부는 항만 내 위험물 컨테이너의 안전한 취급을 위하여 2016년 IMO의 "항만내 위험물의 안전운송 및 취급에 관한 권고(MSC/Circ. 1216)"를 바탕으로 "항만 내 위험물 컨테이너 하역 및 적재 매뉴얼" 및 "항만 수출입 하역장소의 위험물 규제업무 처리지침"을 제정하여 운영하고 있다.

(2) 항만내 안전사고의 특징

항만내 안전사고의 특징은 크게 두 가지로 포괄하여 정리할 수 있다. 첫째, 가해자와 피해자의 구별 및 피해규모의 입증이 어렵다. 그 주된 이유는 해양사고의 사고와 달리 항만에서의 안전사고는 접근이 용이하나 CCTV등 보안시설의 미비로 인해 직접적인 목격자나 가해자를 특정하기가 어려우며, 사고의 광범위성으로 인해 피해규모를 정확하게 파악하기가 사실상 제한적이다. 둘째, 피해에 대한 즉각적인 구조가 어렵다. 항만 내 사고는 해상에서 발생하는 경우도 있으나 육상에서의 사고가 대부분이다. 그러나 일반적인 육상에서의 사고와는 달리 접근의 제한으로 인해 구조에 대한 시간과 비용이 육상사고와 비교하여 현저하게 높다. 그 예로서 2019년 발생한 울산 염포브두 사고의 경우를 살펴보면, 사고 당시 소방차 45대 및 울산 해경의 500톤급 화학방제선

20) 특히 해난사고는 환경오염문제와 직결되는 것이 사실이다. 1993년 제5금동호 충돌사고, 1995년 호남사파이어호 사고 및 씨 프린스호 사고, 1996년 세븐시즈 체리엇호 사고 등은 모두 기름 유출로 광범위한 해양오염을 유발한바 있다(조동오 외, 전게논문, 4~7면 참조).

및 다수의 민간 선박이 화재 진압에 투입되었으나 사고 발생 4시간이 지나서야 겨우 화재를 진압할 수 있었다.[21]

2. IMO "항만내 포장위험물의 안전운송 및 취급에 관한 권고 (MSC/Circ. 1216)"의 주요내용

(1) 권고의 개요

항만내 포장위험물의 안전운송 및 취급에 관한 권고는 1973년 IMO에 의하여 채택되었다. 상기 권고의 목적은 포장된 위험물과 산적형태의 액체, 고체위험물 및 액화가스의 안전한 항만내 운송 및 취급을 위한 것이다. 1993년에 최초의 권고안은 MSC/Circ.675 개정되어 법률을 제정하는 관련국가의 담당부서로 하여금 위험물을 운송 및 취급하는데 있어 각 개인의 훈련 및 자격인증제도를 개선하였다. 그리고 2007년 선박 및 항만시설의 보안을 강화하기 위한 국제기준(ISPS Code) 및 IMDG Code의 규정을 반영하여 1993년 권고안을 MSC/Circ.1216으로 개정하였다.

(2) 권고의 주요내용

2007년 MSC/Circ.1216 권고는 10장으로 구성되어 있다. 제1장은 권고의 적용범위 및 관련 해당 국가의 국내법으로 위험물의 취급과 운송에 관한 규정을 제정하도록 권고하는 내용으로 규정되어 있다. 제2장은 용어의 정의에 다루고 있고, 제3장은 항만내 새로운 시설물의 설치 및 시설을 개선할 때 필요한 고려사항과 특정한 위험물 저장을 위한 장소 선택 시 고려사항, 항만내의 위험물보관구역, 컨테이너 보관구역, 소독구역, 오염물 폐기구역 등에 관한 요건을 규정하고 있다. 제4장에서는 훈련 및 자격인증제도의 설정, 위험물 종사자의 교육내용과 교육대상자 및 훈련에 관한 사항을 규정하고 있다. 제5장에서는

21) 경상일보, "염포부두 선박 폭발·화재사고, 액체유출 물동량 전국최고 울산항, 선박화재 진압장비는 태부족", 2019. 9. 30.

SOLAS협약의 XI－2장과 ISPS Code에 수록된 해상보안 강화에 관한 규정을 다루고 있다. 제6장에서는 항만관청의 역할 및 부두관리자와 화물관계자의 역할 등을 규정하고 있으며, 제7장은 항만에서 위험물의 안전한 운송, 취급 및 반입에 관한 안전 지침서를 제정하여 운영할 수 있도록 하는 제안 규정을 두고 있다. 제8장은 포장위험물을 운송하는 선박기준 및 위험물 운송 선박이 접안 후 적절한 감독자의 지정과 운송 및 취급하는 위험물에 관한 작업, 비상조치에 관한 정보 수집에 관한 규정을 담고 있다. 제9장은 액체산적위험물과 산적액화가스위험물을 운송하는 선박의 기준과 이와 관련된 시설에서의 안전조치 및 취급사항 등에 관하여 설명하고 있으며, 마지막으로 제10장에서는 산적고체위험물을 운송하는 선박의 설비 기준 및 운송되는 위험물의 안전관리에 관한 사항과 관리사항을 규정하고 있다. 이하에서는 권고의 규정 중 위험물 보관 및 장치구역, 훈련, 보안규정 및 항만관청의 역할과 권고에 대하여 살펴보고자 한다.

1) 위험물 보관구역

위험물 보관구역은 항만 내에서 보관하거나 또는 저장하고 있는 위험물로부터 발생하는 위험의 노출에 적합하거나 필요한 시설을 갖추고 있어야 한다. 따라서 위험물 보관구역의 크기 및 취급 위험물의 종류와 허용량은 부두의 사정에 따라 상이 할 수 있다. 하지만 위험 보관구역은 위험화물의 최대적재 허용량 및 최대적재높이 등을 고려하여야 한다. 그리고 안전을 위해 보안 요원과 관리 요원을 배치하도록 규정되어 있다.

2) 위험물 컨테이너 장치구역

위험물 컨테이너 장치구역은 다른 지역으로부터 격리되어 있는 구역으로서 위험물을 장치하거나 보관하기에 적당하여야 한다. 따라서 위험화물을 적재한 컨테이너를 장치하기에 충분한 공간이 확보되어야 하며, 신속한 접근이 가능하고, 지게차 등의 장비가 접근하기에 용이하여야 한다. 아울러 위험 또는 비상시에 구호활동을 할 수 있도록 충분한 접근로가 확보되어야 하며, 보관되는 위험물 컨테이너의 배치는 항상 컨테이너의 도어가 야드의 이동통로 쪽을 향하도록 적재되어야 한다. 그리고 위험물컨테이너의 겹침 적재는 금지되어 있으며, 냉동컨테이너의 경우에는 전원을 공급할 수 있는 설비가 갖추어져 있어야 한다. 마지막으로 포장위험물 격리표에 맞춰 분리적재, 격리 및 컨테이너가 거리 유지가 지켜져야 한다. 그러나 IMDG Code 상의 1급, 6.2급과 7급 위험물은 직선적 또는 직반출의 조건으로 항만 반입이 가능하나 일시적으로 저장하는 경우에는 지정된 지역에 보관되어야 하며, IMDG Code에 규정된 개별 분류등급의 격리 요건에 따라 격리 되어야 한다. 또한 보관하는 컨테이너의 배치는 항상 위험물컨테이너의 도어(door)가 장치장의 이동통로를 향하도록 배치하여야 한다. 그 이유는 사고발생시 신속한 접근이 가능토록 하기 위함이다.

3) 오염된 폐기물 및 파손된 포장위험물 보관구역 설정

권고 규정에 따르면 여러 부분에서 환경적으로 위험한 오염된 물질의 처리와 폐기물의 관리에 관한 규정을 두고 있는데, 특히 서문(introduction)에서 해당 정부는 환경적으로 위험한 물질(해양오염물질)과 폐기물의 처리 및 관리를 위해 기존의 관련 법률이나 규정을 IMO 결의안 A.717(17)에 따라 최대한 부합하도록 보장하여야 한다고 규정되어 있다. 아울러 항만은 오염된 폐기물 및 파손된 포장위험물을 저장하기 위한 공간을 두도록 규정하고 있는데, 위험물로 오염된 위험물 및 폐기물이 발생한 경우, 오염된 폐기물을 분리하여 처리할 때까지 보관할 수 있는 특별 구역이 지정·제공되어야 한다고 권고하고 있다. 이러한 특별 구역은 높은 담장으로 둘러싸인 지역으로 구성되어야 하며, 도로와 철도가 쉽게 접근할 수 있어야 하며, 내부에는 두 개의 건물이 있어야 한다고 규정하고 있다. 특히 두 개의 건물 중 하나는 그곳에서 일하기 위해 필요한 인력을 위한 것이고 배수 시스템, 통신 수단 및 비상 장비에 대한 모든 제어장치를 포함하며, 나머지 건물은 파손된 화물을 안전하게 보관할 수 있는 창고로서, 이는 3개 구역으로 나뉘는데, 각 구역은 40피트 컨테이너 1개를 수용할 수 있어야 한다. 그리고 바닥은 30㎥의 오염된 액체를 격납할 수 있도록 경사져 있어야 하며, 바닥은 콘크리트로 되어 있고, 그 아래에는 이중 방벽 시트가 있어 바닥으로부터 밀폐되어야 한다고 구체적으로 장소와 범위 그리고 상세한 규격 등을 규정하고 있다. 아울러 오염된 물의 처리를 위해 권고안

에 따르면, 배수 시스템을 갖출 것을 제안하고 있으며, 차단 밸브 및 해안 방류 시설 등의 구비를 권고하고 있다.

4) 폭발물의 보관

폭발물의 보관과 처리에 관한 권고 규정은 원칙적으로 행정당국이 폭발물 취급 허가를 하지 않는 한 항만 구역으로 진입할 수 없다그 명시하고 있다. 여기에는 운송 중인 폭발물이 포함되어 있다. 그러나 이러한 규정에도 불구하고, 부득이 폭발물이 항만에서 몇 시간 동안 보관해야 하는 상황이 발생할 수도 있는데, 이러한 상황에 대비하여 권고 규정은 단기 폭발물 보관 특수설비의 운영을 명시하고 있다. 구체적으로 첫째, 특수설비는 벙커 구조이며, 둘째 모래로 채워진 이중 강철 더미 벽으로 3면으로 둘러쌓아야 하며, 셋째 이중으로 잠긴 강철 도어를 가지고 있어야 한다. 넷째 구조물의 지붕은 없어야 하며, 다섯째 도로와 철도로 접근할 수 있어야 한다. 여섯째 스프링클러 시스템이 설치되어 있어야 하고, 일곱째 오염된 물을 수집할 수 있는 충분한 용량의 저장 탱크가 있어야 한다. 마지막으로 특수설비 옆에는 경비원들에게 제공되는 통신시설이 딸린 사무용 컨테이너가 있어야 하며, 감시는 24시간 지속되어야 한다. 특히 폭발물의 운반 및 취급에 관한 내용은 권고 부속서 2에 자세히 규정되어 있다.

5) 방사성 물질

방사성 물질은 IMDG Code의 7등급에 해당하며, 행정당국이 허용하는 경우에만 항만의 출입이 허용된다. 따라서 포장된 방사성 물질은 국제원자력기구(IAEA)의 방사능 물질 안전 운송 규정 및 IMDG Code 또는 이와 유사한 법률 규정을 준수하지 않는 한 항만 구역으로 반입해서는 아니 된다고 명시하고 있다. 또한 방사성 물질 또는 포장과 관련된 사고 및 그러한 물질 또는 포장의 도난·분실 시에는 항만 당국 및 행정기관에 즉시 통보되어야 한다. 그리고 방사성물질의 격납건물이 방사능 유출에 의하여 파괴될 가능성이 있는 경우 해당 지역을 격리하고 적절한 비상계획을 가동해야 한다. 아울러 해안에서 요구되는 분리 거리에 대한 지침은 권고의 부속문서 3에 이를 자세히 명시하고 있다.

6) 비상조치와 계획

항만은 위험물의 누출 및 폭발 등의 비상사태에 대비하기 위하여 적절한 비상 대응 조치를 마련해 두어야 한다. 즉 항만은 ① 적절한 비상경보 시스템의 제공, ② 항만 구역 내외의 사고 또는 비상사태를 통보하기 위한 절차, ③ 육지와 수역 모두에서 항만 당국 및 항만 지역 사용자에게 통보하는 절차, ④ 취급해야 할 위험 화물의 위험에 적합한 비상 장비의 제공 등의 절차를 마련하여야 한다. 그리고 위험 화물을 취급하는 화물 취급 운영 책임자가 위험 화물을 수반하는 사고에 대처하기 위해 취해야 할 조치에 대한 필요한 정보를 가지고 있어야 하며, 비상사태 시 이러한 정보를 즉시 사용할 수 있는지 확인해야 한다. 그리고 항만은 비상사태의 대비를 위해 비상계획을 수립하여야 하는데, 비상계획은 발생할 가능성이 있는 모든 비상상황을 염두하고 마련되어야 한다. 이를 위해 항만관청은 항만 정상운항 중 발생할 가능성이 높은 비상사태를 고려할 뿐만 아니라 항만지역에 있는 동안 위험한 화물에 영향을 미칠 수 있는 외부 비상사태도 고려해야 한다.

7) 훈 련

위험물 관리를 수행하는 육상 측 종사자는 위험물 취급 및 운송을 위한 기본인식, 친숙화 교육, 직무별 교육 및 안전교육 등을 받아야 한다. 기본인식 및 친숙화 교육은 위험물의 일반적인 위험성과 IMDG Code 등의 관련법규에 숙달되도록 교육을 받아야 하며, 직무별 교육은 종사자 자신이 수행하는 직무에 해당하는 특정 위험물 운송규정에 대한 상세한 교육훈련을 받아야 한다. 그리고 안전교육은 위험물의 누출 사고가 발생할 경우 노출위험에 적절한 대처를 할 수 있는 수행직무 교육훈련을 받아야 한다.

8) 보안규정

해상보안을 위한 SOLAS협약 11－2장과 ISPS Code에 수록되어 특별대책과 위험물 해상운송 및 항만 내 위험물 취급에 종사하는 종사자를 위한 보안규정은 2004년에 개정된 IMDG Code에 수록되어 있다. 따라서 종사자는 위험물 관련 교육과 함께 보안 교육훈련이 함께 이루어져야 하며, 고육은 정기적으로 이루어져야 한다. 상기 보안규정에는 테러리스트에 의해 악용될 수 있는 물질의 목록이 수록되어 있으며, 항만 내 보안강화를 위한 보안계획서를 작성하도록 규정되어 있다.

9) 행정기관의 책임

행정기관의 책임과 관련하여 권고 규정은 권고안에 기초하여 위험물의 항만과 선박에서의 안전을 위해 필요한 법률 규정을 정기적으로 제정 및 개정하고 필요성을 검토하여야 한다고 명시하고 있다. 이를 위해 행정기관은 법률의 준수를 보장하기 위해 적절한 시행 조치를 마련해야 하며, 시행의 적절한 보장을 위해 의무를 가진 자가 이를 준수하지 않을 경우 자신에게 벌칙이 부과될 수 있음을 인지하도록 하여야 한다. 이를 위해 행정기관은 법률의 시행이 어떤 기관에 의해 시행되어야 하는지를 정하여야 하며, 관련 담당자들이 적절한 교육과 교육을 받도록 조치하여야 한다. 또한 해양 및 내륙 운송 안전과 선박 승무원 및 승객의 안전, 항만 인근의 안전 및 환경 문제 등에 대해 둘 이상의 행정기관이 관련되는 경우에는 이를 어느 기관이 주체적으로 관리하여야 하는지를 협의하여 결정하여야 한다고 규정하고 있다. 즉 기관간의 분정이 발생할 경우 이를 해결하기 위한 방안을 마련할 것을 권고하고 있다. 마지막으로 행정기관은 법률의 규정을 이행하는 당사자에게 필요한 조언 등을 하여야 한다. 즉 IMDG Code의 구체적 내용이나 오일 탱커 및 터미널 국제 안전 가이드(International Safety Guide for Oil Tankers and Terminals)의 내용 및 ILO의 항만 안전 및 보건 규준(ILO Code of Practice Safety and Health in Ports)등의 내용을 업무 관련자나 기관에게 이를 공지하고 자문함으로써 이를 효율적으로 이용할 수 있도록 조치를 취해야 한다.

10) 항만관청[22]의 역할

항만관청은 항만지역을 통한 선적 이동에 대한 통제권을 행사하고 사전 통

22) 권고의 정의 규정에 따르면 항만관청이란 “항만 구역에서 효과적인 통제를 수행할 수 있는 권한을 가진 모든 개인 또는 기관을 말한다.”

보를 받을 수 있는 시스템과 위험 화물이 항만지역에 진입할 수 있는 조건 및 법률의 이행을 관리한다. 따라서 항만관청은 위험 화물 자체의 상태 또는 화물을 포함한 위험물 컨테이너, 이동식 탱크 또는 기타 컨테이너의 상태로 인해 항만 구역 내의 사람의 건강과 안전에 위험을 초래하는 화물의 존재 또는 취급을 규제하고 관리한다. 또한 위험물을 선적한 선박이 해안 구역에 대한 잠재적 위험을 초래한다고 인식되는 경우에는 선박의 입항을 불허할 수 있다. 그리고 항만관청은 위험 화물의 항구 구역으로의 해안 진입을 통제하고 관련 위험의 사전 통지의 접수 및 위험 화물이 항구 구역으로 진입한 경우 이를 관리하고 통제할 수 있는 시스템을 구축하도록 권고 되고 있으며, 이러한 항만의 합리적 관리를 위해 적절한 교육을 받은 인력을 채용하여, 법률과 규정에서 요구되는 사항이 시행할 수 있도록 준비할 것이 요구된다.

3. 국내법 상 항만내 위험물 관리 규정

(1) 위험물안전관리법

위험물안전관리법은 위험물 컨테이너의 장치와 보관을 위한 시설 및 설비 사항에 관한 내용이 규정하고 있는데, 위험물의 종류에 따라 저장 위험물을 지정하는 경우, 원칙적으로 한 가지 종류를 지정해 저장하도록 하고 있으며, 제1류(산화성 고체) 위험물과 제6류(산화성 액체) 위험물의 경우에는 동일한 위험물저장소에 혼재하거나 저장할 수 있도록 규정하고 있다.[23] 그러나 위험성이 있는 위험물들을 컨테이너에 혼재하여 저장하는 경우에는 그중 위험성이 높은 위험물을 기준으로 해당 위험물저장소에 저장하여야 한다. 또한 옥외저장소[24]의 표지 및 게시판은 위험물저장소에서 가시성이 양호한 장소에 부착하여야 하며, IMDG 코드에 따른 위험물의 분류기호 및 상징 그림문자를 병

23) 위험물안전관리법 시행규칙 별표 18 참조.

24) 옥외저장소란 옥외의 장소에서 용기 속에 위험물을 넣어 저장하는 곳을 말한다. 따라서 직사광선, 비, 바람 등 외부의 영향을 직접 받으므로 금수성, 저인화성 및 폭발성의 위험물은 저장할 수 없으며, 비교적 위험성이 적은 위험물에 한하여 저장이 가능하다.

행 표시하여야 한다.[25] 옥외저장소의 위험물 컨테이너 적재와 관련하여 컨테이너를 겹쳐 적재하는 경우에는 4단까지 허용되며, 가장 자리는 3단까지간 적재하도록 되어 있다. 아울러 옥외저장소의 위험물 컨테이너 종류별 분리하여 저장할 거리도 이를 규정하고 있다.[26]

위험물 컨테이너의 소화설비 기준에 관하여 동법은 옥외저장소 소화설비 기술기준을 적용하고, 소화난이도등급을 I, II 및 III으로 구분하여 이를 적용하고 있다.

(2) 선박의 입항 및 출항 등에 관한 법률

동법은 항만으로 위험물 반입과 양하 시 안전조치 등에 관한 사항을 규정하고 있다. 따라서 동법 제2조에서 위험물을 정의하고 있는데, "위험물"이란 화재·폭발 등의 위험이 있거나 인체 또는 해양환경에 해를 끼치는 물질로서 「위험물 선박운송 및 저장규칙」 제2조 제1호에 따른 위험물 및 같은 조 제2호에 따른 산적액체위험물(이하 "산적액체위험물"이라 한다)을 말하고 있다. 따라서 동법의 위험물의 분류와 등급은 IMDG Code의 분류와 일치한다.

위험물의 반입과 관련하여, 동법 제32조에 위험물 반입에 대한 내용을 규정하고 있는데 위험물을 무역항의 수상구역으로 반입하고자 하는 자는 입항 전에 해양수산부령이 정하는 바에 따라 지방해양수산청장에게 신고하여야 한다. 그리고 지방항만청장은 상기 신고를 받은 경우 항만의 안전, 오염방지 그리고 저장능력을 고려하여 해수부령이 정하는 바에 따라 반입하는 위험물의 종류 및 수량을 제한하거나 이전에 필요한 조치를 취하도록 명령할 수 있다고 규정하고 있다. 또한 항만에 반입되는 위험물 중에 위험물 선박운송 및 저장규칙 제3조의 화약류, 독물류, 방사성물질에 대하여는 반입을 제한할 수 있다.

위험물의 하역과 관련하여서는 무역항의 수상구역 안에서 위험물을 하역하고자 하는 자는 자체 안전관리계획을 수립하여 지방해양수산청장의 승인을 받아야 한다고 규정하고 있다. 또한 위험물을 하역할 때에는 소화장비의 비치

25) 위험물안전관리에 관한 세부기준 제164조.
26) 위험물안전관리법 시행규칙 별표 1 참조.

및 안전관리자의 배치 등 해수부령이 정하는 안전에 필요한 조치를 취한 후 하역작업을 행하도록 규정되어 있다.

(3) 항만 내 유해화학물질 저장소 안전관리 지침

환경부는 2017년 6월 항만 내 유해화학물질 저장소 안전관리 지침(안)을 마련하였고, 이 지침은 2020년 1월부터 적용되고 있다. 이 지침의 적용 장소는 항만법 제2조 제1호에 따른 항만 및 같은 조 제7호에 따른 항만배후단지로 한정하고 있다. 또한 이 지침에서 적용되는 물질은 IMDG Code의 6.1등급(독성물질), 8등급(부식성물질) 및 9등급(기타 위험물 및 환경유해물질)에 해당하는 물질로 한정 한다. 유해화학물질의 분류는 IMDG Code의 위험물 분류에 따르고 있다. 그리고 유해화학물의 저장소 시설기준은 IMDG 6.1등급(독성물질)에 해당하는 물질을 수납한 컨테이너, 8등급(부식성물질)에 해당하는 물질을 수납한 컨테이너와 9등급(기타 위험물 및 환경유해물질) 물질을 수납한 컨테이너, 일반컨테이너에 대하여 2개 종류 이상 혼용 보관하는 경우에는 각 컨테이너 종류 간에 컨테이너 1개의 폭 길이 이상의 이적거리를 유지하도록 규정되어 있다. 또한 유해화학물질 저장소의 바닥은 물질이 스며들지 못하고 해당 물질에 견딜 수 있는 재료를 사용하여 만들어 져야 한다. 그리고 저장소 주위에는 높이 1.5m 이상의 철책 등의 경계책을 설치하고, 관계자가 아닌 자의 출입을 통제할 수 있도록 적절한 조치를 취하도록 강제하고 있다.

유해화학물질 저장소의 관리기준으로서 유해화학물질의 표시는 화학물질관리법 제16조에 따르며, 표시 위치는 저장소 입구 또는 쉽게 볼 수 있는 장소로 해당 표지판에 유해성 항목에 상응하는 IMDG Code의 위험물 분류 등급과 그림문자를 추가로 표시하도록 하고 있다. 또한 유해물질저장 컨테이너의 2단 이상 적재와 관련하여, 지침은 제한하중 또는 제한높이를 초과하지 않도록 관련 규정에 따르도록 강제하고 있으며, 규정이 없는 경우에는 컨테이너 높이를 6단 이하로 하고, 가장자리에 겹쳐 쌓는 경우에는 5단 이하로 하도록 규정하고 있다.

(4) 항만 내 위험물 컨테이너 하역 및 적재 매뉴얼

항만 내 위험물 컨테이너 하역 및 적재 매뉴얼은 2016년 8월 위에서 언급한 IMO의 권고 MSC.1/Circ.1216를 기초로 하여 해양수산부가 마련하였고, 항만내 위험물 컨테이너의 취급 과정별 안전관리에 관한 주요사항을 반영하여 항만 내 위험물 안전관리 강화에 목적을 두고 있다. 주요 내용을 살펴보면 첫째 위험물의 항만내 반입과 제한과 관련하여 앞에서 살펴본 선박의 입항 및 출항 등에 관한 법률 제32조 및 동법 시행규칙 제14조에 따라 반입과 관련된 사항을 규정하고 있다. 둘째, 자체안전관리계획서 수립 및 승인과 관련하여서는 선박의 입항 및 출항등에 관한 법률 제32조 및 동법 시행규칙 제14조에 따른 자체안전관리계획에 관한 내용을 규정하고 있다. 셋째, 위험물 컨테이너의 장치와 보관에 대하여는 먼저 위험물의 정의를 선박의 입항 및 출항등에 관한 법률 제2조 제12호 및 동법 시행규칙 제2조를 준용하고 있으며, 의험물안전관리법 제2조 제1항 제1호와 동법 시행령 제2조에 따라 위험물을 분류하고 있다. 넷째, 위험물 컨테이너 장치·보관과 관련하여서는 옥외저장소에 관한 규정을 두고 있는데, 이는 위험물안전관리법상의 옥외저장소의 규정을 원용하고 있다. 다섯째, 위험물 저장소는 위험물의 종류를 지정하여 저장한다고 규정되어 있다. 그러나 제1류(산화성 고체) 위험물과 제6류(산화성 액체) 위험물은 하나의 위험물저장소에 함께 저장할 수 있으며, 위험성이 다른 위험물을 동일한 컨테이너에 함께 수납한 채로 저장하는 경우에는 그 중 위험성이 높은 물질을 기준으로 해당하는 유별의 위험물저장소에 저장하도록 규정되어 있다.

Ⅳ. 항만위험물 관련 국내법규의 문제점 및 IMO 권고 규정의 적용과 제안

1. 항만위험물 관리 규정의 문제점

(1) 위험물안전관리법상의 화학물질 저장규정의 미비

위에서 살펴본바와 같이 항만내 위험물의 저장과 관련한 위험물안전관리법의 적용을 받는 위험물은 동법 시행령 제2조에 규정된 위험물을 그 대상으로 한다. 즉 동법의 대상 위험물은 제1류 산화성고체, 제2류 가연성고체, 제3류 자연발화성물질 & 금수성물질, 제4류 인화성액체, 제5류 자기반응성물질 및 제6류 산화성액체에 한정하고 있다. 따라서 위험물안전관리법상 적용되지 아니하는 IMDG Code상의 제7류 독성물질, 제8류 부식성물질 및 제9류 환경유해물질은 법률의 미비로 인해 항만구역 내에서 적용되는 시설규정이 없어 저장소가 아닌 일반 장치장(yard)에 보관되고 있다. 이러한 문제점을 개선하기 위하여 환경부는 위에서 설명한 바와 같이 항만 내 유해화학물질 저장소 안전관리 지침을 통해 독성물질, 부식성물질 및 환경유해물질의 저장과 관련된 지침을 시행하고 있다. 그러나 이것은 지침에 지나지 아니하므로 법률규정을 통한 입법이 필요해 보인다. 또한 IMDG Code 상의 위험물의 분류는 제1류부터 제9류까지 규정되어 있으나 위험물안전관리법은 위에서 설명한 바와 같이 제1류에서 제6류만을 규정하고 있음으로서 위험물 관리에 있어 IMO의 IMDG Code의 규정을 반영한 1993년 권고안(MSC/Circ. 1216)을 제대로 반영하기 어렵다. 물론 위험물안전관리법에 누락되어 있은 위험물질들은 산업안전보건법이나 기타 법률에 따라 관리되고 있으나 관리주체의 일원화가 되지 않으므로 인한 문제 또한 생각해 보아야 할 것이다. 그리고 산적액체위험물의 경우 동법은 항만 설비에 관한 규정이 취약하므로 산적액체위험물의 취급은 저장시설이 아닌 하역시설 및 화물이송시설로 분류되고 있다. 이는 각 항만에 따라 항만시설의 자체안전관리규정이 상이하므로 적액체위험물의 안전관리에 어려움이 있다.

(2) 위험물컨테이너 장치방법의 문제

위험물안전관리법상의 위험물컨테이너의 적재방법은 IMO의 권고안(MSC/Circ.1216)과 다르므로 인해 포장위험물과 관련된 사고 발생 시 여러 문제가 발생할 여지가 있다. 첫째 위험물안전관리법에 따른 위험물컨테이너의 사고 시 위치파악의 어려움이 있다. 둘째, IMO의 권고안(MSC/Circ.1216)에는 위험물 컨테이너 장치장 적재 시 도어는 장치장의 이동통로를 향하도록 배치하도록 규정하고 있다. 그러나 이러한 권고안의 규정들은 위험물안전관리법에 규정되어 있지 아니하고 2016년 해양수산부에서 각 항만에 공지한 "항만 내 위험물 컨테이너 하역 및 적재 매뉴얼(안)"에 위험물 컨테이너의 장치에 관한 내용이 명시되어 있다. 그러나 "항만 내 위험물 컨테이너 하역 및 적재 매뉴얼(안)"은 권고 규정에 지나지 아니하므로 이를 법률규정뿐만 아니라 행정지침으로도 볼 수 없으므로, 해수부의 권고안은 강제력을 갖지 아니한다고 보아야 한다. 마지막으로 위험물 컨테이너의 적재방법과 관련하여, IMO 권고안(MSC/Circ. 1216)에 따르면 위험물 컨테이너의 겹침 적재는 금지되고 있는데, 위험물안전관리법은 3단 또는 4단의 적재를 허용하고 있으며, 이러한 허용은 상부에 적재된 위험물컨테이너의 누출이나 화재 또는 폭발 등의 사고로 인해 하부에 적재된 위험물 컨테이너에 영향을 줌으로써 더 큰 사고로 확대될 가능성이 있다.

(3) 위험물질별 분류체계의 혼란

위험물질에 대한 분류는 기본적으로 위험화물안전관리법에 따르면 인화성 액체류, 가연성 물질류, 산화성 물질류, 독물류, 자연발화성 물질 및 금수성물질, 자기반응성 물질로 분류되고 있으며, 화학물질관리법에 의하면 산화성 물질류, 독물류, 부식성 물질, 유해성 물질로 분류되고 있다. 폐기물의 국가 간 이동 및 처리에 관한 법률에 의해 방사성 물질 외 위험물이 관리되고, 총포·도검·화약류 등의 안전관리에 관한 법률에 의한 화약류, 농약관리법에 따라 독물류, 원자력법, 해양환경관리법 및 선박안전법에 의한 방사성물질 외 위험물 등이 관리되고 있다. 따라서 각각의 법률 규정에 따라 위험물질들의 관리기준 및 시설기준이 상이하고 또한 관리규정 또한 상이하다. 아울러 항만에서 위험물의 누출·폭발 및 화재 발생 시 위험물의 종류에 따라 주관부처가 겹치게 됨으로 인해 통합적인 대처에 어려움이 있다. 이는 위에서 언급한 IMO의 권고안(MSC/Circ.1216)과도 배치된다. 즉 권고안에 따르면 항만에서의 위험물에 대한 관할부처는 항만관청으로 일원화 하도록 규정되어 있다. 또한 항만 선진국으로 분류되고 있는 홍콩[27] 및 싱가포르[28] 등은 항만의 위험물 분류체계를 국내법과 달리 IMDG Code에 따라 분류하고 일원화하여 운영하고 있다.

(4) 위험물질의 수거 및 처리 규정과 환경개선 부담금 규정의 미비

정부는 해양환경의 보존 및 관리를 위하여 1954년 해양오염방지법이 제정되었고, 그 후 해양오염방지법은 1973년 및 1978년의 MARPOL협약을 수용하여 여러 차례 개정되었고, 1977년에 잠시 폐지되었다가 2008년 1월부터 다시 전면 개정된 해양환경관리법이 시행되고 있다.[29] 동법은 해양오염에 따른 방지와 환경보전시책을 기본이념으로 하고 있으며, 해양오염원인의 감시와 차단, 그리고 해양발생 이후의 처리에 관한 규정을 둠으로써 해양환경에 대한 종합적 관리정책을 추진할 수 있는 기틀을 마련하였다는 평가를 받고 있다. 이렇듯 동법은 해양환경의 보전·관리를 위한 조치, 해양환경기준을 해역별·용도별로 정하여 규정하고 있으며, 해양오염사고 발생 시 오염물질의 수거 및 처리에 관한 규정을 동법 제3장 제4절에서 규정하고 있다. 동법 제37조에 의하면 오염물질저장시설의 설치·운영자는 오염물질을 수거하거나 처리할 의무를 부담 시키고 있으며, 당사자는 폐기물처리업자로 하여금 수거·처리하도록

27) 홍콩 위험물(선박)규정 2012(Dangerous Goods(Shipping) Regulation 2012.
28) 싱가포르 해사 및 항만법 제41조 Maritime and Port Authority of Singapore(Dangerous Goods, Petroleum and Explosives) Regulation 2005.
29) 최철호, "해양환경관리법의 문제점과 개선방안", 「환경법연구」, 제34권 3호, 한국환경법학회, 2012, 143면.

규정하고 있다. 또한 동법 제19조에 따르면 폐기물을 해양에 배출한 자, 선박 또는 해양시설에서 규모 이상의 오염물질을 해양에 배출한자에게 환경개선부담금을 부과하는 강제 규정 두어 환경오염에 따른 오염물질 제거를 강제하고 있다. 그러나 위험물안전관리법이나 위에서 언급한 선박의 입항 및 출항 등에 관한 법률, 항만 내 유해화학물질 저장소 안전관리 지침 및 항만 내 위험물 컨테이너 하역 및 적재 매뉴얼 어디에도 사고 발생 이후 위험물질의 수거·처리에 관한 규정이나 오염에 따른 환경개선부담금과 관련된 규정이 전무하다. 이는 위험물질의 화재, 폭발 및 확산으로 인한 물질적, 인적 손해를 적절하게 담보하지 못한다는 문제를 발생시킬 여지가 많다 할 것이다.

(5) 비상사태 대응을 위한 통합방제센터의 부재

IMO의 권고규정에 따르면 항만은 위험물의 누출 및 폭발 등의 비상사태에 대비하기 위하여 적절한 비상 대응 조치를 마련해 두도록 권고하고 있다. 우리나라의 경우는 국가사고 및 재난의 사고 대응은 주로 중앙행정기관에 일원화 되어 있으며, 사고의 범위, 원인 그리고 유형에 따라 관할 부서가 구분된다. 예를 들면, 앞에서도 언급한 바와 같이 환경부의 경우에는 화학유해물질의 유출, 화재 및 폭발로 인한 환경오염이나 물질의 유출에 대한 상황이 발생한 경우 이를 지휘·관리하며, 산업통상자원부는 독성가스의 유출과 관련된 사고를 관리한다. 그리고 고용노동부는 위험물질의 제조, 저장, 취급 및 사용하는 시설에서 발생하는 대규모 화재나 폭발 및 독성물질의 누출 사고를 관장하고 있으며, 중앙안전소방본부는 위험물안전관리법에 근거하여 화재위험물질인 석유류 등의 저장·취급 및 운반시설의 부주의로 기인한 화재 및 누출사고를 지휘·관리한다. 이렇듯 위험물질에 따라 사고의 관리 주체가 다르며, 특히 관리주체가 분산되어 있음으로 인해 항만에서 위험물의 누출, 폭발 및 화재의 경우 컨트롤 타워가 명확하지 못하다. 또한 화학재난 합동방재센터는 위험화물 처리의 대부분을 실행하고 있는 부산항, 인천항에는 설치되어 있지 아니하다.

2. 문제점 해결을 위한 제안

(1) IMO 권고안의 실질적 반영

IMO 권고안은 위에서 설명한 바와 같이 컨테이너 포장된 형태의 위험물과 벌크(bulk)형태의 액체, 고체위험물 및 가스를 항만에서 안전하게 취급하고 관리하기 위하여 규정되었으며, 특히 항만 내에서의 위험물의 운송 및 취급에 관한 권고와 회원국에 대한 권고의 시행지침, 위험물의 취급에 따른 각종 사항을 담고 있다. 또한 상기 권고안은 싱가폴[30]이나 네델란드[31] 등의 선진화된 항만 시설과 법률적 체계를 갖고 있는 국가 등이 항만위험물의 관리를 IMDG Code의 분류기준을 따르고 있으며, 관리와 저장에 따른 관리체계를 IMO 권고에 따라 이를 이행하고 있다. 이러한 세계 선진 항만당국의 항만위험물 관리 이행의 추세에 따라 우리나라도 2016년 해수부에서 항만 내 위험물 컨테이너 하역 및 적재 매뉴얼을 제정하여 각 터미널에서 위험물의 안전관리에 사용토록 권고하였다. 그러나 상기 매뉴얼은 IMO의 권고를 그대로 수용되어 규정된 것이 아니라 매뉴얼의 법률적 근거를 위험물안전관리법, 선박의 입항 및 출항 등에 관한 법률, 화학물질관리법, 고압가스안전관리법, 원자력안전관리법 및 총포·도검·화약류에서 찾고 있다. 또한 앞에서 지적하였지만 항만 내 위험물의 저장과 관리에 관한 국내법의 한계로 인해 위험물의 효율적 관리가 사실상 힘든 상태이므로, 여러 선진국과 같이 IMO 권고안을 매뉴얼의 형태가 아닌 법률의 형태로 이를 규정할 필요성이 있다.

(2) 저장 및 이동 규정의 통일화

위에서 언급하였듯, 싱가포르와 네델란드는 포장위험물 보관 및 이송에 있

30) 싱가포르 항만법 236장 “위험화물, 석유 및 폭발물 규칙조항”에서 항만내 위험물을 위험화물과 석유류 그리고 폭발물로 구분하여 관리 규정을 두고 있으며, 위험물의 분류는 UN번호와 IMDG Code에 따라 규정되어 있다.

31) 네델란드는 위험물의 관리를 위해 여러 법률을 통해 이를 통제하고 있는데 불법방해법(Nuisance Act), 수질오염법(Water Pollution Act), 화학물질폐기법(Act on Chemical Waste) 등이 있다. 그리고 위험물의 분류기준은 IMDG Code에 준거하여 화물분류를 통일화하고 있다.

어 위험물 분류 기준을 국제 해상 위험물 규칙인 IMDG 코드에 준용하여 화물 분류를 통일화하였으며, 위험물 사고 발생 시 접근과 대응이 용이하도록 IMDG 코드 분류에 따라 위험화물의 적재를 실시하고 있으며, 위험물 분류에 따른 화물 간 이격거리 유지 등 위험 화물관리 및 사고대응에 대해 효율적으로 대처하고 있다. 그러나 국내의 경우 항만 내 선박 적재규정상 위험물 분류는 IMDG 코드의 위험물 분류기준을 준용한 해양수산부의 「위험물 선박운송 및 저장규칙」을 준용하고 있으나, 항만위험물의 저장 및 이동에 관한 규정은 위험물안전관리법, 화학물질관리법, 소방법, 산업안전보건법 등 각 물질별 관리가 상이하다. 이로 인해 항만위험물의 관리에 있어 비효율성과 대응에 문제가 제기되고 있으므로 위에 언급한 국가들 및 국제 협약을 참조하여 항만 내 위험물 분류기준을 통일화하는 법률의 개정이 이루어져야 할 것이다.

(3) 안전장비 및 소화장비 구비 기준에 관한 법률의 제·개정

국내 항만위험물 관리와 관련된 법률의 문제점에서 지적하였듯 항만위험물의 수거 및 처리와

오염원인자부담원칙에 따른 위험물질 배출자의 처리비용 부담을 위한 환경개선 부담금 규정의 마련이 필요하다고 본다. 이를 통해 항만위험물로 인한 사고의 신속한 처리와 법률상의 배상 책임의 근거를 마련할 수 있을 것이다. 그리고 현재 산적위험물 하역작업과 관련한 안전장비 및 소방장비는 해양수산부의 「선박의 입항 및 출항 등에 관한 법」, 위험물안전관리법상 명시되어 있다. 해양수산부의 선박의 입항 및 출항 등에 관한 법률 시행령14조 자체안전관리계획서의 수립 및 승인 등에 근거하여 총톤수 1천톤 이상의 위험물 운송 선박이 접안 가능한 부두시설 및 위험물 하역작업에 필요한 시설을 갖춘 산적 액체위험물을 취급하는 업체는 관할 항만당국의 승인을 받아 자체안전관리계획서를 수립하여야 하고 "하역 소방 설비 및 안전 장비 최소기준"에 명시된 장비를 의무비치 하여야 한다. 그러나 이는 산적액체위험물에만 해당되는 사항으로 포장위험물 하역시설에 대한 안전장비 및 소화장비 구비요건의 경우 선박의 입항 및 출항 등에 관한 법률 시행령 제35조 위험물 취급 시의

안전조치상 "3.위험물 특성에 맞는 소화장비의 비치"라는 일반규정이 명시되어 있으나, 최근 늘어나고 있는 포장위험물 수출입과 관련하여 포장위험물의 적·양하 작업 시 초기대응 및 인명 보호 목적의 안전장비 및 소방장비 설비기준 마련이 요구되고 있다. 그러나 컨테이너 선박에서 적·양하 시 포장위험물에 의한 사고가 발생할 경우 안전조치를 위한 최소한의 안전장비 및 소화장비 구비 기준은 없는 실정이다. 따라서 선박의 입·출항 등에 관한 법률 시행령 제35조의 1항의 소화장비 비치에 대한 기준안을 신설할 필요가 있다.[32)]

Ⅴ. 맺는 말

2020년 8월 4일 중동 레바논 수도 베이루트 항구에서 대규모 폭발 사고가 발생하였다. 이 사고로 인해 최소 약150여명이 사망하였고, 약 5,000여 명 이상이 부상을 입은 것으로 잠정 보고 되었다. 폭발사고의 원인원인은 창고에 6년 동안 보관되어온 약 2700여 톤의 질산암모늄이라고 발표하였다. 실제로 질산암모늄을 이용한 폭탄사고가 여러 차례 발생하였는데, 미국 오클라호마 연방정부 건물 폭파 사건 때도 2.5t의 질산암모늄이 쓰였고, 2002년 인도네시아 발리 폭탄 테러에도 질산암모늄 폭탄이 사용된 것으로 알려져 있다. 그리고 가장 최근에 발생한 중국 텐진항의 폭발사고의 원인도 질산암모늄에 의한 것이었다. 이렇듯 질산암모늄은 평상시에는 위험성을 띠고 있지 않으나, 습기를 머금어 경화되거나 또는 고온의 열로 인해 폭발성을 가질 수 있기 때문에 취급에 주의하여야 한다. 그렇다면 우리나라는 항만에서 이러한 위험화학물질을 법률의 규정에 따라 제대로 관리하고 있는지 살펴볼 필요가 있다. 2018년 국내 항만의 위험물 처리 물동량은 730,999TEU로서 2017년 대비 12% 증가하는 등 지속적으로 증가 추세를 나타내고 있다. 그러나 이러한 항만 위험물 처리 물량의 증가는 위험물 관련 사고의 증가를 의미한다. 국내의 대표적인 항만

32) 김우선·최나영환·김대현, "국내 항만위험물 안전관리체계 개선방안", 「한국해양수산개발원 연구보고서」, 2016, 124면 참조.

위험물 사고로는 2015년 1월 울산항에서 발생한 한양 에이스호의 폭발사고를 들 수 있다. 상기 선박은 위험물인 혼산을 적재하고 있었으나, 폭발 사고로 인해 선박 화물창에서 유독가스가 발생하였고, 이로 인해 인명사고와 40억 가량의 선박수리비가 발생하였다. 그리고 동년 9월에 인천신항의 선광 신컨테이너 터미널 내의 위험물 야적장에서 폭발사고가 발생하였다. 컨테이너의 폭발은 기존의 제거되지 아니한 화물과 적재된 화물과의 화학작용에 의해 합성수지 원료가 폭발한 것이다. 이렇듯 항만에서의 위험물 사고의 원인은 온도, 습도, 산소 함유량 등의 외부적 환경변화에 의해 발생하기도 하며, 항만에서의 취급 부주의에 의해서 발생하기도 한다. 즉 대부분의 위험물 사고는 위험물 취급자의 위험물질 인식 부족, 위험물 안전과 및 안전에 대한 미숙한 처리와 안전 불감증 등 다양하게 나타나고 있다. 이러한 항만의 위험물 사고를 방지하기 위해 국제적으로는 IMO는 국제해상위험물 규칙(IMDG Code), 국제액화가스운송선의 구조 및 설비기준(ICG Code), 국제산적위험화학품운송선의 구조 및 설비기준(IBC Code), 국제해상고체산적화물규칙(IMSBC Code), 선박 내에 적재되고 포장된 방사성 핵연료, 플로토늄·고준위 방사성 폐기물에 대한 안전운송에 관한 국제규칙(INF Code) 등을 통해 위험물을 분류 및 관리하고 있다. 특히 IMDG Code를 통해 위험물을 총9가지로 분류하고 있으며, 대부분의 국가가 이러한 위험물 분류 기준에 따라 법률을 제정 및 관리하고 있다. 우리나라 역시 위험물의 관리를 위해 위험물안전관리법, 화학물질관리법, 산업안전보건법 및 위험물 선박운송 및 저장규칙 등의 법률을 두고 있다. 특히 항만의 위험물 안전 관리를 위해 국제적으로는 IMO에서 1993년 “항만내 포장위험물의 안전운송 및 취급에 관한 권고(MSC/Circ. 1216)” 규정을 마련했다. 본 권고 규정은 항만 내에서의 위험물의 운송 및 취급에 관한 사항과 회원국에 대한 권고의 시행, 위험물의 취급과 관련된 상세한 이행 방법 등을 규정하고 있다. 반면 항만위험물의 관리와 관련한 국내법 및 규정으로서는 위험물안전관리법, 선박의 입항 및 출항 등에 관한 법률, 항만 내 유해화학물질 저장소 안전관리 지침, 항만 내 위험물 컨테이너 하역 및 적재 매뉴얼 등이 있다. 그러나 현재 항만 위험물의 적절한 사고 방지를 위한 국내법 및 규정들은 IMO의 권고 규정과는 상당히 상이하며, 또한 법률들의 위험물질별 분류체계가 제각각으로서 이는 위험물 관리에 상당한 허점을 초래하는 원인이 되고 있다. 또한 위험물질의 수거 및 처리 규정의 미비, 비상사태 대응을 방제센터의 부재 등 많은 문제점을 갖고 있다. 이러한 문제점들을 해결하기 위한 방안으로써, 첫째 선진항만 국가들과 같이 IMO 권고안을 준용하여 IMO 권고 규정이 반영된 실질적 항만 위험물 안전 관리 법률을 제정하는 것이다. 둘째 IMO Code에 따른 항만 내 위험화물의 분류 및 저장 그리고 이동 규정의 통일화가 필요하며, 마지막으로 안전장비 및 소화장비 구비 기준에 관한 법률의 제·개정이 필요하다. 결론적으로 이야기하자면 우리나라도 선진항만 국가들과 같이 IMO 권고의 내용을 받아 들여 모든 위험물 관련 법률 등을 제정비하고 통합적인 위험물 관련 법률 체계를 구축할 필요가 있다.

참고문헌

김우선·최나영환·김대현, “국내 항만위험물 안전관리체계 개선방안”, 한국해양수산개발원 연구보고서, 2016.

박민정, “위험물운송 국제규정 주요용어 번역 표준안 연구”, 석사학위논문, 서경대학교, 2012.

박철호, “항만내 안전사고와 손해배상책임”, 「법학연구」, 제20권 제2호, 경상대학교 법학연구소, 2012.

윤창술, “항만내 위험물관리의 안전도 제고를 위한 법적 대응방안”, 「법학연구」, 20권 2호, 경상대학교 법학연구소, 2012.

윤동하 외, “항만 위험물 리스크 관리를 위한 요인평가에 관한 연구, 「해운물류연구」, 34권 4호, 한국해운물류학회, 2018.

조동오 외, “해상안전관리에 관한 항만별·수행업무별 취약요인 및 대책”, 한국해양수산개발원 연구보고서, 1996.

최나영환, 박상원, 신수용 김우선, “항만 위험물 컨테이너 공급사슬 관리방안 연구”, 한국해양수산개발원 연구보고서, 2018.

최철호, “해양환경관리법의 문제점과 개선방안”, 「환경법연구」, 제34권 3호, 한국환경법학회, 2012.

제 3 장

해상보험계약

≫ 해상보험상의 피보험이익과 손해보상에 관한 고찰 _ 지상규

해상보험상의 피보험이익과 손해보상에 관한 고찰

지 상 규

Ⅰ. 머리말

영국 MIA 제1조에서는 '해상보험은 보험자가 피보험자에 대하여 그 계약에 의하여 합의한 방법과 범위 내에서 해상손해, 즉 해상사업에 수반되는 손해를 보상할 것을 약속하는 계약이다'라고 규정하고 있는데, 이에 따르면 해상보험은 보험자가 피보험자에게 생긴 손해를 보상하는 보험을 의미한다. 해상사업의 본질이 모험적 사업인 점을 고려하면 보험보상은 결과적으로 해상사업에 대하여 손해보상의 형식을 통하여 수치균형을 개선함으로써 해상사업의 자본을 유지하고 수익을 확보하여 해상사업이 발전할 수 있도록 하는 기능을 한다.[1] 이러한 해상보험을 구성하는 주요 요소로는 피보험이익, 피보험위험, 보험기간, 손해보상 등이 있다. 이 중에서도 피보험이익은 '이익이 없으면 보험이 없다'고 할 만큼 손해보험계약에 있어서 제1차적 요소로서 보험계약의 당연한 이론적 전제가 되고 있으며,[2] 해상활동 중의 사고르 인한 보상을 받기 위해서는 해당 해상보험계약에 부보된 피보험이익에 손해가 발생하여야 한다.

대상판결은 CIF 조건으로 운송된 화물의 손상에 관하여, 보험증권상 피보험자인 원고가 손상된 화물의 손해와 관련하여 보험계약상 피보험이익을 가지는지 여부와 실질적인 손해가 발생하였는지 여부가 쟁점이 되었다.

이에 본 논문에서는 Broadgrain Commodities Inc v Continental Casualty Co

1) 정영석, 「해상보험론」, 해사출판사, 2005, 6면.
2) 구종순, 「해상보험」, 유원북스, 2016, 159면.

사건[3]을 중심으로 대상판결의 쟁점인 해상보험에 있어서 피보험이익과 손해보상의 의미를 확인하고, 피보험이익의 해석방법과 보험자의 손해보상 책임을 판단함에 있어서 적용되는 손해보상의 원칙, 입증책임에 관하여 살펴본 후 해당 법원 판결의 타당성을 검토하고자 한다.

II. 법원의 판시내용

1. 당사자의 지위

Broadgrain Commodities Inc(이하 '이 사건 원고')는 사료 및 식품 시장에서의 곡물, 오일 종자 및 관련 물품의 처리 업체로서 Beidahuang Grain Group Co Ltd(이하 이 사건 '매수인')와 참깨 종자 26개 컨테이너(이하 '이 사건 화물')의 판매 및 운송 계약(이하 '이 사건 계약')을 체결한 계약 당사자이자 이며, 피고 Continental Casualty Co가 발행한 보험증권상 피보험자이다. 이 사건의 피고인 Continental Casualty Co는 캐나다에서 CNA Canada(이하 "CNA")의 상호로 보험사업을 영위하는 법인으로서 이 사건 원고와 해상보험계약을 체결한 보험자이다.

2. 사실관계

(1) 이 사건 화물운송계약 및 보험계약의 체결

2014년 9월, 이 사건 원고는 이 사건 매수인과 이 사건 화물의 판매 및 운송에 관한 계약을 체결하였다. 이 사건 화물은 나이지리아에서 중국까지 운송되

3) BROADGRAIN COMMODITIES INC v CONTINENTAL CASUALTY CO[2018] Lloyd's Rep. Plus 105.

는 화물로서 계약은 "CIF Xingang" 조건으로 작성되었다. 이러한 CIF 조건에 따르면 화물이 선박으로 인도된 때 위험이 매수인에게 이전되는 것이 원칙이지만, 이 사건 원고는 Xingang까지의 운임지급과 보험가입까지 직접 하였다. 따라서 이 사건 매매계약서에는 다음의 사항이 기재되어 있었다.

(i) 물품의 손해 또는 손상의 위험은 "컨테이너가 채워지고 밀봉 될 때 매도인으로부터 매수인에게 이전되어야한다"; (ii) 매수인은 화물에 대한 보험에 가입해야 한다; (iii) 물품에 대한 소유권은 판매자가 대금을 지급받은 날로부터 매도인으로부터 매수인에게 이전되며 (iv) 매도인은 "모든 구매자의 정산이 완료 될 때까지" 화물에 대한 선취특권을 매수인에게 부여해야한다. 지불조건은 계약서에 서명 후 5 영업일 이내에 구매 가격의 10%를 지불하고, 매수인이 매도인의 은행에 보험가입 증명을 포함한 필요한 증빙 서류를 제시하면 잔액이 지불된다.

이후 이 사건 원고는 이 사건 화물에 대하여 이 사건 계약의 내용에 따라 이 사건 피고와 보험계약(증권번호 2013202, 이하 '이 사건 보험계약')을 체결하였고, 이 사건 보험계약은 보험기간을 2014년 8월 8일부터 2015년 6월 30일까지, 이 사건 원고와 그 계열사 및 "보험에 가입하도록 지시를 받거나 보험가입 의무가 있다고 여겨지는 기타 독립체"의 손해까지 보장함을 계약의 내용으로 하였다. 피보험이익은 이 사건 원고의 재산과 보험 기간 동안 이 사건 원고가 체결한 다양한 계약에 따라 "이 사건 원고가 보장할 책임이 있는 타인의 재산"이었으며, 이 사건 보험계약은 캐나다법의 적용을 받는다고 규정되어 있었다. 또한 이 사건 보험계약에 따라 CNA에 의해 발행된 보험증서에는 "이 사건 원고(Broadgrain Commodities Inc.)가 포괄예정보험증권(open policy)의 조건에 따른 피보험자"라고 기재되어 있었고, 또한 "추가손해피지급인(Additional Loss Payee)"으로 명시하고 있었다.

(2) 이 사건 화물의 손해발생 및 보상청구

이 사건 화물은 2014년 10월 15일 나이지리아의 Tin Can Island에서 선박 New Yorker(이하 '이 사건 선박')에 선적되었고, 같은 해 12월 17일 Xingang에

도착 후 검사 결과 이 사건 화물이 운송 중 손상을 입은 것으로 밝혀졌다. 손해의 원인 또는 운송 중 화물에 손상이 발생한 정확한 지점을 확정할 수는 없었으나, 이후 이 사건 화물은 식용으로 부적합하다고 판단되어 잔존물로 매각되었으며, 잔존물 매각절차는 이 사건 매수인에 의해 진행되었다.

2014년 12월 22일, 이 사건 원고는 CNA에게 보험 약관에 따른 수침손에 대한 보상청구를 요청하였고, CNA는 2015년 3월, 26개의 컨테이너 중 2개 컨테이너 화물의 손해를 보상하기로 동의했지만 손해의 원인이 "결로(condensation) 및/또는 습손(sweat)"이 아니었다는 이유로 나머지에 대한 청구는 거부했다. "운송 중 우연한 사고(transit related fortuity)"에 해당하지 않으므로 보험 약관상 부보된 위험이 아니라는 것이다. 이에 따라 2015년 6월 16일, 이 사건 원고가 매수인의 잔존물 매각으로 인한 회수금액 또는 2015년 3월 CNA에서 지급한 일부 보험금을 통해 회수한 금액과 계약 금액 간의 차액인 550,081.38 달러의 보험금 지급 확정서(settlement of claim)를 발행하였다.

그러나 이후 CNA는 태도를 바꾸어 보험약관 조건상 손해의 원인이 명시적으로 배제된 것을 근거로 보험보상 전부를 거부했다. 이에 따라 이 사건 원고는 2015년 6월 16일 화물의 손상으로 인하여 발생된 손해의 보상을 구하는 소송을 시작하였고, CNA는 이 사건 원고에게 피보험이익이 없다는 점, 즉 원고는 이 사건 매수인에게 모든 비용을 지급받았기 때문에 실제로 어떠한 손해도 발생하지 않았다는 이유로 법원에 약식판결을 청구하였다.

2. 법원의 판시내용

(1) 피보험이익에 관한 판단

법원은 이 사건 화물의 손해가 발생한 시점에 이 사건 원고에게 이 사건 화물에 대한 피보험이익이 있었다고 판시함으로써, 이 사건 계약의 조건인 CIF 조건 하에서는 화물이 운송인에게 전달되면 손해에 대한 위험이 매수인에게 이전되므로 보험증서의 양수인인 매수인만이 보상을 청구 할 수 있기 때문에 이 사건 원고에게는 피보험이익이 없다는 CNA의 주장을 배척했다.

재판부는 위 판결에 대하여 다음의 3가지 근거를 제시하였다.

첫째, 1993년 캐나다 해상보험법의 제정 당시 의회의 의도를 그 근거로 하였다. 즉, 의회는 피보험이익의 의미를 제한하는 것을 방지하고, 가능한 가장 광범위하게 사용가능한 피보험이익을 명확하게 정의하고자 하였다는 것이다. 어떠한 자라도 "피보험이익이 안전 또는 예정된 기일에 맞춰 도착함으로써 이익을 보거나 피보험이익의 손해이나 손상 또는 지체로 인해 침해를 당하거나 피보험이익에 관하여 책임이 발생하는 자"는 피보험이익을 가진다고 정의하였고, "해제조건부 이익과 불확정 이익", "성질 여하에 관계없이 일부 이익"도 피보험이익이며 피보험이익의 소유자가 제3자에게 보상을 받을 권리를 가지는 경우와 같이 화물이 제3자로 인해 위험에 처한 경우에도 소유자는 여전히 화물의 "전액"에 대한 피보험이익을 가진다고 하였다. 의회는 사실상 "해상사업"에 대한 모든 종류의 실질적인 이익이 해상 보험 계약의 목적에 대한 피보험이익이 될 수 있음을 분명히 하려고 했음을 강조하였다.

둘째, 피보험이익의 해석 문제를 그 근거로 들고 있다. 그동안 피보험이익을 좁게 해석하던 것은 보험계약의 사행계약성을 방지하고자 함이었으나 보험계약 외에도 심각한 사행을 가능하게 하는 더 편리한 수단들이 많아진 시점에서 이러한 해석은 의미가 없다고 하였다. 또한 물품과 서비스의 국제 무역이 세계 생활수준을 높이는 주요 수단이 되는 경우 효율적인 해상보험 시장이 더욱 중요 해지고 있다고 하면서, 피보험이익에 대한 좁고 기술적인 정의는 불확실성과 소송 위험을 증가시키고 궁극적으로는 비용을 증가 시켜 오히려 공공질서의 목표를 손상시킨다고 판시하였다.

마지막으로 이 사건 원고와 이 사건 매수인 간의 계약 내용을 그 근거로 한다. 2014년 10월 15일에 이 사건 선박에 화물이 선적 되었을 때 판매 계약에 따른 손해 위험이 매수인에게 이전되었으나, 이 사건 원고는 2014년 12월 최종 결제가 있을 때 까지 화물의 소유권을 유지했다는 것이다. 또한 전체 계약금액을 지불하고 화물에 대한 소유권을 매수인에게 양도한 후에도 이 사건 계약의 내용에 따라 "모든 구매자의 정산이 완료 될 때까지" 화물에 대한 선취특권을 유지했으며, 이러한 선취특권은 캐나다 해상보험법의 목적상 "위험과 동등한 지위"로 인정된다고 보았다. 뿐만 아니라 이 사건 선박으로 운송되는 화물 손상의 결과로 향후 운송에 대하여 이 사건 원고에게는 "부족지불(short-paid; 예정된 금액보다 부족이 발생한 경우)"의 위험이 발생했으므로 이 사건 원고가 전체 항해에 걸쳐서 화물의 "안전이나 예정된 기일의 도착으로 인한 이익"을 유지하거나 "손해, 손상 또는 지체로 인한 침해" 상황이 될 것이라고 판단하였다.

재판부는 위와 같은 점들에 비추었을 때, 이 사건 화물의 손해가 발생한 시점에 이 사건 원고에게 이 사건 화물에 대한 피보험이익이 있었다고 판시하였다.

(2) 보험자의 손해보상 책임에 관한 판단

CNA는 이 사건 원고가 이 사건 매수인으로부터 전액을 지불받음으로써 손해를 입지 않았기 때문에 원고의 청구가 기각되어야 한다고 주장했다. 이에 대하여 이 사건 원고는 이 사건 사고 이후의 선적에서 이 사건 매수인에게 "부족지불"을 받았으므로 손해를 입었으며, 선택적으로는 손해를 입지 않았더라도 보상받을 권리가 있다고 주장하였다. 그러나 재판부는 CNA의 주장을 받아들여 이 사건 원고에게 손해가 발생하지 않았으므로 CNA의 손해보상 책임이 발생하지 않는다고 판시하였다. 이에 대하여는 2가지 점을 근거로 하였다.

첫 번째 근거는 이 사건 원고가 주장하는 "부족지불"에 대한 입증이 충분하지 않았다는 것이다. 이 사건 원고가 손해를 입었다는 유일한 증거는 2017년 3월 2일에 서약한 Taimy Cruz의 진술서에 있는, "Beidahuang은 화물이 손상되었다는 사실을 깨달았을 때 Broadgrainn은 그것들을 팔았고 현재 운송 중인 다른 물품에 대해 부족지불을 했다."는 한 단락의 진술 뿐 이었으며, 이 사건 원고는 증거를 제공할 충분한 기회가 있었음에도 부족지불과 관련하여 더 이상의 자세한 증거를 제시하지 않았으므로 Taimy Cruz의 진술서는 증거로서의 효력을 인정받을 수 없다고 판단하였다.

두 번째는 해상보험계약 자체에 피보험자는 발생했거나 겪은 손해에 대해서만 청구 할 수 있다는 점이 내재되어 있기 때문이라고 하였다. 이는 CMIA 제6조 제1항에서 해상보험계약을 "보험자가 피보험자의 손해에 대한 보상을 인수한다…"로 정의한 것에서도 확인할 수 있으며, 이 사건 보험계약에서도 "이 보험의 의도가 피보험자[Broadgrain]에게 … 아래에 포함된 모든 손해에 대해 … 보상하는 것임을 이해하고 동의함"이라고 명시되어 있는바, 이에 따라 이 사건 원고는 보험약관상 손해가 발생한 경우에만 보상을 청구 할 수 있다는 것이다. 그런데 이 사건 원고가 주장하는 "부족지불"에 관하여는 증거가 불충분하여 이를 인정할 수 없으므로 손해가 발생하지 않았고, 따라서 CNA 또한 손해보상책임이 발생하지 않는다고 보았다.

3. 사안의 쟁점

대상판결에서 CNA는 (i) 이 사건 원고에게는 이 사건 화물의 손해 당시 이에 대한 "피보험이익"이 없었으며, (ii) 이 사건 화물의 손상에도 불구하고 문제의 화물에 대해 이 사건 매수인이 전액을 지급하였기 때문에 실질적으로 이 사건 원고는 손해를 입지 않았다고 주장하였는데, 이에 대하여 이 사건 원고는 매수인이 장래 화물과 관련하여 자신들로 인해 발생한 손실 금액, 즉 거래가액과 잔존물 매각으로 회수된 금액의 차액을 차감했으므로 부족지불로 인한 실제 손해를 입었다고 주장했다.[4]

따라서 대상판결의 쟁점은 2가지로 파악할 수 있는데, 첫째, 이 사건 원고가 이 사건 화물의 손실로 인한 피보험이익을 가지는지 여부, 둘째, 이 사건 원고가 이 사건 화물의 손상으로 실제 손해를 입었는지 여부, 즉 보험자의 손해보상책임 여부이다.

4) 또한 원고는 CNA가 이 사건 신청에 앞서 두 개 컨테이너 화물의 손해에 대해서 자신들에게 보험금을 지급하였다는 사실과 그렇게 함으로써 보험증권상 보상청구권을 인정하였다는 점에 있어서 금반언에 따라 보상청구를 거부할 수 없다고 주장하였는데, 재판부는 이를 받아들이지 않았다. 이 글에서는 해상보험계약상 피보험이익과 손해보상만을 논할 것이며, 금반언 및 권리포기에 관한 쟁점은 다루지 않기로 한다.

Ⅲ. 대상판결의 검토

1. 피보험이익

(1) 개 요

해상활동을 하다보면 선박 그리고 화물 등은 수많은 해상위험으로부터 노출되기 쉽다. 이러한 보험목적물과 이해관계가 있는 자는 보험목적물이 위험에 노출될 경우 손해를 입을 수 있기 때문에 이에 대비하여 보험계약을 체결한다. 이 계약에 의해서 불확실한 미래의 사고로부터 재산상의 손해를 보상받을 수 있는 이익을 피보험이익(insurable interest)이라고 한다.[5] 이익이 없는 곳에 보험도 존재하지 않는다(Without interest, no insurance)는 표현처럼 보험의 목적이 없는 보험계약은 그 효력이 없으며, 즉 피보험이익을 부정하는 보험계약은 도박으로 간주되고 무효가 된다.

이하에서는 보험계약의 중요한 요소인 피보험이익의 의의와 지위에 대해 먼저 살펴보고, 대상판결과 관련하여 피보험이익의 범위를 어떻게 해석할 것인지, 마지막으로 영국해상보험법에서 정의하는 피보험이익의 존재시기와 관련하여 화물 손실 시점에 이 사건 원고의 피보험이익 존재 여부에 대해서 살펴보고자 한다.

(2) 피보험이익의 의의

피보험이익이란, 보험의 목적에 대해 불확실한 미래의 사고로부터 재산상 손해를 보상받을 수 있는 이익을 의미한다.

MIA 제5조 제2항에서는 피보험이익을 '특히 해상사업에 대하여 또는 해상사업에서 위험에 노출된 일체의 피보험재산에 대하여 어떤 자가 보통법 또는 형평법상 관계에 있는 경우, 그 결과로 인하여 피보험재산의 안전이나 예정시

5) 구종순, 전게서, 154면.

기의 도착으로 이익을 얻거나, 피보험재산의 멸실이나 손상 또는 억류로 손해를 입거나, 또는 피보험재산에 관하여 배상책임을 발생시키는 자는 해상사업에 이해관계가 있다.'고 규정하여 정의하고 있다.

한편, 상법 제668조에서는 '보험계약은 금전으로 산정할 수 있는 이익에 한하여 보험계약의 목적으로 할 수 있다.'로 규정하고 있다. 즉, 보험계약의 목적은 보험의 목적물에 대하여 피보험자가 갖는 재산적 이익 또는 관계이며 이는 피보험이익임을 알 수 있다.[6)]

피보험이익의 본질과 관련하여 학설은 두 가지로 나뉘는데, '피보험이익은 피보험자와 보험의 목적과의 관계다'라고 보는 관계설과 '피보험이익은 피보험자가 보험의 목적에 대하여 가지는 이익 또는 가치로 설명된다.'는 이익설이 있다.[7)] MIA이나 상법에서 규정하는 것과 같이 결국에는 재산적 이익과 관련된 것이 피보험이익이라고 할 수 있으므로 이에 대해서는 이익설로 접근이 가능할 것이다.

① 협의의 피보험이익

초창기 해상보험과 관련하여 보험보호의 대상은 대부분 화물, 선박 또는 이에 준하는 유체동산뿐이었고, 따라서 피보험이익은 소유자이익에 한정되었기 때문에 해상보험계약상 보험의 목적만을 지정하는 것으로 충분하였다. 18세기 후반에 들어서야 영국에서는 보험에 부보되는 것을 이익, 즉 보험계약의 대상 또는 목적이 되는 것은 피보험이익이라는 개념이 확립되었으며, 동시에 피보험이익의 해석상 변화가 초래되었고 피보험이익의 범위 역시 가치, 재산 또는 권리를 의미한다는 해석법이 나타났다. 1806년 Lucena v. Craufurd 사건[8)]에서 판결을 주도한 Lord Eldon은 피보험이익의 정의와 관련하여 협소하고 엄격한 의미의 정의를 채택했는데, 이 정의에 의하면 피보험자는 보험계약의 유효성을 주장하기 위하여 피보험재산과 관련한 법률상 이해관계(피보험이익, 주로

6) 이용석, "피보험이익의 본질과 지위에 관한 재검토", 「손해사정연구」, 제7권 제1호, 한국손해사정학회, 2015, 90면.
7) 이용석, 전게논문, 89면.
8) Lucena v. Craufurd (1806) 2 Bos, & PNR 269, 321. ; 신건훈, "영국 보험법 상 피보험이익에 관한 법원칙의 개혁동향", 「무역상무연구」, 61권(2014), 한국무역상무학회, 122면.

소유권) 또는 계약상 권리를 입증해야만 하고, 기타 경제적인 손해 발생가능성은 피보험이익의 범주에서 배제된다.[9]

즉, 위의 사례 등을 통해 봤을 때 협의의 피보험이익은 보험의 목적 간 법률적 관계 또는 계약상 권리에 한정된다고 볼 수 있다.

② 광의의 피보험이익

반면 광의의 피보험이익은 협의의 피보험이익에 '손해발생가능성을 가진 사고'를 포괄하는 개념으로 정의된다. 즉, 이익의 취득 또는 손해의 발생에 대한 가능성의 존재 여부가 중요하게 대두되었으며, 기존 피보험이익에 대한 해석의 엄격성을 완화하는 경향을 보인다. 2003년 Feasy v Sun Life Assurance Co. 사건[10]에서 재판관 Waller LJ는 '피보험재산에 대한 보통법 또는 형평법상 이해관계를 충족하지 못하는 기준이라도 피보험이익을 구성하기에 충분한 것으로 생각되어 왔다.'고 언급하며 피보험이익의 범위를 넓게 해석하였다. 이 사건에서 Waller LJ는 피보험이익의 분류관계를 4가지 그룹으로 분류하였는데 첫째, 피보험자가 보험의 목적에 대하여 보통법 또는 형평법상 권리를 갖는 경우, 둘째, 피보험자가 보험의 목적을 점유하고 있는 상태, 셋째, 피보험자가 목적을 점유하고 있지 않으나 보험목적물의 손상에 대하여 책임을 부담하거나, 마지막으로 이로 인하여 손해를 입는 경우 피보험이익이 존재한다고 분석했다. 이는 광의의 피보험이익이며, 이후 영국법원은 피보험이익의 존재와 관련한 요구사항에 넓은 범위의 피보험이익을 인정하는 태도를 취하고 있다.[11]

(3) 피보험이익에 대한 학설

1) 관계설

관계설에 있어서 피보험이익이란 피보험자와 보험목적과의 관계로 설명한다. 이것은 피보험자와 보험 목적과의 관계 즉 피보험자가 보험의 목적에 대

9) 신건훈, "영국 보험법 상 피보험이익에 관한 법원칙의 개혁동향", 「무역상무연구」, 61권, 한국무역상무학회, 2014, 121~124면.
10) Feasy v. Sun Lfe Assurance Co. of Canada [2003] EWCA Civ. 885, 90.; 신건훈, 전게논문, 126면.
11) 신건훈, 전게논문, 125~126면.

하여 보험사고시 재산적 손실을 입게 되는 관계[12]로 정의 하고 이때의 피보험이익을 피보험자와 보험목적과의 관계로 해석하고 있다. 이 학설은 피보험이익을 물건의 멸실 또는 파손으로 인한 손실이 발생되는 피보험자와 보험목적과의 관계로 봄으로서 보험의 목적에 대한 관계를 갖지 못한 자는 피보험이익을 갖지 못한다는 결론 을 내리고 있다.[13] 이 학설의 대표적인 학자는 독일의 보험학자 Victor Ehrenberg[14]이며 일본의 加藤由作 교수와 한국의 한동호 교수도 이 학설에 찬동하였다.[15]

2) 이익설

본 학설은 피보험이익이란 보험사고가 발생하면 피보험자가 입게 되는 손실이며 이를 바꾸어 말하면 보험사고가 발생하지 아니하므로 피보험자가 얻게 되는 이익으로서 이것은 피보험자가 보험의 목적에 대하여 가지는 이익(Vorteil) 또는 가치(Wert)라는 것이다.[16]따라서 피보험이익이란 피보험자가 보험의 목적에 대하여 보험사고의 발생으로 인하여 손해를 입을 우려가 있는 이익 또는 가치이며 이것은 일정한 사고가 발생하지 않음으로 인하여 피보험자가 가지는 이익 또는 가치라고 주장한다. 이 학설을 주장한 대표적인 학자는 독일의 보험학자인 W. Kisch인데 그는 그의 저서 피보험이익론에서 보험의 대상인 보험의 목적과 피보험이익은 분명히 구별[17]하여야 한다고 주장하고 평가가 불가능한 '주관적인 이익이나 관여와 같은 피보험이익 개념은 보험법상 의미 없는 것으로서 배제하여야 한다고 주장하였다. 또 그는 피보험이익이란 보험사고가 발생하면 피보험자가 입게 되는 손실이며 이를 바꾸어 말하면 보험사고가 발생하지 아니하므로 피보험자가 얻게 되는 이익이라 설명하였다.

12) Victor Ehrenberg, Versicherungsrecht. Bd, I, 1893, S.286. 양승규, 보험법, 삼지원, 2005, 194면.
13) 이용석, "보험계약법상 피보험이익의 법리에 관한 연구", 경남대학교 대학원 박사학위논문, 1994. 11면.
14) 독일 괴팅겐대학의 교수, W. Kisch와 함께 괴팅겐대학 보험학교실의 창시자.
15) 한동호, 「해상보험요론」, 박영사, 1980, 55면
16) 양승규, 전게서, 194면.
17) 보험목적의 가치는 보험목적의 시가로서의 소유이익이다. 그러나 피보험이익은 앞의 소유이 익을 포함한 사용이익, 담보이익, 수익이익, 책임이익, 비용이익 등의 이익을 총칭한다.

3) 관여설

관여설에 있어서 피보험이익은 어떤 사물 혹은 사건에 관여하고 있다는 사실 이라고 설명하고 있다. 그런데 관여란 어떤 일에 관계하여 참여한다는 뜻으로서 관계보다도 그 개념이 다소 약한 것으로서 소극적인 것으로 파악되는데 이러한 관여가 보험계약의 목적으로서 피보험이익이 될지는 의문이다. 왜냐하면 보험계약의 목적인 피보험이익은 원칙적으로 구체적이고 법적인 가치 또는 이익이 있어야 하는데[18] 단지 어떤 일에 관여하고 있다는 개념으로서의 관여가 피보험이익이 될 수는 어렵기 때문이며 또 관여라는 사실만으로 보험목적에 대한 이해관계가 발생한다고 보기도 어렵기 때문이다.

4) 재산재설

재산재설에서 피보험이익은 보험사고의 발생으로 인하여 피보험자가 상실할 우려가 있는 재산이라 하고 이는 결국 보험사고의 결과로 피보험자의 재산에서 없어지거나 줄어들 적극재 또는 그 재산으로부터 수익이 기대에 어긋나는 상실 수익을 포함하는 것이라 설명한다. 이에 의하면 보험사고의 결과 피보험자의 재산으로부터 이탈한 재산 또는 그 재산으로부터 취득이 불가능하게 되는 재산을 보험계약의 목적인 피보험이익으로 보았는데 여기에는 반드시 유체물에 한정하는 것이 아니라 물건, 권리, 노동력, 수익, 비용 등이 포함된 것으로서 모든 재산적 이익을 포함한다고 해석하고 있다. 이 학설 또한 피보험이익이란 피보험자가 보험의 목적에 대하여 가지는 이익 또는 가치라는 이익설이나 금전가치라는 금전가치설과 일맥상통한 학설로서 손해보험에 있어서는 타당한 학설이다.

---

18) 피보험이익을 법률적인 이익(가치)에 한정 하느냐 사실상의 이익까지 확장 하느냐에 대하여는 견해가 나누어질 수 있다. 대체적으로 피보험이익 개념을 정립한 초기에는 법률상의 이익에 한정하려 하였지만(1806년 영국의 Lawrence 판사는 Lucena V. Craufurd 사건에서 법률적 이익으로 한정하여 해석) 보험시장의 확대로 인한 시대적 요청에 응하기 위해서는 사실상의 이익도 포함시키는 것이 시대적 요청에 부응하는 것이라 보고 있다. 그럴 경우 사실상의 이익은 보험자 또는 제3자가 인정할 수 있고 본인이 증명할 수 있는 객관적 사실로서의 이익이어야 하며 그것은 공서양속에 반하거나 위법한 이익이 되어서는 안 될 것이다.

5) 금전가치설

본 학설에서 피보험이익이란 상실의 위험이 있는 구체적 재산 즉 물(物), 권리(權利), 노동력, 이윤, 비용 등의 금전적 가치를 피보험이익으로 설명한다.[19] 이 설에서 피보험이익의 본질을 금전가치로 보는 것은 보험사고 발생시 피보험자가 보험자로부터 보상받는 것은 손실된 재산자체가 아니라 그 재산의 금전적가치라는 입장이다. 피보험이익을 이렇게 해석하는 것은 넓은 의미의 이익설과도 맥을 같이 하는 견해로서 다른 한편으로는 손해배상에 관한 민법상의 통설에도 어느 정도 조화하는 것이라고도 볼 수 있다.

6) 요보호성설(要保護性說)

본 학설에서 피보험이익이란 일정 위험에 대한 보호의 필요성이라 기술하면서 이것은 바로 보험제도의 보호의 대상이며 일정한 위험에 대한 보호의 필요성이라는 것이다. 그런데 여기에서도 앞서 살펴 본 관여설과 같이 관여라는 사실 그 자체가 피보험이익이 될 수 없는 것처럼 요보호성 자체가 보험목적에 대한 일정한 법률적 가치 또는 이익(가치)이 될 수는 없기 때문에 요보호성이라는 추상적 개념을 피보험이익으로 해석하기는 어렵다고 보아진다.

7) 사실상 지위설

본 학설은 피보험이익이란 피보험자가 보험의 목적에 대하여 가지는 보험가입 가능한 사실상의 지위라고 정의하여 피보험이익의 범위를 확장 시키려는 견해[20]로 보인다. 그런데 이 이론은 보험계약에 있어서 피보험이익의 문제가 시대적으로 복잡해짐에 따라 그러한 문제를 단순하게 해결하기 위한 방안으로서 피보험이익의 본질에 관한 해석을 단순화 시켜 어떤 경우에도 보험을 가능하게 하려는 의도가 있는 것으로 생각되나 피보험이익의 본질을 정확하게 설명하기에는 한계가 있는 학설로 생각된다.

19) Hecker,Zur Lehre von der rechtlichen Natur der Versicherungsvertage(1894), 12, Kisch, a.a.O., S.22.

20) 고택근, “피보험이익의 개념 확장”, 상사법연구, 제16권 제2호, 한국상사법학회, 1997, 532면.

8) 피보험이익 무용설

본 학설은 모든 보험계약에 있어서 피보험이익개념은 불필요하다고 봄으로써 피보험이익을 배척하는 학설이다. 그것은 바로 보험계약은 무엇을 보험보호의 대상으로 하는가에 따라서 재산보험, 인보험으로 구분하고, 보험보호의 대상을 피보험이익에서 구하는 것이 아니라 직접위험에 노출된 재산, 인 자체에서 구하고 인정하는 점이다. 이 학설의 대표적인 학자는 스위스의 Koenig이며, 일본의 大森忠夫도 이 학설에 찬동하고 있는데 Koenig은 이 학설을 주장하는 몇 가지 이유를 다음과 같이 설명하고 있다.

첫째, 보험계약은 어떤 종류의 경제적 이익이 존재해야만 유효한 효력을 발생시킬 수 있고 이 이익은 계약당시는 물론 전 보험기간을 통하여 존속하는 것을 요한다.

그러나 실제 이 이익은 계약당시는 법적으로 아직 존재하지 않는 경우도 있고 또 피보험이익을 정확히 산정하지 못하는 경우도 있는가 하면[21] 또 현실적으로 피보험이익이 존재하지 않는 보험계약도 성립되고 있다.[22]

둘째, 책임보험에서 피보험이익을 인정할 수 없음은 물론 만약 책임보험에서 피보험이익을 피보험자의 전재산[23]으로 본다면 재산이 없는 자는 보험가입이 불가능한 모순이 발생된다고 본 이러한 이론과 비슷한 논리로서 피보험이익의 정의와 그 적용이 난해하다는 점, 무엇이 피보험이익인지 에 대하여 보험의 목적에 따라 다양하고 그 요구되는 시점도 계약의 체결시인지 사고의 발생시인지 애매하다는 점 등으로 영국보험법에서 피보험이익의 개념을 없애려는 움직임이 일고 있다.

21) 장덕조, "영국보험법의 개정동향과 시사점", 상사법 연구, 제28권 제4호, 2010, 79면.

22) 1971년 영국의 커티샥 스카치 위스키 회사는 그 판촉활동의 하나로 스코틀랜드 지방의 네스호에 살고 있는 전설적인 괴물(동물) 네시를 잡은 사람에게 100만 파운드를 준다는 것을 조건으로 영국의 로이즈 회사와 보험계약을 체결한 사실이 있다. 이때 괴물포획의 가능성을 400만분의 1로 계산하여 보험료 6000달러에 보험계약이 체결되었다. 이 보험계약은 과연 피보험자와 보험목적물과의 사이에 어떠한 피보험이익이 존재하고 있을까? 여기에는 사실상 피보험이익이 존재하지 않는다(강원희, 손해보험, 매일경제신문사, 188면).

23) 책임보험에 있어서 피보험이익은 피보험자의 전재산이라고 보는 전재산(관계)설과 재산상태설, 책임이익설, 피보험이익 불요설 등이 있다(고평석, 책임보험계약법론, 삼지원, 1990, 163면).

(4) 해상보험계약상 피보험이익의 지위

피보험이익은 보험계약에 있어서 필수불가결의 요소의 하나이다. 즉, 피보험이익은 '이익이 없으면 보험이 없다'고 할 만큼 손해보험계약에 있어서 제1차적 요소로서 보험계약의 당연한 이론적 전제가 되고 있다.[24]

보험계약의 필수 요소인 피보험이익의 지위에 대해 학설은 절대설, 상대설, 수정절대설로 견해가 대립한다. 그 중 절대설과 수정절대설에 대해서 살펴보면, 절대설은 '피보험이익은 보험계약의 목적으로서 그 것이 없는 계약은 무효가 된다.'는 주장이다. 반면 절대설을 주장할 경우, 보험계약에서 피보험이익은 효력발생 요건이지 성립요건이 아니므로 보험계약체결당시 피보험이익이 존재하지 않더라도 보험계약은 성립할 수 있다. 이에 따라 이러한 흠결을 보완할 수 있는 수정절대설을 주장하는 견해도 있다. 즉, 기본적으로는 절대설의 입장에 서나 절대설이 설명할 수 없는 보상원칙의 예외현상에 대한 설명이 가능하도록 절대설을 수정한 학설이다.[25] 하지만 이에 대한 비판도 존재하는데 수정절대설은 적극보험에 한하여 피보험이익을 보험계약의 요건으로 보고, 소극보험에 관하여는 피보험이익을 인정할 여지가 없다는 주장도 있다.[26]

(5) 피보험이익의 존재시기

1) MIA상 피보험이익의 존재시기

MIA 제6조 제1항에 따르면, '보험계약을 체결할 당시에는 반드시 피보험이익을 가질 필요는 없지만, 보험사고가 발생한 시점에는 이해관계를 갖지 않으면 안 된다.'고 규정하고 있다.

해상보험에 있어서 국제관행상 적하보험계약을 체결할 당시 화물에 대한 소유이익이 아직까지 수입업자에게로 넘어오지 않았기 때문에 수입업자는 사실상 피보험 이익이 없는 상태에서 보험계약을 체결하고 있다.[27] 이러한 부분

24) 구종순, 전게서, 159면.
25) 이용석, 전게논문, 103~107면.
26) 최준선, 「보험·해상·항공운송법」, 삼영사, 2013, 160면.
27) 구종순, 전게서, 159면.

은 해상보험의 국제성을 나타내며 따라서 피보험이익을 가지고 있지 않더라도 보험계약이 체결될 수는 있다. 그러나 피보험이익은 계약당시에는 존재하지 않더라도 보험사고(손해) 발생 시점에는 반드시 존재하여야한다. 한편 보험계약 당시 피보험이익이 흠결되었거나 피보험이익을 취득할 가망이 없는 경우, 그러한 해상보험계약은 도박보험으로서 무효라고 볼 수 있다.[28)]

한편, MIA 제6조 제1항 단서에 의하면, '단, 보험의 목적이 "멸실 여부를 불문함(lost or not lost)"이란 조건으로 보험에 가입하는 경우에는, 보험계약의 체결 시 피보험자가 손해발생사실을 알고 있었고 보험자는 그 사실을 알지 못하였을 경우가 아닌 한, 피보험자는 손해발생 후까지 자기의 이익을 취득할 수 없을지라도 보험금을 받을 수 있다.'고 규정되어 있다.

즉 '멸실 여부를 불문한다(lost or not lost)'는 조건으로 체결된 보험의 경우 피보험자가 손해발생 시에 피보험이익을 가지지 않아도 손해를 보상받을 수 있다는 것을 의미하여 소급보험적인 성격을 갖는다. 그러나 이 원칙은 보험계약 당사자 모두가 보험사고 발생 사실을 모르고 있는 경우에만 적용된다. 이는 선의의 피보험자를 보호하기 위해서 보험계약이 체결되기 전에 발생한 손해까지도 소급하여 보험자가 보상하는 것으로, 이러한 단서 조항은 특히 FOB 조건에 따른 국제물품매매계약의 경우 물품인도 및 위험이 매수인에게 이전되기 전에 발생한 물품의 손해에 대한 매수인의 보험보상에 유용하게 작용할 수 있다는 장점이 있다.[29)]

2) 우리 상법과의 비교[30)]

MIA 제6조 제2항에서는 '피보험자가 손해발생시 이익을 가지고 있지 않는 경우, 피보험자는 손해발생을 알고 난 후에는 어떠한 행위 또는 선임에 의해서도 이익을 취득할 수 없다.'고 규정하며 피보험자가 손해발생을 알고 난 후의 행위에 대해서는 보험의 도박적인 부분을 방지하기 위해 무효로 하고 있다.

28) 이정원, "손해보험계약에서 피보험이익 및 위험과 상법 제644조의 관계", 「經營法律」, 제23권 제4호(2013), 한국경영법률학회, 292면.
29) 이정원, 전게논문, 293면.
30) 이정원, 전게논문, 295면 참조.

한편, 우리나라 상법 제644조는 '보험계약당시에 보험사고가 이미 발생하였거나 또는 발생할 수 없는 것인 때에는 그 계약은 무효로 한다. 그러나 당사자 쌍방과 피보험자가 이를 알지 못한 때에는 그러하지 아니하다.'고 규정하고 있는데 단서조항의 피보험이익의 흠결과 관련하여서는 여러 가지 해석이 존재한다.

이에 대해 판례는 보험계약 체결 전에 이미 보험사고가 발생한 경우 당사자간 합의에 의해 동조 규정에 반하는 보험계약을 체결하더라도 그 계약은 무효를 면할 수 없다고 판시하고 있다.[31] 따라서 MIA 제6조 제2항과는 다르게, 피보험자 또는 쌍방이 이를 알지 못한 때에는 유효하게 계약이 성립할 수 있다고 볼 수 있다.

(6) 피보험이익의 당사자[32]

MIA 제5조 제1항에 따르면 '본 법률의 제규정에 저촉되지 않는 한 해상사업에 이해관계를 갖는 자는 모두 피보험이익을 갖는다.'고 규정하고 있다. 아래에서는 대상판결과 관련된 피보험이익의 당사자에 대해서 살펴보고자 한다.

① 보험목적물의 소유자

보험목적물을 소유하거나 앞으로 취득하게 되는 자는 그에 대한 피보험이익을 가진다. 소유자가 가지는 이익은 통상 소유자가 보험목적물에 대하여 위험을 부담하고 이를 사용하거나 처분할 수 있는 소유권을 완전히 행사할 수 있어야 한다.

② 보험목적물의 담보권자

채권자가 채권을 확보하기 위하여 보험목적물에 저당권·선취특권 등 담보권을 행사하면 담보권자는 보험목적물에 대하여 피보험이익을 가지는 것으로 인정된다.

31) 대법원 2002. 6. 28. 선고 2001다59064 판결; 이정원, 전게논문, 295면.
32) 구종순, 전게서, 162~173면 참조.

가. 저당권자

MIA 제14조 제2항에서는 '저당권자·수하인 또는 보험목적물에 이해관계가 있는 자는 자신과 피보험이익을 가진 타인을 위해 부보할 수 있다.'고 규정하여 저당권자도 저당물에 대하여 피보험이익을 가지고 보험계약을 체결할 수 있음을 명백히 하고 있다.

나. 선취특권자

선취특권은 법률이 정하는 특수한 채권을 가지는 자가 채무자의 재산에 관해 일반 채권자에 우선하여 채권을 변제받을 수 있는 것을 말한다. 해상보험에서 항해도중 좌초, 침몰 등의 사유로 선취특권을 행사한 화물이 멸실되면 선취특권자는 손해를 입기 때문에 해당 금액만큼의 피보험이익을 인정해주고 있다.

③ 운송인

운송인은 자기가 운송을 맡은 화물에 대하여 피보험이익을 갖는다. 운송인은 실제 소유자는 아니지만 화물의 수탁자로서 운송 도중 화물에 손해가 발생하게 되면 하주에게 배상할 책임이 있기 때문에 화물에 대한 피보험이익을 갖고 보험계약을 체결할 수 있다.

(7) 피보험이익의 기능

1) 도덕적 위험의 방지

도덕적 위험을 예방한다는 것은 '인위적 위험 초래를 방지한다'라고 풀이 할 수 있다. 또한 주관적인 위험은 즉 '보험계약자, 보험자, 보험수익자들이 공모하여 보험금을 취하고자 고의적으로 보험사고를 조장한다'라는 것으로 정의한다.[33] 예로 보험계약자와 아무 이해관계가 없는 사람을 피보험자로 하여 사망보험 계약을 체결한다면 보험계약자는 보험금을 타기 위하여 피보험자가 빨리 사망하기를 바랄 것이고 궁극에는 피보험자를 해하고자 하는 잘못 된 생각

33) 김대웅, "생명보험에서의 피보험이익에 관한 연구", 「보험법연구」, 제111권 제1호, 한국보험법학회, 2017, 22면.

에 빠질 수도 있게 된다. 따라서 보험계약자와 피보험자 간의 가족관계나 특별한 관계 등으로 생명보험 가입 시 피보험이익이 있을 것을 요구한다면 생명보험에서의 도덕적 위험을 미연에 방지할 수 있게 된다. 동일한 취지에서 우리 상법 제659조에서는 인위적인 보험사고의 위험을 방지하기 위해 보험계약자 또는 피보험자, 보험수익자의 '고의' 또는 '중대한 과실'로 보험사고가 발생한 경우에는 '보험자의 면책사유'로 하여 보험금을 지급할 책임을 면하게 하고 있다.

다만, 사망을 담보로 한 보험계약에서는 우리 상법 제732조의 2항을 두어 보험계약자 또는 피보험자나 보험수익자의 중대한 과실로 인한 보험사고의 경우라도 보험자에게 보험금을 지급할 책임을 면하지 못한다고 하여 보험자의 면책범위를 제한하고 있다. 더욱 심각한 것은 이러한 도덕적 위험의 문제가 만연하게 되면 사람의 생명을 쉽게 생각하여 사회질서와 미풍양속을 파괴한다는 것이다. 따라서 이러한 피보험이익의 주요 기능을 활용하여 보험수익자의 범위를 제한한다면 생명보험 계약에서도 적극적인 대비책이 될 수 있다고 생각 한다.[34)]

2) 보험자 책임범위의 결정

우리 상법 제665조에는 '손해보험계약의 보험자는 보험사고로 인하여 생길 피보험자의 재산상의 손해를 보상할 책임이 있다'라고 규정하고 있는데, 규정상 책임의 범위는 피보험자의 손해액을 한도로 한다. 즉, 보험자는 피보험자가 보험계약에서 가지는 피보험이익의 범위 안에서 입증할 수 있는 손실을 한도로 하여 책임을 지게 되므로, 피보험이익은 보험자의 책임범위를 결정하는 기준이 된다. 반대로 이를 피보험자 입장에서 보면 피보험이익은 보험계약상 입증할 수 있는 손실의 최고 한도가 된다.[35)]

한편 생명보험에서의 피보험이익은 손해보상의 기준 내지 보험자의 책임범위를 결정하는 역할로서의 기능보다는 '보험계약에 의해 보험보호를 받을 수 있는 적법한 이익을 가지는 자인지 여부를 판별하는 기준'으로 기능하다고 볼

34) 김대웅, 전게논문, 148면.
35) Edwin W. Patterson, *Essetials of Insurance Law*(8th ed.), McGraw-Hill Book Company Inc., 1957, p.109.

수 있다. 채권채무관계 등 거래관계에서의 필요에 의해 체결된 생명보험계약의 경우에는 피보험이익이 보험자의 책임범위를 결정하는 기준이 될 수 있다.[36]

(8) 대상판결에 대한 검토

1) 피보험이익의 해석방법에 따른 이 사건 원고의 피보험이익 존재 여부

이상에서 살펴본 내용과 같이 피보험이익의 해석방법의 측면에서 볼 때 이 사건 원고가 피보험이익을 갖는다는 대상판결은 타당해 보인다.

대상판결에서는 피보험이익의 정의에 대해 책임이 발생할 수 있는 모든 당사자가 피보험이익을 갖는 것으로 판단하였으며, 특정 또는 실현 불가능한 이익뿐만 아니라 성질 여하에 관계없이 일부 이익도 피보험이익으로 포함시켜 해석하고 있다.

보험의 목적 간 법률적 관계 또는 계약상 권리에 한정된다고 보는 '협의의 피보험이익'이 아니라, 그 외 포괄적인 손해에 대해서도 피보험 이익으로 인정되는 '광의의 피보험이익'으로 범위를 넓혀 해석한 재판부의 태도는 옳다고 본다. 이는 현재 해상보험계약에서 피보험이익이 가지는 지위와도 관련이 있는데, 타 보험보다 보험의 대상이 되는 목적의 사고와 관련된 불확실성이 높은 해상보험에서 '계약에 국한된 권리를 가진 자'로 피보험이익을 가지는 대상을 한정하는 것은 보험활동을 위축시킴으로써 궁극적으로는 해상사업의 발전을 저해하는 결과를 가져올 것이기 때문이다.

따라서 대상판결에서 언급하였듯이 '피보험이익으로 이익을 보거나 피보험이익의 손해이나 손상 또는 지체로 인해 침해를 당하거나 피보험이익에 관하여 책임이 발생하는 자' 에 해당하는 이 사건의 원고에게, 피보험이익이 존재한다고 본 재판부의 판단은 타당해 보인다.

2) 보험사고 발생 시 피보험이익 존재 여부

보험사고가 발생한 시점에 이 사건 원고의 지위와 관련하여 피보험이익이

36) 김철호, "생명보험에서의 피보험이익에 관한 연구", 고려대학교 박사학위 논문집, 2011, 19면.

존재하는지 판단한 대상판결은 타당해 보인다.

대상판결에서 적시한 바와 같이 이 사건 원고는 2014년 12월 최종 결제가 있을 때 까지 화물의 소유권을 유지했으며, 전체 계약금액을 지불하고 화물에 대한 소유권을 매수인에게 양도한 후에도 이 사건 계약의 내용에 따라 "모든 구매자의 정산이 완료 될 때까지" 화물에 대한 선취특권을 유지했다.

이 사건의 원고는 보험목적물의 담보권자인 '선취특권자'로서 피보험이익의 당사자 지위를 가지며 MIA 제6조 제1항에 따라 보험사고 발생 시점에 피보험이익과 관련하여 이해관계를 가지게 되므로, 이 사건 화물에 대한 손하가 발생했을 때 피보험이익을 가진다고 볼 수 있다. 따라서 보험사고 발생 시 선취특권자의 지위를 가지고 있던 이 사건의 원고에 대해 피보험이익을 가진다고 판시한 대상판결은 타당하다고 본다.

2. 해상보험자의 손해보상

(1) 개 요

영국해상보험법 제1조에서는 해상보험계약은 그 계약으로써 합의한 방법과 범위에서 해상손해, 즉 해상사업에 부수하는 손해를 보험자가 피보험자에게 보상할 것을 인수한 계약이라고 해상보험의 정의를 규정함으로써 해상보험계약이 손해보상계약이며 손해보험계약성을 띄고 있다고 명시하고 있다.[37] 따라서 해상보험계약은 손해보상의 보험으로서 손해보상의 원칙(principal of indemnity)의 지배를 받게 된다.[38] 또한 해상보험에서 피보험자가 해상사업에 부수하는 손해를 보상받기 위해서는 해상보험증권, 협회약관, 해상보험법 등에 의한 각종의 담보조건을 충족하여야 하고, 이러한 담보조건은 그 내용상 피보험이익, 피보험위험, 보험기간, 손해보상 등의 몇 가지 측면으로 이루어져

37) 한창희, "영국, 호주에서의 손해보험상 피보험이익 개혁논의", 「손해사정연구」, 제2권 제1호(2009), 한국손해사정학회, 24면.

38) 한낙현, "영법상 해상보험에 있어서 손해보상의 의미에 관한 사례분석", 「보험학회지」, 제69권(2004), 한국보험학회, 5면.

있다. 그 중에서도 손해보상은 위 담보조건들이 제대로 충족되었을 경우에만 그 범위와 대상이 결정된다. 그러나 해상보험에서 보상하는 손해는 실제 사용되는 보험증권의 양식, 즉 보험약관의 규칙 및 계약 당사자 간의 약속에 의하여 그 범위가 결정되기 때문에 완전한 보상은 아니다.[39)]

이하에서는 해상보험에서 손해보상의 대상이 되는 해상손해의 의의 및 종류, 영국에서의 손해보상의 원칙 및 한계와 입증책임을 살펴보고 이를 바탕으로 대상판결을 검토해 보고자 한다.

(2) 해상손해의 의의 및 종류

해상보험에서의 해상손해란 보험의 목적인 선박이나 적하 등이 해상위험(보험사고)으로 인하여 피보험자가 입은 재산상의 불이익을 말한다. 일반적으로 물적손해, 비용손해 및 책임손해로 분류하며,[40)] 부보된 이익과 손해의 관계를 기준으로 직접손해와 간접손해, 피보험이익의 소멸 범위를 기준으로 전손과 분손, 피보험이익 자체의 멸실 또는 손상인지 피보험위험의 발생에 의한 결과적 손해인지를 기준으로 실체적 손해(물적 손해와 비용책임 또는 책임손해, 손해부담자를 기준으로 단독해손과 공동해손으로 구분할 수도 있다.[41)]

MIA은 제55조부터 제78조에 걸쳐서 이러한 해상손해를 규정하고 있다.

① 보상되는 손해와 면책되는 손해

MIA 제55조 제1항에서는 법 규정에 반하지 않는 경우와 보험증권에서 달리 규정하고 있는 경우를 제외하고, 보험자는 피보험위험에 근인하여 발생하는 모든 손해에 대하여 책임이 있음을 규정하고 있으며, 동조 제2항에서는 피보험자의 고의적 불법행위에 기인하는 모든 손해, 지연에 근인한 모든 손해, 통상의 자연소모, 통상의 누손과 파손, 보험의 목적의 고유의 하자나 성질에 대하여, 또는 쥐 또는 해충에 근인하는 손해에 대하여 또는 해상위험에 근인하

39) 이원근, “해상보험에 있어서 보상손해의 확장에 관한 연구”, 「사회과학연구」, 제3권 제2호(1997), 대구대학교사회과학연구소, 222~223면.
40) 정영석, 「해상법원론」, 텍스트북스, 2009, 469면.
41) 이원근, 전게논문, 224~225면.

여 발생하지 않는 기계의 손상에 대하여 그 책임을 지지 않는다고 보험자의 면책사유를 규정하고 있다.

② 전손과 분손

전손이란 보험기간 중 보험사고로 피보험이익 전부가 사라진 경우를 말하고 현실전손과 추정전손이 있다. 현실전손은 보험의 목적이 파괴되어 멸실한 경우(실체적 멸실), 물건 본래의 성질을 상실한 경우, 회복할 가망이 없는 상실이 있는 경우 또는 화물의 행방이 상당기간 불명인 경우 등이 있으며, 추정전손은 보험의 목적이 실제로 전부 멸실되었는지 불명확하지만 전손으로 추정하는 경우이다.[42] MIA은 제57조 및 제58조에서 현실전손을 규정하고 있고, 제60조에서 추정전손을 규정하고 있는데 특히 동조 제2항에서는 (ⅰ) 피보험자가 피보험위험으로 인하여 자기의 선박 또는 화물의 점유를 박탈당하고, 피보험자가 선박 또는 화물을 회복할 수 있을 것 같지 아니한 경우, 또는 선박 또는 화물의 회복하는 비용이 회복되었을 때의 가액을 초과할 경우, 또는 (ⅱ) 선박 손상의 경우, 수리비용이 수리되었을 때의 선박의 가액을 초과할 경우 (ⅲ) 화물 손상의 경우에는 그 손상을 수리하는 비용과 목적지까지 계속 운송하는 비용이 도착 시 화물의 가액을 초과할 경우를 추정전손으로 규정한다. 추정전손이 있을 경우에는, 피보험자는 그 손해를 분손으로 처리할 수도 있고, 보험의 목적을 보험자에게 위부하고 그 손해를 현실전손의 경우에 준하여 처리할 수도 있다(MIA 제61조).

분손이란 피보험이익의 일부가 사라지거나 보험목적 일부가 멸실 또는 훼손된 경우로, MIA 제56조에서는 동조에 규정된 전손 이외의 일체의 손해를 분손으로 정의하고 있으며, MIA상 분손은 구조료, 공동해손 및 단독비용을 포함한다.

③ 단독해손과 공동해손

단독해손 손해란 담보위험으로 인하여 발생한 보험 목적물의 분손으로 공동해손 손해가 아닌 것을 말하며, 특별비용은 포함하지 않는다(MIA 제64조).

42) 정영석, 전게서, 469면; 한기정, 「보험법」, ㈜박영사, 2018, 603면.

공동해손 손해란 공동해손행위로 인하여 발생한 손해 또는 공동해손행위의 직접적인 결과로 발생하는 손해를 말하며, 공동해손비용 및 공동해손희생손해(general average sacrifice: 공동해손 발생시 희생되는 현실적인 손해, 선박 또는 적하 등의 전부 또는 일부를 희생시킴으로써 생기는 현실적 손실)를 포함한다. 피보험자가 공동해손비용을 지출한 경우에는, 피보험자는 이 비용손해 중 자기부담으로 귀속되는 그 손해의 부담부분을 보험자로부터 보상받을 수 있고 공동해손희생의 경우에는 피보험자는 분담의무가 있는 다른 당사자들에 대하여 그의 분담청구권을 행사 하지 않고, 손해의 전액을 보험자로부터 보상받을 수 있다. 또한 피보험자가 보험의 목적에 대하여 공동해손분담금을 지불하였거나 또는 지불할 책임을 부담할 경우에도 그 분담금을 보험자로부터 보상받을 수 있다(MIA 제66조).

공동해손 손해에 대하여 피보험자는 당연히 보험자로부터 보상을 받을 수 있는 것은 아니고 그 손해가 피보험위험을 피하기 위하여 또는 피하기 위함과 관련하여 발생한 손해인 경우에만 보험자는 공동해손 손해와 분담금에 대한 보상책임을 진다.[43]

④ 비용손해[44]

보험보상의 대상이 되는 비용손해에는 해난구조료, 계약구조료, 특별비용, 손해방지비용 등이 있다.

해난구조료는 담보위험으로 인하여 발생하는 손해를 방지하기 위하여 지출한 경우에 보상받을 수 있고, 피보험자나 그 대리인으로부터 보수를 받고 고용된 자가 담보위험을 피하기 위하여 행한 계약구조료는 정당하게 지출된 경우에는 지출의 사정에 따라 특별비용 또는 공동해손 손해로서 보상받을 수 있다(MIA 제65조).

보험목적물의 안전이나 보존을 위하여 피보험자가 지출한 비용으로서 공동해손비용과 구조료 외의 것을 특별비용이라 하며(MIA 제64조 제2항), 이 비용은 손해방지비용을 보험자가 부담하도록 하는 것과 같은 취지에서 보험보상

43) 정영석, 전게서, 470면.
44) 정영석, 전게서, 471면 참조.

의 대상이 되지만,[45] 특별비용이 보상을 받기 위해서는 피보험위험을 원인으로 비용이 발생되어야 하고 그 발생이 이례적이어야 한다.

보험증권에 손해방지약관이 포함되어 있는 경우에는 이를 바탕으로 정당하게 지출한 손해방지비용을 보상받을 수 있지만, 피보험자는 손해를 방지하거나 경감하기 위하여 합리적인 조치를 강구할 의무를 부담하고 공동해손 손해나 공동해손분담액, 해난구조료 및 보험증권이 담보하지 않는 손해방지를 위하여 지출한 비용은 보상되지 않는다(MIA 제78조).

⑤ 배상책임손해

배상책임손해는 피보험자의 과실 또는 태만 등으로 인하여 제3자에게 손해배상책임을 부담하는 손해로, 대표적인 예로는 선박충돌에 따른 충돌손배배상책임손해가 있다.[46] MIA 제74조에서는 피보험자가 제3자이 대한 배상척임을 명시적인 조건으로 보험계약을 체결한 경우에 손해보상의 한도는 피보험자가 제3자에게 지불하였거나 또는 지불하여야 할 금액으로 한다고 규정하고 있다.

(3) 손해보상의 원칙 및 한계

보험계약을 손해보험과 인보험계약으로 이분화하여 파악하는 우리 상법과 달리 영국법상 '손해보험'이라는 용어와 정확하게 일치하는 용어는 없다. 그러나 해상보험을 포함한 손해보상을 원칙으로 하는 보험종목은 손해보상의 보험(indemnity insurance)이라 불리고 있으며, 이들 보험계약에는 손해보상의 원칙(principal of indemnity)이 적용되고 있다.[47] 이러한 원칙은 영국해상보험법 및 해상보험의 보상과 관련한 판례 등을 바탕으로 파악 할 수 있는데, 가장 큰 원칙은 해상보험자는 실제의 손해만을 보상한다는 것이다. 해상보험에서 행해지는 손해보상은 해상보험용역의 최종적 제공으로, 이를 통하여 해상기업은 자본을 유지하고 이윤을 확보하며 사업 활동이 도중에 단절되는 것을 방지할 수 있다. 따라서 손해보상은 손해를 입은 자의 손해를 입기 직전에 가지고

45) 장덕조, 「보험법」, 법문사, 2018, 313면.
46) 한낙현·박영배, 「해상운송과 해상적하보험」, 도서출판 두남, 2009, 361~362면.
47) 한낙현, 전게논문, 5면.

있던 경제적 지위로 회복시키는 금전급부이므로 손해보상의 보험에서 피보험자는 실제로 입은 손해의 금액을 초과하여 보상을 받을 수 없다. 또한 보험자는 부보된 피보험이익의 손해를 보상한다. 손해가 발생하기 위해서는 그 전제인 이익이 있어야 하고 영국법에서는 피보험자가 멸실 또는 감소한 이익, 즉 피보험이익을 가지고 있지 않거나 이를 취득할 가망이 없이 체결된 보험계약은 이를 무효로 한다. 이에 더하여 보험자는 부보된 위험으로 인한 손해를 보상하는 것을 원칙으로 한다. 해상보험은 항해에 관한 위험부담을 전제로 하는 보험으로 보험자가 항행에 관한 모든 위험을 부담하는 것은 아니므로 해당 손해가 보험자와 피보험자 간의 보험계약에 따라 부보된 위험일 것이 요구된다.48)

한편 피보험자의 손해에 대하여 보험 이외의 급부가 존재하는 경우에 있어서는 보험자는 피보험자가 제3자로부터 급부를 받지 않는 경우에는 손해보상을 거절할 수 없고, 보험금을 지급하기 이전에 피보험자에게 손해를 감소시키도록 이러한 급부의 권리행사를 요구할 수 없다. 만약 피보험자가 제3자로부터 급부를 받았다면 피보험자의 손해가 감소된 부분에 한하여만 보험자는 손해보상 책임을 면하게 된다.49)

하지만 해상보험계약도 채권계약의 일종으로 당사자의 사적 자치의 원칙이 적용되기 때문에 손해배상의 원칙이 완전한 것은 아니다. 사기가 아닌 한 협정 보험가액이 보험목적의 보험가액으로 확정적인 효력을 인정하는 영국해상보험법상 당사자가 보험보상 목적의 가격을 자유로이 규정할 수 있기 때문에 실제의 손해만을 보상한다는 손해보상의 기본 원칙을 벗어나는 면이 있다.50) 그럼에도 불구하고 실제로 입은 재산상의 손해만을 보상한다는 원칙은 손해보상의 주요 원칙으로 인정되고 있다.51)

48) 이원근, 전게논문, 225~228면.

49) 한낙현, 전게논문, 6~7면.

50) 유항태, “해상적하보험계약에서 보험자의 손해보상의무로서의 담보범위에 관한 연구”, 가천대학교 대학원 석사학위논문(2018. 1), 5면.

51) 한창희, 전게논문, 26면.

(4) 입증책임

보험에서 보상하는 손해의 발생에 관한 입증책임은 위험담보방식에 따라 결정된다. 즉, 포괄책임주의의 경우에는 보험자가 입증책임을 부담하고 열거책임주의인 경우에는 피보험자가 이를 부담한다. 우리 상법은 상법 제693조에서 해상보험계약의 보험자는 "해상사업에 관한 사고로 인하여 생길 손해"를 보상할 책임이 있다고 규정함으로써 포괄책임주의를 채택하고 있다. 따라서 손해가 발생하면 일단 포괄적으로 담보하는 위험이라는 추정이 인정되기 때문에 보험자가 보상책임을 면하기 위해서는 해당 손해가 면책위험에 의해 발생하였음을 증명하여야 한다. 이와 반대로 MIA은 제1조에서는 해상보험계약을 그 계약에 의하여 "합의된 방법과 범위 내에서 해상사업에 수반되는 손해"를 보험자가 피보험자에게 보상할 것을 확약한 계약이라고 정의하고, 동법 제3조에서도 해상위험을 바다의 항해에 기인하거나 부수하는 위험을 의미하며 즉 해상고유의 위험, 화재 … 및 이와 동종의 또는 보험증권에 기재되는 일체의 기타위험을 말한다고 규정함으로써 열거책임주의를 취하고 있다. 따라서 손해보상을 받기 위해서는 피보험자가 손해발생 사실과 보험기간 중에 담보위험에 의하여 발생한 손해라는 사실을 입증하여야 한다.[52]

해상보험계약에서 열거책임주의를 취하는 경우 입증책임의 일반원칙은 Banco De Barcelona and Others v. Union Marine Insurance Co., Ltd. (1925) 사건[53]에서 확립되었다. 이 사건에서 법원은 "원고인 피보험자는 소송의 원인에 대해 법원이 상당히 만족할 수 있도록 입증해야 하며, 피고인 보험자는 원고의 주장을 부인할 수 있는 주장을 할 수는 있으나 반드시 적극적 항변을 주장해야 할 의무는 없다"고 판시하였다. 따라서 열거책임주의에서 피보험자는 보험기간 중에 손해가 발생하였다는 사실과 그러한 손해가 보험계약상의 담보위험에 기인한 것이라는 사실, 손해와 담보위험 사이에 인과관계가 있다고 하는 추정적 증거를 제시함으로써 보험금을 지급받을 수 있다.[54]

52) 장덕조, 전게서, 311~312면; 한낙현·박영배, 전게서, 363~363면.

53) Banco De Barcelona and Others v Union Marine Insurance Co Ltd (1925) 30 ComCas 316.

54) 양석완, "해상보험계약에 있어서 해상고유의 위험에 따른 입증책임 －영국법과 협회약관에 관한 논의를 중심으로－", 「상사판례연구」. 제25호 제3권(2012), 한국상사판례학회, 447~448면.

피보험자에게 요구되는 입증정도는 민사소송에서 요구되는 수준으로, 피보험자와 보험자가 서로 상반된 주장을 하는 경우, 피보험자가 주장하는 사실의 개연성이 상대방이 주장하는 사실의 개연성보다 우월하면 된다. 그러나 피보험자가 주장하는 사실이나 가설의 개연성이 상대방의 주장보다 우월하지 못하고 "서로 비슷한 정도(if the probabilities are equally balanced)"라면 피보험자는 입증책임을 다하지 못한 것으로서 패소하게 된다.[55)]

(5) 대상판결에 대한 검토

이상에서 살펴본 바에 따르면, 아래 3가지 점에 있어서 이 사건 원고에게 실질적인 손해가 발생하지 않았기에 보험자에 손해보상 책임이 없다고 판단한 대상판결은 타당해 보인다.

첫째, 대상판결에서 제시된 사실관계에 비추어 볼 때 이 사건 원고에게 실질적인 손해가 발생했다고 보기 어렵다. 대상판결에서 지적한 바와 같이 이 사건 원고는 자신들의 손해에 대하여 충분한 입증을 하지 못했다. 손해보상을 청구하는 피보험자의 입증책임에 관하여 영국 법원은 "원고인 피보험자가 소송의 원인에 대해 법원이 상당히 만족할 수 있도록 입증해야 할 것"과 "피보험자가 주장하는 사실의 개연성이 상대방이 주장하는 사실의 개연성보다 우월할 것"을 요구한다. 그런데 이 사건 원고는 위 2가지 모두를 충족하지 못한 것으로 보이다. 이 사건 원고가 제시한 Taimy Cruz의 진술서만으로는 부족지불에 관하여 재판부가 요구하는 정도의 충분한 입증이 되지 못하였고, 이 사건 원고가 매수인으로부터 화물 가액 전체를 지급받았음은 논란의 여지가 없는 사실이므로, 이로 인하여 손해가 발생하지 않았다는 CNA의 주장보다 우월한 개연성을 보여주지도 못하였다.

둘째, 이 사건 보험계약은 보상의 보험으로서 손해보상의 원칙(principal of indemnity)이 적용되며, 그 중 가장 큰 원칙인 해상보험자는 실제의 손해만을 보상한다는 원칙에 따르더라도 대상판결은 타당하다 할 것이다. 위에서 언급

55) 심재두, 「해상보험법」, 도서출판 지산, 2001, 298면; 방희석·이원정, "해상보험계약상 입증책임의 문제점과 대안", 「무역학회지」, 제30권 제1호(2005), 한국무역학회, 66면.

하였듯이 이 사건 원고는 부족지불을 입증하는 것에 실패함으로써 이 사건 화물의 손상으로 실질적인 손해를 입었음을 증명하지 못하였다. 따라서 손해가 발생하지 않았으므로 보험자인 CNA의 보상책임은 당연히 발생하지 않으며, 손해보상의 원칙을 확인한 재판부의 판단은 타당하다.

셋째, MIA상 해상보험계약의 정의에 비추어 보아도 대상판결은 일응 타당하다 할 것이다. MIA 제1조에서는 해상보험계약을 “보험자가 그 계약에 의하여 합의한 방법과 범위 내에서 해상손해, 즉 해상사업에 수반되는 손해에 대하여 피보험자에게 손해보상을 약속하는 계약”이라고 정의하고 있다. 본 규정에 따르면 보험자의 손해보상은 해상손해를 그 요건으로 하는바, 이 사건 원고에게는 실질적인 손해가 발생하지 않았기 때문에 보험자인 CNA의 보상책임도 발생하지 않는다.

다만 대상판결이 손해보상을 청구하는 피보험자의 입증책임에 관한 판단보다는 약식판결에 있어서 피신청인의 입증책임에 입각하여 판결을 내린 부분은 다소 아쉬움이 남는다. 물론 이 사건 원고에 의해 이 사건 소송이 제기된 이후 CNA가 약식판결을 신청함에 따라 재판부로서는 CNA의 청구가 약식판결의 요건에 부합하는지 여부를 판단하는 것이 당연하였고, 이 사건 원고가 부족지불에 관하여 추가적인 증거를 제출하지 않음으로써 손해보상에 관한 정식재판의 심리과정이 없었으므로 발생한 어쩔 수 없는 결과라고 생각되지만, 대상판결이 손해보상에 관한 피보험자의 입증책임 문제를 자세히 다루었다면, 이에 대한 앞선 영국법원의 판례 등과 비교하여 캐나다 법원의 입장을 확인할 수 있는 기회가 되지 않았을까 하는 아쉬움이 남는다.

Ⅳ. 맺음말

이상에서 살펴본 바와 같이 대상판결인 Broadgrain Commodities Inc v Continental Casualty Co 사건은 해상보험계약의 주요 요건인 피보험이익의 존재여부와 피보험자에게 실제로 손해가 발생하였는지 여부를 판단하는 중요한 사례임을 알 수 있다. 본 사건에 대하여 재판부는 캐나다 해상보험법의 제정 당시 가능한 가장 광범위하게 피보험이익이 사용되도록 정의하고자 한 의회의 의도와 전통적 견해인 피보험이익의 좁은 해석으로부터 발생되는 문제점을 지적하면서 피보험이익의 넓은 해석을 적용하여 이 사건 화물의 손상 당시 이 사건 원고에게 피보험이익이 있었다고 판단하였다. 그 근거로서 첫째 재판부는 보험의 목적 간 법률적 관계 또는 계약상 권리에 한정된다는 '협의의 피보험이익'이 아닌 포괄적인 손해에 대해서도 피보험이익이 인정되어야 한다는 '광의의 피보험이익'을 받아 드렸다는 사실이다. 둘째 원고는 매매계약 즉 '모든 구매자의 정산이 완료될 때 까지 화물에 대한 선취특권을 유지한다'는 규정에 따라 화물에 대한 손해가 발생한 때에 화물에 대한 권리 즉 피보험이익을 가지고 있었으므로, 재판부는 피보험이익의 존재를 인정하였다. 또한 원고의 손해 발생여부와 관련하여, 재판부는 이 사건 원고에게 손해가 발생했음을 입증할 자료가 없으므로 CNA의 보상책임이 없다고 판단함으로써 실질적인 손해가 발생하지 않았다면 보험보상도 발생하지 않는다는 손해보상의 원칙을 확인하였다. 물론 손해보상을 청구하는 피보험자의 입증책임에 관한 판단보다는 약식판결 절차에서 요구되는 피신청인의 입증책임에 입각하여 판결을 내린 부분은 다소 아쉬움이 남지만, 대상판결은 시대의 변화에 따른 결과로 피보험이익에 대한 전통적인 견해들이 줄어들고 손해보상의 원칙에 따라 새로운 보험계약의 본질을 찾으려는 움직임에 합당한 판결이라 생각된다. 다만 앞에서 지적한 바와 같이 원고의 부족지불에 대한 입증책임 문제를 재판부가 좀 더 심도 있게 다루었다면 하는 아쉬움이 남는다.

영국 법개정위원회가 손해보험에서 피보험자와 보험목적 사이의 전통적인 피보험이익 요건을 폐지하고 손해보상의 원칙에 따르는 것이 위험과 보험범위를 정교하게 정의할 수 있다고 하는 등, 일부에서는 피보험이익의 폐지 논의까지도 언급되고 있는 가운데,[56] 향후 피보험이익에 대한 유연성 있는 해석과 손해보상의 원칙에 입각한 보험보상과 관한 판단이 필요해 보인다.

56) 한창희, 전게논문, 28~29면.

참고문헌

단행본

구종순, 「해상보험」, 유원북스, 2016.

고평석, 책임보험계약법론, 삼지원, 1990.

심재두, 「해상보험법」, 도서출판 지산, 2001.

양승규, 「보험법」, 삼지원, 2005.

장덕조, 「보험법」, 법문사, 2018.

정영석, 「해상보험론」, 해사출판사, 2005.

정영석, 「해상법원론」, 텍스트북스, 2009.

최준선, 「보험·해상·항공운송법」, 삼영사, 2013.

한동호, 「해상보험요론」, 박영사, 1980, 55면

한기정, 「보험법」, ㈜박영사, 2018.

한낙현·박영배, 「해상운송과 해상적하보험」, 도서출판 두남, 2009.

논문

고택근, "피보험이익의 개념 확장", 상사법연구, 제16권 제2호, 한국상사법학회, 1997.

김대웅, "생명보험에서의 피보험이익에 관한 연구", 「보험법연구」, 제11권 제1호, 한국보험법학회, 2017.

김철호, "생명보험에서의 피보험이익에 관한 연구", 고려대학교 박사학위 논문, 2011.

방희석·이원정, "해상보험계약상 입증책임의 문제점과 대안", 「무역학회지」, 제30권 제1호, 한국무역학회, 2005.

신건훈, "영국 보험법 상 피보험이익에 관한 법원칙의 개혁동향", 「무역상무연구」, 61권, 한국무역상무학회, 2014.

양석완, "해상보험계약에 있어서 해상고유의 위험에 따른 입증책임 −영국법과 협회약관에 관한 논의를 중심으로−", 「상사판례연구」. 제25호 제3권, 한국상사판례학회, 2012.

유항태, "해상적하보험계약에서 보험자의 손해보상의무로서의 담보범위에 관한 연구", 가천대학교 대학원 석사학위논문, 2018. 1.

이용석, "피보험이익의 본질과 지위에 관한 재검토", 「손해사정연구」, 제7권 제1호,

한국손해사정학회, 2015.

이용석, "보험계약법상 피보험이익의 법리에 관한 연구", 경남대학교 대학원 박사학위논문, 1994.

이원근, "해상보험에 있어서 보상손해의 확장에 관한 연구", 「사회과학연구」, 제3권 제2호, 대구대학교사회과학연구소, 1997.

이정원, "손해보험계약에서 피보험이익 및 위험과 상법 제644조의 관계", 「經營法律」, 제23권 제4호, 한국경영법률학회, 2013.

장덕조, "영국보험법의 개정동향과 시사점", 상사법 연구, 제28권 제4호, 2010.

한낙현, "영법상 해상보험에 있어서 손해보상의 의미에 관한 사례분석", 「보험학회지」, 제69권, 한국보험학회, 2004.

한창희, "영국, 호주에서의 손해보험상 피보험이익 개혁논의", 「손해사정연구」, 제2권 제1호, 한국손해사정학회, 2009.

Edwin W. Patterson, *Essetials of Insurance Law*(8th ed.), McGraw-Hill Book Company Inc., 1957.

제 4 장

해운정책 분야

≫ 해운재건정책에 대한 법제도적 고찰_정 대

해운재건정책에 대한 법제도적 고찰*

-한국해양진흥공사법을 중심으로-

정 대

Ⅰ. 서 론

해운업이란 영리행위로서 타인에 대해 운임의 취득을 목적으로 해상운송서비스를 제공하는 사업이라고 할 수 있다. 즉 해상운송을 다른 경제적 활동에 부수하여 하는 것이 아니라 해상운송과정 그 자체로부터 이윤추구를 하는 산업자본으로서의 운수업을 해운업이라고 할 수 있다.[1] 법률적으로는 해운법에서 정의하고 있는 해상여객운송사업, 해상화물운송사업, 해운중개업, 해운대리점업, 선박대여업 및 선박관리업을 의미한다(제2조 1호).

해운업은 우선 원재료의 수입무역과 동시에 상품의 수출무역에 종사하면서 국가의 산업 및 무역과 매우 긴밀한 상호의존관계를 갖는다. 나아가 외국무역항로를 주요 항역으로 국제운임의 취득을 하게 된다.[2] 이와 같이 해운업은 수출중심의 경제구조를 갖고 있는 우리나라에서 국민경제적으로 중요한 역할을 수행하고 있는 산업이라고 할 수 있다.

거시경제적 관점에서 보면, 2000년 초반부터 글로벌 해운산업은 큰 호황을 맞이하게 된다. 그 주된 원인은 중국의 경제성장이었다고 할 수 있다. 즉 중국의 제조업과 사회기반시설의 성장을 지탱하기 위해서 엄청난 양의 원자재가 수입되었고, 이에 더하여 중국에서 제조된 수많은 상품이 컨테이너선을 통해

* 이 논문은 2019년 12월 25일 "한국법학회"가 발간한 학술지 「법학연구」 제19권 제4호에 게재한 논문을 수정 및 보완한 것임.

1) 澤喜司郎 編著, 「海運論入門」, 八千代出版, 1985, 7面.

2) 上揭書, 4面.

수출됨으로써 해운업의 호황을 가져왔다.[3] 또한, 중국을 위시한 브라질, 러시아, 인도(BRICs)의 지속적인 경제성장도 해운업의 호황에 일조하였다고 할 수 있다.[4]

그러나 2008년 글로벌 금융위기 이후 세계경제의 성장 둔화와 함께 우리나라의 해운산업은 위기에 직면하게 되었다. 우리나라 해운산업의 위기는 글로벌 해운업계의 대표기업이었던 한진해운[5]의 위기로 표출되었고, 결국 한진해운은 파산의 운명을 피하지 못하였다. 한진해운의 파산은 세계적인 해운경기의 침체에도 그 원인이 있지만, 한진해운 경영진의 경영판단의 잘못도 크게 작용하였다고 할 수 있다. 특히 장기간 고액의 용선료를 지급하는 소유권취득조건부 선체용선계약(Bareboat Charter Hire Purchase; BBCHP)을 통한 선박의 운용이 한진해운의 경영실적 악화의 주된 원인이었기 때문이다.

한진해운의 경영악화로 야기된 해운산업의 위기에 대한 박근혜 정부의 정책적 대응방안은 2016년 10월 발표된 「해운산업 경쟁력 강화 방안」[6]과 2017년 3월 발표된 「해운업 금융지원 프로그램 추진현황 및 향후계획」[7]이었다.[8] 이를 통해 설립된 기관이 ㈜한국선박해양이었는데, ㈜한국선박해양은 국적선사의 원가절감 및 재무구조 개선을 지원하는 업무를 수행하였다.[9]

새롭게 들어선 문재인 정부는 2018년 4월, 「해운재건 5개년 계획」을 발표하여 해운업의 위기에 대처하고자 하였다. 그 가시적 결과물이 한국해양진흥공사의 설립이었다고 할 수 있다.

이하 본 논문에서는 첫째, 해운산업의 환경요소를 분석하면서 문재인 정부의 해운재건 5개년 계획을 개관하고(II), 둘째 한국해양진흥공사의 설립과정을

---

3) Peter Lorange, Shipping Company Strategies, Emerald Group Publishing Limited, 2008, at 3.
4) 류동근·김창수·윤방섭·신한원, 「해운기업경영론」, 박영사, 2009, 33면.
5) 2015년 Clarkson Research Services 자료에 의하면, 한진해운은 총 110척의 선박을 보유하고, Total GT 6,764,203으로 세계 9위의 선사였다. 이기환·오학균·신주선·이재민, 「선박금융원론」 개정판, 두남, 2016, 66면.
6) 해양수산부, "“글로벌 경쟁력 확보를 통해 「세계해운강국」으로 재도약”을 위한 방향 제시－해운산업 경쟁력 강화 방안 발표－"(보도참고 자료), 2016. 10. 31.
7) 해양수산부, 제10차 산업경쟁력 강화 관계장관회의 개최(보도자료), 2017.3.3.
8) 정대·이재민, "정부의 해운산업 경쟁력 강화방안에 대한 입법 정책적 고찰", 「경제법연구」, 제16권 2호, 한국경제법학회, 2017, 200～204면.
9) 상게논문, 207～208면.

검토한 후(III), 한국해양진흥공사법의 주요 내용을 분석하고자 한다(IV).

II. 해운산업의 환경과 해운재건 5개년 계획

1. 해운산업의 환경요소

(1) 정치적 요인

국가 간의 갈등과 충돌, 전쟁, 테러와 같은 정치적 요인은 비즈니스 질서(business order)에 큰 영향을 준다고 할 수 있다. 예를 들면, 이스라엘과 팔레스타인 간의 갈등과 충돌, 우크라이나와 러시아의 갈등과 충돌, 2001년 미국에서 발생한 9.11테러 등과 정치적 요인은 세계경제에 큰 영향을 주었다고 할 수 있다. 따라서 정치적 안정은 경제적 안정과 번영을 위한 필수조건일 뿐만 아니라 기업의 투자와 경제적 가치창조를 위한 필수조건이기도 하다.[10]

(2) 글로벌 경쟁

시장이 점점 더 확장되고 무역장벽의 경계선은 더 모호해지고 있다고 할 수 있다. 이러한 현상은 어느 정도 다국적이고 다면적인 국제협약의 기능에 기인한 것이라고 할 수 있는데, 이를 통해 유럽 대부분의 국가를 포괄하는 유럽연합(EU), 북미 지역 국가를 포괄하는 NAFTA, 남동 아시아 국가를 포괄하는 아세안(ASEAN) 등과 같은 더 크고 동질적인 무역 블록을 만들어 내었다. 또한, 저비용 지역으로의 경제활동의 이전은 기업 간의 경쟁을 보다 더 글로벌적인 성격을 갖게 하고 있다. 따라서 시장은 더욱 더 글로벌화 되어 가고 상호연계성도 더욱 커져가고 있다.[11]

10) Peter Lorange, supra note 3, at 6.
11) Id., at 6~7.

(3) 자본의 집중

오늘날 대부분의 산업이 점점 더 자본집약적 산업이 되어 가고 있다. 이러한 현상은 규모의 경제를 확보하기 위해 물리적 생산시설을 더욱 확대하고 보다 정교하게 유지할 필요성에서 기인한다고 할 수 있다. 또한, 오늘날의 각종 기술의 라이프 사이클(life cycle)이 단축되고, 기술의 변화속도가 너무 빠르게 변화하고 있다. 따라서 기업은 새로운 상품 및 공정의 개발을 위해 지속적으로 연구개발(Research and Development; R&D)투자를 크게 확대하고 있다.[12)]

나아가 기업은 글로벌 자본시장에 대한 의존도를 보다 더 확대하고 있고, 자본비용(cost of capital)은 하락하는 추세에 있다. 일반적으로 사업계획이 좋다면 자본조달이 용이하다고 할 수 있다. 따라서 산업에 신규 진출하는 기업이 상대적으로 용이하게 자본조달을 받을 수 있다.[13)]

(4) 정부의 조치

정부의 조치는 기업의 사업에 큰 영향을 주고, 일정한 유형의 기업에는 대단히 중요하며, 기업의 성공 또는 실패에 영향을 줄 수 있는 요인이 된다. 일반적으로 재정건전성은 개별 국가의 예산의 균형을 요구하고 있다. 그럼에도 불구하고 산업과 기업이 직면한 상황에 영향을 줄 수 있는 정부의 조치가 이루어질 수 있다. 가장 기본적인 것은 법인세와 관련되어 있으며, 정부의 보조금[14)]도 여전히 다양한 형태로 여러 산업에 걸쳐 지급되고 있다. 나아가 각 국은 다른 국가의 희생을 대가로 자국의 산업을 강화시키고자 무역 관세(trade tariffs)를 일반적으로 이용하고 있는 것이 현실이다.[15)]

---

12) Id., at 7.
13) Id., at 8.
14) 1970년대 일본의 해운금융정책과 보조금융에 대한 상세한 설명은 岡庭 博,「海運の經營」, 海文堂, 1972, 204~215面.
15) Peter Lorange, supra note 3, at 9.

(5) 인적자원 관리와 경영자의 리더십

기업과 산업은 점점 더 개별 국가 단위를 벗어나고 있는 추세에 있다. 오늘날 기업이 글로벌하게 성공하기 위해서는 한 국가 내의 회사로 존재해서는 충분하지 않고 국제적으로 많은 자회사를 설립하고 운영하여야 한다. 즉 국가를 초월한 기업이 출현하고 있다고 평가할 수 있다. 따라서 인적자원 관리도 글로벌한 현실에 맞추어 특정 국적에 관계없이 이루어지고 있다. 나아가 경영자는 글로벌한 기업환경에 맞는 능력과 매력을 갖추고 있을 것이 요구되고, 전문성과 함께 강한 리더십을 갖출 것을 요구하고 있다.[16)]

2. 해운재건 5개년 계획

(1) 서 설

〈표 II-1〉 한진해운 파산 전후의 비교[17)]

구 분	한진 사태 전		한진 사태 후
해운 매출액	39조원('15)	⇒	29조원('16)
외화가득액	276억불('15)		200억불('16)
원양 컨테이너 선복량	105만TEU('16.8) (한진 63만, 현대 42만)		46만TEU('16.12) (현대 46만)
亞-미주 시장 점유율	11.4%('16.8) (한진 7.1, 현대 4.3)		4.8%('17.4) (현대 4.8)

한진해운 파산 이후, 우리나라 해운산업의 매출액과 선복량이 크게 줄어드는 등 국내 해운산업의 위상이 급격히 추락하는 상황을 맞이하고 있다. 이러한 위기상황에 대처하고자 2018년 4월 5일 제15차 산업경쟁력강화 관계장관

16) Id., at 9~10.
17) 산업경쟁력강화관계장관회의 안건④, "해운재건 5개년 계획(2018~2022년)", 관계부처합동, 2018. 4. 5.

회의에서 「해운재건 5개년 계획(2018～2022년)」이 발표되었다.

문재인 정부는 해운산업이 국가 기간산업으로서 우리나라의 경제와 안보의 핵심산업이며, 국내 수출입 물량의 99.7%를 처리하고, 조선·항만 등 연관산업에 큰 파급효과를 창출할 뿐만 아니라 유사시 군수품 및 전략물자 수송을 담당한다는 인식을 갖고 그 정책적 대응방안을 제시한 것이다.[18)]

(2) 주요 내용

1) 안정적 화물확보

가) 선·화주 상생시스템의 구축

국내 화물의 국적선사 운송을 확대하고 선·화주 공동 이익을 바탕으로 수출입 경쟁력을 높이는 해상운송 시스템을 구축한다. 즉 ① "해상수출입 경쟁력 강화 상생위원회(대한상의·무역협회·선주협회)" 운영을 통해 국내 화물의 국적선 수송 확대 등을 추진하고, ② 선·화주·조선사가 공동으로 선박투자에 참여하여 선박 신조에 따른 수익을 공유·연계하는 "상생펀드 설립"을 위한 법령 개정을 추진하고, ③ 선사의 차별화된 서비스(예: 운임 우대, 선복량 우선 배정 등) 제공과 함께 선박 신조시 화주의 참여를 유도하며, ④ 컨테이너 화물에 대한 주요 선·화주 간 장기운송계약 모델 개발 및 시범사업을 추진하여 안정적인 물량 확보를 지원한다.[19)]

나) 전략화물 적취율의 제고

〈표 II-2〉 전략화물 적취율 제고 목표[20)]

구 분	현 행(KMI, 무역협회)	목 표
탱 커	28.1%, 34척(계약선박)	33.8%, 45척
드라이 벌크	72.8%, 132척(계약선박)	80.1%, 160척

* 전체 화물량 증가효과(연 2% 가정) 반영

18) 위의 해운재건 5개년 계획(2018～2022년).
19) 위의 해운재건 5개년 계획(2018～2022년).
20) 위의 해운재건 5개년 계획(2018～2022년).

선사의 화물확보와 안정적 전략화물 운송 서비스 확보를 위해 자국 선사 이용률 제고를 추진한다. 즉 ① 대량 전략화물 화주와 국적선사 간 기존 장기운송계약은 재연장하고, 외국선사와의 계약은 국적선사로 대체토록 유도하고, ② 공공기관을 중심으로 기존의 최저가 낙찰제를 시범사업을 거쳐 종합심사 낙찰제로 전환하여 추진하며, ③ 전략물자 등의 운송에 국적선사를 우선 사용토록 하는 한국형 화물우선적취 방안[21]을 마련하여 추진한다.[22]

2) 경쟁력 있는 선박확충

가) 금융지원

〈표 II-3〉 2018~2020년 선박 발주 예상[23]

구 분	예상 수요
벌 크	140척 이상(선대규모(DWT) : '17년, 7,189 → '22년, 8,331)
컨테이너	60척 이상(2만TEU급 이상 12척, 1.4만TEU급 8척 대형선 포함)

* 해운시장에서 글로벌 경쟁력 확보를 위해 대형선을 포함한 선대 확대가 필수적

선박 신조지원 프로그램 및 한국해양진흥공사(2018년 7월)의 투자·브증 등을 활용하여 저비용·고효율 선박 신조를 지원한다. 즉 ① 한국해양진흥공사를 통해 장기운송계약 미보유 등으로 기존 금융 프로그램의 이용이 어려운 건실한 중소선사에 대한 금융지원을 확대하고, ② 중고선박, 선박평형수 처리시설, 컨테이너 기기 등도 지원대상에 포함하고, 중장기적으로 다양한 선종에 대한 투자 방안도 강구한다.[24]

나) 재정지원

노후선박을 친환경 선박으로 교체하는 경우 보조금을 지급(신조선가 10%수준)하여 2022년까지 50척의 선박건조(대상선박: 선령 20년 이상, 에너지효율(EVDI) 등급 평균 이하 외항선박)를 지원한다.

21) 미국은 군용화물의 100%, 미정부기관이 소유하거나 재정이 지원된 화물 및 농산물의 50%이상을 미국 상선이 운송하는 등 지원제도를 시행 중이다. 위의 해운재건 5개년 계획(2018~2022년).
22) 위의 해운재건 5개년 계획(2018~2022년).
23) 위의 해운재건 5개년 계획(2018~2022년).
24) 위의 해운재건 5개년 계획(2018~2022년).

다) 국가필수 해운제도

유사시를 대비한 최소한의 해상운송 능력을 확보할 수 있도록 국가필수 해운제도를 도입한다. 즉 ① 전시 뿐 아니라 선사 파산 등의 경우에도 필수화물 수송이 이루어질 수 있도록 국가필수선박제도를 확대하고, ② 화물 하역 등에도 문제가 없도록 항만별 10% 수준의 항만서비스업종 관계사를 필수 항만운영사업체로 지정·지원한다.[25)]

3) 경영안정지원

가) 해운안전판 확보

중고선박 매입 후 재용선 등을 통해 경쟁력 있는 선사의 재무건전성 제고를 지원한다. 즉 캠코펀드, 한국해양진흥공사의 Sales & Lease Back 프로그램 등을 활용하여 선사의 부채비율 완화 등 재무구조 개선을 지원한다.[26)]

나) 협력 기반 경영혁신

한국해운연합(KSP : Korea Shipping Partnership)의 다각적 협력에 기반한 해운 경영혁신을 추진한다. 즉 자율 협의를 통한 항로 구조개선을 통해 운임 덤핑식 출혈경쟁을 막고 항로 다변화 및 서비스 제고를 모색한다.[27)]

다) 해운거래 관리 강화

우리나라 해운에 맞는 시황 정보, 정확한 선박 투자를 위한 선박 컨설팅 제공 등 해운거래 모니터링을 강화한다. 즉 ① 한국해양진흥공사를 통해 선제적 선사 경영·재무상황을 파악하고, 각종 리스크(운임, 환율, 선박잔가 변동)를 관리하며, 선박투자 컨설팅 등을 제공한다. ② 아시아 항로 등 국적선사 주요 항로에 초점을 맞춘 해상운임지수를 개발하고, 중장기적으로 해상운임지수를 활용하여 해상운임선도거래시장을 조성하도록 한다.[28)]

25) 위의 해운재건 5개년 계획(2018~2022년).
26) 위의 해운재건 5개년 계획(2018~2022년).
27) 위의 해운재건 5개년 계획(2018~2022년).
28) 위의 해운재건 5개년 계획(2018~2022년).

라) 터미널 확보

선사 등 물류기업, 한국해양진흥공사 등이 참여하는 K-GTO[29]를 육성하여 해외 주요항만 컨테이너 터미널 등을 물류거점으로 확보한다. 즉 국적선사 기항지, 물동량 증가율, 경제성장률, 항만개발계획, 항만운영 형태 등을 고려하여 대상 항만을 선정하고, 대상 항만의 인수를 추진한다.[30]

2. 해운재건 5개년 계획의 평가

문재인 정부는 해운산업의 재건을 기치로 내걸었고, 그 정책적 결과물이 "해운재건 5개년 계획"이었다. 이 "해운재건 5개년 계획"은 해운산업의 경쟁력을 강화하기 위한 종합적인 정책적 패키지라고 할 수 있고, 그 핵심정책은 한국해양진흥공사의 설립이었다고 평가할 수 있다.

한 가지 아쉬운 점은 "해운재건 5개년 계획" 속에 미래 4차 산업혁명에 해당하는 해운정책이 포함되지 않았다는 점이다. 예를 들면, 최근 해운산업 및 조선산업에서 화두가 되고 있는 인공지능(Artificial Intelligence; AI)과 자율항해선박(unmanned ship)에 관한 정책적 이슈가 포함되어야 했다고 본다. 즉 인공지능에 기반한 자율항해선박의 법제도적 문제[31]와 항만시스템 구축에 관한 정책적 이슈가 포함되었으면 더 좋았을 것이라고 생각된다.

29) GTO(Global Terminal Operators)란 복수 국가에서 컨테이너 터미널을 운영하는 기업을 말한다. 위의 해운재건 5개년 계획(2018~2022년).

30) 위의 해운재건 5개년 계획(2018~2022년).

31) 이에 대한 선진적 연구로는 김인현, "21세기 전반기 해운환경의 변화에 따른 해상법의 제문제 -컨테이너, SPC, 무인선박-", 「상사법연구」, 제35권 제2호, 한국상사법학회, 2016, 128~148면.

Ⅲ. 한국해양진흥공사법의 입법배경과 관련 입법의 분석

1. 입법배경

2017년 제19대 대통령선거에서 문재인 후보는 한국해양선박금융공사를 설립하겠다고 공약하였다. 제19대 대통령에 당선되어 취임한 문재인 대통령은 한국해양선박금융공사의 설립을 국정과제로 채택한 후, 한국해양선박금융공사를 설립하여 해운업과 조선업에 대한 금융지원을 원활하게 하겠다는 정책 구상을 밝혔다.[32] 이러한 문재인 대통령의 정책 구상은 한국해양진흥공사법안으로 구체화되었는데, 한국해양선박금융공사는 정책 추진 논의 과정에서 그 명칭이 한국해양진흥공사로 변경되었고, 2017년 8월 24일 더불어민주당 이개호 의원의 대표발의로 한국해양진흥공사법안(의안번호: 8663)이 국회에 제출되었다. 이 법안은 2017년 12월말 국회를 통과, 2018년 1월 16일 한국해양진흥공사법(법률 제15359호)이 제정되었다. 동법은 2018년 7월 1일부터 시행되었다.

2. 과거 관련 입법의 주요 내용

(1) 한국선박금융공사 법안

2012년 7월, 한국선박금융공사 법안이 국회에 제출되었다. 우리나라 해운·조선업의 국제 경쟁력 제고가 시급한 상황이라는 문제의식 하에 선박금융공사를 통한 선박금융의 활성화가 필요하다는 점이 가장 중요한 입법의 배경이었다.[33]

32) 文대통령 "한국해양선박금융공사 설립하겠다"… 朴정부 때 무산된 공사설립 재추진 <http://www.fnnews.com/print/201705311443253551>(2018-06-06방문)
33) 한국선박금융공사법안(이진복의원 대표발의), 의안번호 552, 2012. 7. 6.; 정대, "최근 선박금융의 법적 쟁점과 입법정책", 「상사법연구」, 제36권 제2호, 한국상사법학회, 2017, 92면.

이 법안의 주요 내용은 ① 한국선박금융공사의 설립 및 자본금(안 제1조·제5조 및 부칙 제2조)[34], ② 한국선박금융공사 업무의 포괄적 위탁 및 공사의 조직·지배구조의 특성(안 제9조·제12조·제17조, 부칙 제1조 및 제3조), ③ 한국선박금융공사의 주요 업무에 관한 사항(안 제20조부터 제25조까지) 등이었다.

한국선박금융공사의 업무 범위에는 선박 관련 대출업무, 선수금환급브증을 포함한 선박 관련 보증업무, 선박 관련 채권의 매입 및 중개업무, 선박 관련 투자업무 등이 규정되었다(안 제20조 제2항 각 호).

(2) 한국해양금융공사 법안

2013년 3월, 한국해양금융공사 법안이 국회에 제출되었다. 이 법안의 입법 목적은 우리나라의 해양산업에 대한 금융지원을 전담하고, 해운업 및 조선업에 대한 금융지원을 통한 국제경쟁력 유지와 성장을 뒷받침하는 것에 있었다.[35]

이 법안의 주요 내용은 ① 한국해양금융공사의 설립 및 자본금(안 제1조 및 제5조),[36] ② 한국해양금융공사의 사무소에 관한 사항(안 제4조), ③ 한국해양금융공사의 업무(안 제22조), ④ 해양금융채권의 발행한도(안 제25조) 등이었다.

한국해양진흥공사의 업무범위에는 자금의 대출업무, 증권투자업므, 채무의 보증업무, 신용위험의 유동화업무, 해양금융채권 및 채무증서의 발행업무 등이 규정되었다(안 제22조 제2항).

(3) 입법의 실패

2012년 발의되었던 한국선박금융공사법안과 2013년 발의도었던 해양금융공사법안은 ① 공사가 설립될 경우 수출보조금 협정위반으로 세계무역기구(WTO)에 제소당할 가능성이 높다는 점, ② 국제통상마찰의 발생으로 인허 공사의

34) 한국선박금융공사는 정부가 전액 출자하는 자본금 2조원의 법인으로 설립하되, 최초 자본금은 한국정책금융공사에서 출자하는 자본금으로 하며, 정부가 이를 출자한 것으로 봄으로써 별도의 정부 재정 지출은 수반되지 않도록 하였다.

35) 한국해양금융공사법안(김정훈의원 대표발의), 의안번호 3958, 2013. 3. 5.; 정대, 전게논문, 93면.

36) 한국해양금융공사는 정부가 전액 출자하는 자본금 3조원의 법인으로 설립한다.

운영이 어려워질 수 있다는 점 등을 들어 정부가 강하게 반대하였기 때문에 입법이 좌초되어 공사의 설립이 무산되었다.[37] 그럼에도 불구하고 만약 2012년 또는 2013년 공사가 설립되어 운영되었다고 한다면 해운업계의 위기는 어느 정도 극복될 수 있었을 것이라고 생각된다.[38]

3. 한국해양진흥공사법과 과거 2개 법안의 비교

(1) 공사의 명칭과 성격

공사의 명칭은 2012년 법안에서는 한국선박금융공사였고, 2013년 법안에서는 한국해양금융공사였으며, 2018년 법률에서는 한국해양진흥공사로 최종 확정되었다.

2012년 법안(제3조)과 2013년 법안(제3조)은 공사의 성격을 특수법인으로 규정하였다. 이에 반해, 2018년 법률(제6조)은 공사의 성격을 주식회사 형태의 법인으로 규정하였다. 즉 공사의 자본금은 주식으로 분할한다.

(2) 공사의 주된 사무소

공사의 주된 사무소는 2012년 법안(제4조 제1항)과 2013년 법안(제4조 제1항)에서는 부산광역시로 명시되어 있었다. 이에 반해, 2018년 법률에서는 공사의 주된 사무소 소재지는 정관으로 정한다(제4조 제1항)고 규정되었다. 공사의 주된 사무소를 어느 곳에 두는지의 여부가 정치적으로 지역 이슈가 되었기 때문이다. 그럼에도 불구하고, 한국해양진흥공사는 부산광역시에 설립되었다.

(3) 자본금의 규모

공사의 자본금은 2012년 법안에서는 2조원(제5조)이었고, 2013년 법안에서

37) 이기환 · 오학균 · 신주선 · 이재민, 전게서, 434면.
38) 정대, 전게논문, 93~94면.

는 3조원(제5조)이었다. 2018년 법률에서는 5조원(제5조)이 되었다. 결과적으로 법안이 제안될수록 자본금의 규모는 확대되었다고 볼 수 있다.

(4) 업무의 범위

2012년 법안(제20조 제2항 제2호)에서는 공사의 업무 범위에 선수금 환급보증 업무를 포함한 선박 관련 보증 업무가 명시되어 있었다. 이에 반해, 2013년 법안과 2018년 법률에서는 이 업무가 제외되었다.

2018년 법률(제11조 제1항 제6호)에서는 운임선도거래 시장 운영이 공사의 업무범위에 명시적으로 포함되어 있다. 이에 반해, 2012년 법안과 2013년 법안에서는 이 업무가 없다.

(5) 지배구조

2012년 법안 및 2013년 법안과 2018년 법률은 공사의 지배구조에 관하여 큰 차이가 있다. 2012년 법안(제12조 제3항 및 제5항) 및 2013년 법안(제12조 제3항 및 제5항)에 의하면, 사장은 금융위원회의 제청으로 대통령이 임명하고, 감사는 기획재정부장관과의 협의를 거쳐 금융위원회가 임명한다고 규정되어 있었다. 이에 반해, 2018년 법률(제7조)은 공사의 지배구조에 관한 사항은 정관으로 규정하도록 되어 있다. 한국해양진흥공사가 주식회사 형태의 법인으로 설립되었기 때문이다.

(6) 감 독

2012년 법안 및 2013년 법안과 2018년 법률은 공사의 감독에 관하여 큰 차이가 있다. 2012년 법안(제29조) 및 2013년 법안(제32조)에 의하면, 금융위원회가 공사에 대해 감독하고 명령할 권한을 갖고 있었다. 이에 반해, 2018년 법률(제7조)은 해양수산부장관이 공사에 대하여 감독하고 명령할 권한을 갖고 있다.

Ⅳ. 한국해양진흥공사법의 주요 내용

1. 입법 목적

동법은 한국해양진흥공사를 설립하여 해운기업들의 안정적인 선박 도입과 유동성 확보를 지원하고, 해운산업의 성장에 필요한 서비스를 제공하는 등 우리나라의 해운 경쟁력을 강화함으로써 국가경제 발전에 이바지함을 목적으로 하고 있다(제1조).

2. 공사의 법적 형태

한국해양진흥공사는 법인(법 제3조)으로 주식회사 형태로 설립한다.[39] 한국해양진흥공사의 주된 사무소 소재지는 정관[40]으로 정하도록 되어 있지만(제4조 제1항) 실제로는 부산광역시에 두는 것으로 정하여졌다.

한국해양진흥공사의 자본은 주식으로 분할하고, 한국해양진흥공사에 대하여 정부가 출자한 주식의 주주권은 해양수산부장관이 기획재정부장관과 협의

39) 제9조(다른 법률과의 관계) 공사에 관하여 이 법과 「공공기관의 운영에 관한 법률」에 규정된 것 외에는 「상법」 중 주식회사에 관한 규정을 준용한다.

40) 제7조(정관) ① 공사의 정관에는 다음 각 호의 사항이 포함되어야 한다.
1. 목적
2. 명칭
3. 주된 사무소, 지사 및 출장소에 관한 사항
4. 자본금에 관한 사항
5. 주주총회에 관한 사항
6. 이사회에 관한 사항
7. 임원 및 직원에 관한 사항
8. 업무와 그 집행에 관한 사항
9. 회계에 관한 사항
10. 공고의 방법에 관한 사항
11. 사채 발행에 관한 사항
12. 정관의 변경에 관한 사항
13. 그 밖에 대통령령으로 정하는 사항
② 공사는 정관을 제정하거나 변경하려면 해양수산부장관에게 인가를 받아야 한다.

하여 행사하도록 되었다(제6조). 사실상 한국해양진흥공사의 주무부서는 해양수산부라고 할 수 있다. 이에 따라 해양수산부장관은 한국해양진흥공사에 대하여 「한국해양진흥공사법」 및 「공공기관의 운영에 관한 법률」에 의거하여 감독하고 이에 필요한 명령을 할 수 있다(제19조 제1항).

2014년 설립된 한국해양보증보험주식회사와 2017년 설립된 한국선박해양주식회사의 재산과 권리·의무는 한국해양진흥공사의 설립과 동시에 한국해양진흥공사가 이를 포괄승계하도록 하였다(법 부칙 제4조).[41] 이 경우 한국해양진흥공사는 한국해양보증보험주식회사가 이 법 시행 전에 체결한 보험계약을 유지하는 업무에 한정하여 「보험업법」 제4조에 따른 허가를 받은 것으로 보며, 해당 보험계약에 관하여는 「보험업법」을 적용하지 않는다(법 부칙 제4조).

[그림 IV-1] 신조선 투자사업[42]

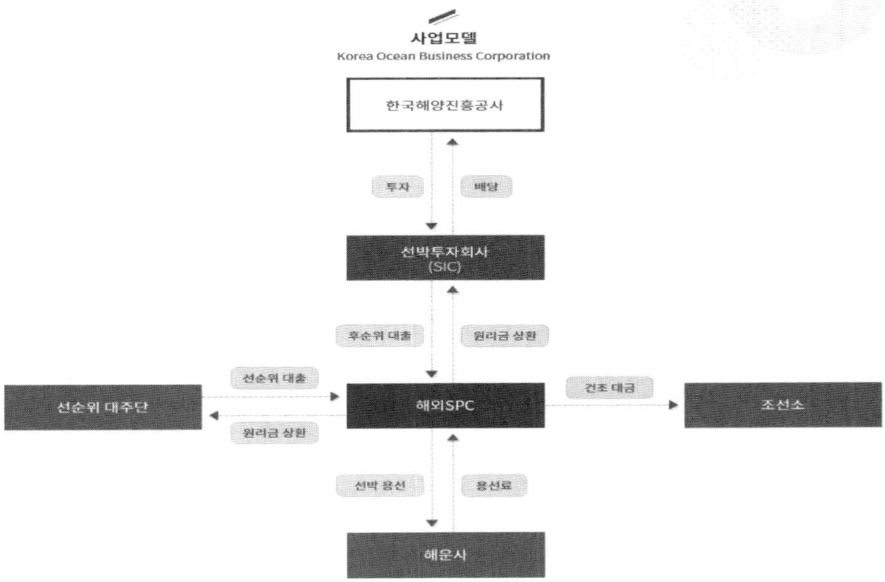

41) 정대, 전게논문, 94면.

42) 한국해양진흥공사는 해운사에서 발주한 신조선에 대한 투자사업을 수행한다. 즉 해운사가 신조선을 확보하고자 할 때, 후순위 등의 형태로 참여하여 신조선의 확보를 지원한다 <https://www.kobc.or.kr/kor/CMS/Contents/Contents.do?mCode=MN020>.

3. 공사의 자본금 규모

한국해양진흥공사의 자본금은 5조원으로 정하여졌고, 정부 등이 출자하는 것으로 되었다(제5조).

4. 공사의 업무범위

① 한국해양진흥공사는 선박, 항만터미널 등 해운항만업 관련 자산에 대한 투자업무를 수행한다(제11조 제1항 제1호). 동법에 의하면, 해운항만업이란 「해운법」 제2조 제1호에 따른 해운업[43] 및 「항만운송사업법」 제2조 제2항에 따른 항만운송사업[44]을 말한다(제2조 제2호).

② 한국해양진흥공사는 선박, 항만터미널 등 해운항만업 관련 자산의 취득을 위하여 해운항만사업자가 차입하는 자금에 대한 채무보증 업무를 수행한다(제11조 제1항 제2호).

③ 한국해양진흥공사는 해운항만업 관련 채권·주식의 매입 및 중개 업무를 수행한다(제11조 제1항 제3호).

④ 한국해양진흥공사는 선박의 취득·관리 및 처분의 수탁업무를 수행한다(제11조 제1항 제4호).

⑤ 한국해양진흥공사는 「해운법」 제40조의2 제2항에 따른 해운산업 지원 전문기관의 업무[45]를 수행한다(제11조 제1항 제5호). 해운산업 지원 전문기관의 예로는 「해운거래정보센터」를 들 수 있다.

---

43) 해운법에 의하면, "해운업"이란 해상여객운송사업, 해상화물운송사업, 해운중개업, 해운대리점업, 선박대여업 및 선박관리업을 말한다(제2조 제1호).

44) 항만운송사업법에 의하면, "항만운송사업"이란 영리를 목적으로 하는지 여부에 관계없이 항만운송을 하는 사업을 말한다(제2조 제2항).

45) 해운법 제40조의2(전문기관의 지정 등) ① 해양수산부장관은 안정적인 해운거래 기반을 조성하기 위하여 해운시장 관련 정보제공 등을 담당하는 해운산업 지원 전문기관(이하 "지원기관"이라 한다)을 지정할 수 있다.
② 지원기관의 업무는 다음 각 호와 같다.
1. 해운시황 분석 및 정보 제공
2. 해상운임지수 개발 및 운영
3. 선박의 경제성 분석 등 선박거래에 관한 컨설팅
4. 그 밖에 해양수산부장관이 위탁하는 사업

[그림 IV-2] 채무보증업무46)

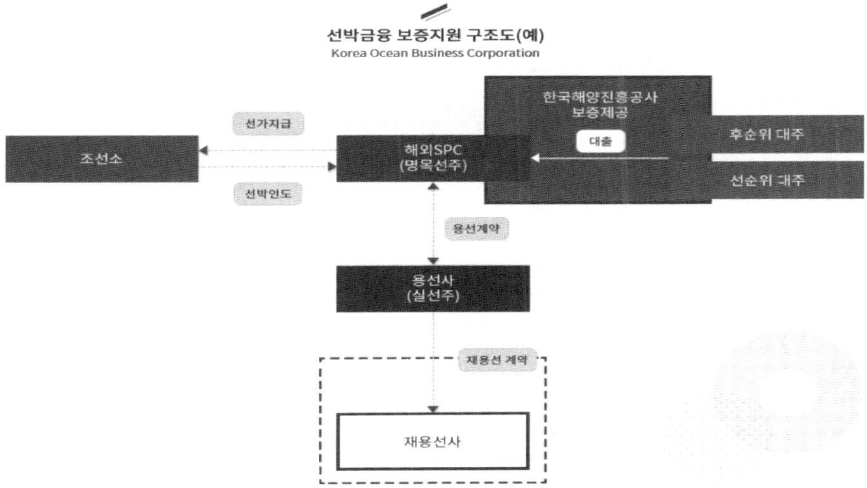

[그림 IV-3] 투자지원 - 선주사업47)

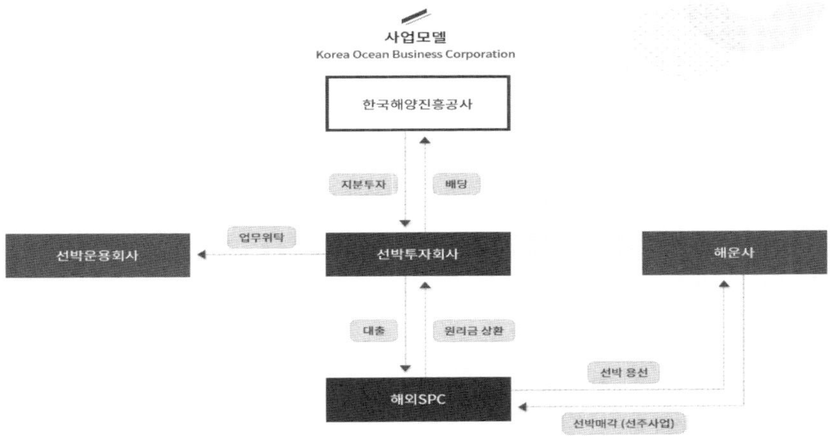

46) 한국해양진흥공사는 선박 등 해운항만업 관련 자산의 취득을 위하여 해운항만사업자가 차입하는 자금에 대해 보증을 제공한다<https://www.kobc.or.kr/kor/CMS/Contents/Contents.do?mCode=MN060>.

47) 해운사가 보유하고 있는 중고선박을 대상으로 시장가액의 적정 공사 투자비율을 적용한 금액으로 선박을 매입 후 재용선하고 향후 적정한 가격으로 재매각하는 프로그램. 해운사의 기존 차입금 만기 연장효과와 인출시점을 포함한 투자기간 동안 해운사의 현금흐름개선에 기여한다<https://www.kobc.or.kr/kor/CMS/Contents/Contents.do?mCode=MN018>.

[그림 IV-4] 투자지원-자본확충[48)]

⑥ 한국해양진흥공사는 운임선도거래 시장 운영 업무를 수행한다(제11조 제1항 제6호). 해운업에 영향을 주는 가장 중요한 위험(risk)은 선박의 공급, 원자재의 수요 및 가격, 연료유 가격 등에 의해 영향을 받는 해상운임의 변동위험이라고 할 수 있다. 해상운임은 해운시장에서 실질적인 공급과 수요의 주체인 선사와 하주의 수익에 직접적인 영향을 준다. 이러한 운임변동의 위험을 관리하기 위한 파생상품이 해상운임선도거래(Forward Freight Agreement; FFA)라고 할 수 있다.[49)] 해상운임선도거래는 장외파생상품으로 운임파생상품이라고 할 수 있는데, 한국해양진흥공사는 이러한 해상운임선도거래시장의 운영 업무를 수행한다.

FFA의 거래구조는 다음과 같이 설명할 수 있다. 향후 해상운임가격이 상승할 것으로 예상하는 하주는 운임상승에 따른 손실의 위험에 대비하기 위해서

48) 한국해양진흥공사는 Sale & lease back 투자지원 대상 해운사에 대해 선박 매입 후 재용선시 발생한 해운사의 처분손실에 대해 보통주 유상증자 혹은 영구전환사채 인수 등을 통해 필요시 자본확충을 지원한다<https://www.kobc.or.kr/kor/CMS/Contents/Contents.do?mCode=MN019>.
49) 이기환·오학균·신주선·이재민, 전게서 459면.

FFA 매입을 통하여 가격상승의 위험을 헤지(hedge)한다. 이에 반해, 해상운임 가격이 하락하여 손실을 입을 것으로 예상하는 선사는 FFA 매도를 함으로써 가격하락에 따른 손실을 상쇄할 수 있다. 현재 FFA의 매매가 가장 활발한 시장은 건화물(dry－bulk)시장이고, 전세계에서 대표적인 건화물 해상운임선도 거래시장은 발틱해운거래소이며, FFA는 발틱건화물운임지수(Baltic Dry Index; BDI)를 기초자산으로 하여 만들어진다.50)

[그림 Ⅳ-5] 해운지수의 개발 및 운영51)

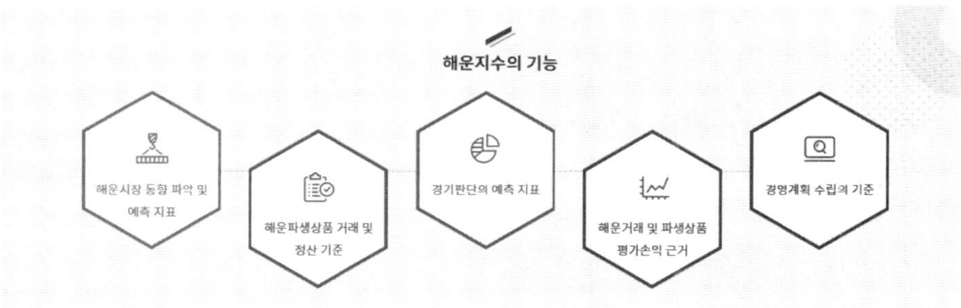

⑦ 한국해양진흥공사는 해운항만물류 관련 전문인력의 양성 업무를 수행한다(제11조 제1항 제7호).

⑧ 한국해양진흥공사는 해운항만사업자의 해외 물류시장 투자 등에 대한 컨설팅 업무를 수행한다(제11조 제1항 제8호).

⑨ 한국해양진흥공사는 ①~⑧의 업무와 관련된 조사 및 연구 업무를 수행한다(제11조 제1항 제9호).

---

50) 상게서, 459면.

51) 한국해양진흥공사는 아시아중심의 해상운임지수의 개발 및 발표를 통해 해운거래정보를 제공하고 운임파생상품 거래시장의 기초자산을 마련함으로써 해운지식서비스를 선도하고자 한다. 해운지수로는 건화물운임지수, 컨테이너운임지수, 선가지수 등이 있다 <https://www.kobc.or.kr/kor/CMS/Contents/Contents.do?mCode=MN030>.

[그림 IV-6] 경영지원-선박투자관리지원[52)]

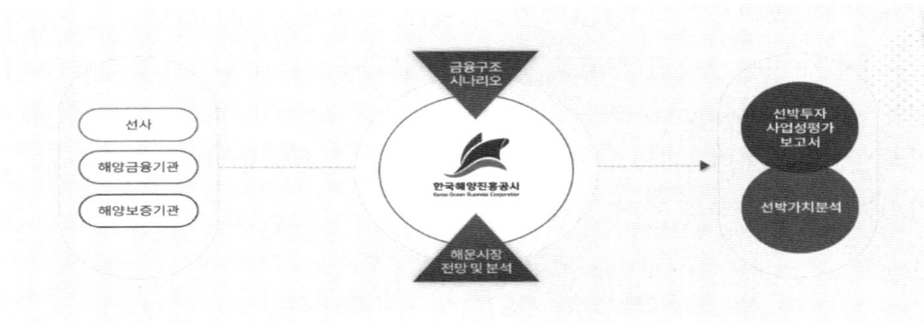

⑩ 한국해양진흥공사는 국가, 지방자치단체, 공공기관 등이 위탁하는 업무를 수행한다(제11조 제1항 제10호).

⑪ 한국해양진흥공사는 정부시책으로 추진하는 해운항만사업자에 대한 보조금 지원 업무를 수행한다(제11조 제1항 제11호).

⑫ 한국해양진흥공사는 그 밖에 해운항만 시장의 건전한 거래질서 확립과 산업 발전을 위하여 대통령령으로 정하는 업무를 수행한다(제11조 제1항 제12호).

마지막으로 한국해양진흥공사는 이사회의 의결을 거쳐 ①~⑫에 해당하는 업무 또는 이와 유사한 업무를 행하는 법인에 대하여 출연 또는 출자할 수 있도록 하였다(제11조 제2항).

5. 공사의 자금조달

한국해양진흥공사는 이사회의 의결을 거쳐 업무수행에 필요한 자금 또는 물자를 차입(외국으로부터의 자금 또는 물자의 차입을 포함한다)할 수 있다(제13조). 나아가 한국해양진흥공사는 업무수행에 필요한 자금을 조달하기 위하여 해양수산부장관의 승인을 받아 사채를 발행할 수 있는데(제14조 제1항), 사채의 발행액은 공사의 자본금과 적립금을 합한 금액의 4배를 초과하지 못하

52) 한국해양진흥공사는 해운시황 분석에 기반한 선박 투자 및 금융제공 의사결정을 지원한다. 이를 위해 선박의 가치에 대한 모니터링을 하고, 선박의 경제성 평가에 관한 서비스를 제공한다 <https://www.kobc.or.kr/kor/CMS/Contents/Contents.do?mCode=MN028>.

도록 하였다(제14조 제2항). 한국해양진흥공사가 발행한 사채의 소멸시효는 원금은 5년, 이자는 2년이 지나면 완성한다(제14조 제1항).

6. 공사에 대한 국가 및 지방자치단체의 지원

국가는 한국해양진흥공사의 차입금 및 사채의 원리금 상환을 보증할 수 있다(제15조). 나아가 국가 또는 지방자치단체는 예산의 범위에서 위탁업무 또는 한국해양진흥공사가 수행하는 비수익적 사업에 대하여 필요한 비용을 보조하거나 융자할 수 있다(제16조).

V. 결 론

해운산업은 세계경제의 흐름에 크게 영향을 받는 산업으로 글로벌한 성격이 강하다고 할 수 있다. 특히 2000년대 조성된 중국을 포함한 BRICs의 경제성장을 배경으로 호황을 맞이한 해운산업은 곧이어 닥쳐올 글로벌 금융위기를 예상하지 못했다. 글로벌 금융위기에 대처하지 못한 우리나라의 해운산업은 큰 위기를 경험하게 되었다.

지난 박근혜 정부는 세계적인 해운경기의 침체와 해운시황의 하강국면에서 해운산업에 대한 정책적 대응을 효과적으로 하지 못했다. 더 심각한 문제는 우리나라의 세계적인 해운회사였던 한진해운을 파산으로 몰아갔다는 점이다. 한진해운에 대한 법원의 파산선고는 우리나라의 해운산업에 악영향을 준 초대형 악재였다고 할 수 있다.

결과적으로 보면 한진해운의 재무상태의 악화에도 불구하고 한진해운이 세계 해운업계에서 차지하고 있던 기업으로서의 위상, 브랜드 가치, 글로벌 선사와의 협력관계 및 우리나라 중소해운기업과의 협력관계 등의 유·무형적 가치를 신중하게 고려할 필요가 있었다고 본다.

문재인 정부는 해운산업의 중요성을 인식하고, 해운산업의 재건을 정부의 중요한 정책적 목표로 삼았다. 이에 대한 정책적 대응책이 「해운재건 5개년 계획(2018~2022년)」이었다고 평가할 수 있다. 그리고 이러한 정책적 대응의 구체적 결과물이 한국해양진흥공사법의 제정과 한국해양진흥공사의 설립이었다.

해운산업에 특화된 금융회사를 설립하는 것은 우리나라 해운업계의 오랜 숙원사업이었고, 이에 대한 정부의 대응책이 한국해양진흥공사라고 할 수 있다. 정부의 권한 분배의 관점에서 보면, 과거의 한국선박금융공사와 한국해양금융공사의 경우 기획재정부와 금융위원회가 정책적 주도권을 행사할 수밖에 없었다. 이에 반해, 한국해양진흥공사는 해양수산부가 주된 감독기관이 되고, 금융위원회가 한국해양진흥공사의 경영건전성을 유지하기 위한 필요한 검사를 수행할 권한을 갖는 것으로 정리되었다. 다만, 한국해양진흥공사의 주된 업무가 금융업무라는 관점에서 보면, 기획재정부를 중심으로 한 금융전문가와 해양수산부를 중심으로 한 해운전문가가 동수로 이사회에 참여하는 지배구조를 모색할 필요성도 있었다고 본다.

참고문헌

1. 단행본

류동근 · 김창수 · 윤방섭 · 신한원, 「해운기업경영론」, 박영사, 2009.

이기환 · 오학균 · 신주선 · 이재민, 「선박금융원론」 개정판, 두남, 2016.

岡庭 博, 「海運の經營」, 海文堂, 1972.

澤喜司郎 編著, 「海運論入門」, 八千代出版, 1985.

Peter Lorange, Shipping Company Strategies, Emerald Group Publishing Limited, 2008.

2. 논문

김인현, "21세기 전반기 해운환경의 변화에 따른 해상법의 제문제 - 컨테이너, SPC, 무인선박 -", 「상사법연구」, 제35권 제2호, 한국상사법학회, 2016.

정대 · 이재민, "정부의 해운산업 경쟁력 강화방안에 대한 입법 정책적 고찰", 「경제법연구」, 제16권 2호, 한국경제법학회, 2017.

정대, "최근 선박금융의 법적 쟁점과 입법정책", 「상사법연구」, 제36권 제2호, 한국상사법학회, 2017.

금융위원회, "한진해운 회생절차 현황 및 후속조치 추진 관련"(보도참고자료), 2017. 2. 16.

산업경쟁력강화관계장관회의 안건④, "해운재건 5개년 계획(2018~2022년)", 관계부처합동, 2018. 4. 5.

해양수산부, 제10차 산업경쟁력 강화 관계장관회의 개최(보도자료), 2017.3.3.

해양수산부, "해운업 금융지원 프로그램 추진현황 및 향후 계획", 제10차 산업경쟁력 강화 관계장관회의 개최(보도자료의 별첨자료2), 2017.3.3.

해양수산부, ""글로벌 경쟁력 확보를 통해 「세계해운강국」으로 재도약"을 위한 방향 제시 - 해운산업 경쟁력 강화 방안 발표 -"(보도참고 자료), 2016. 10. 31.

찾아보기

[국 문]

[영 문]

[공저자 약력]

김 인 유

한국해양대학교 대학원 졸업(법학박사)
부산광역시지방토지수용위원회 위원
한국국제사법학회·민사법의 이론과 실무학회 이사
현) 국립 한국해양대학교 국제대학 해사법학부 교수

김 철 수

동아대학교 대학원 법학과 졸업(법학박사)
일본 동경대학 법학부(객원연구원)
영국 Cardiff University(Visiting Professor)
현) 국립 한국해양대학교 국제대학 해사법학부 교수

이 용 희

경희대학교 대학원 법학과 졸업(법학박사)
Richardson School of Law, Univ. of Hawaii(Visiting Scholar)
Korean Expert, Special Arbitration of UNCLOS
국제해양법학회 회장
해양수산부 해양수산과학기술위원회 공동위원장
해양수산부 해양수산정책자문위원회 위원
해군 발전자문위원회 해양법분과장, 해양경찰청 국제해양법위원회 위원
현) 국립 한국해양대학교 국제대학 해사법학부 교수

정 대

건국대학교 대학원 법학과 졸업(법학박사)
Southern Methodist University Law School(LL. M.)
School of Law, Univ. of California, Berkeley(Visiting Scholar)
은행법학회·한중법학회·한국법학회·한국금융소비자학회 부회장
현) 국립 한국해양대학교 국제대학 해사법학부 교수

정 영 석

한국해양대학교 대학원 졸업(법학박사)
현) 법제처 법제자문관
현) 부산지방법원 동부지원 국선변호운영위원
현) 대한상사중재원 중재인
현) 아시아태평양해사중재센터 중재인
현) 한국해운조합 자문교수
금융감독원 금융분쟁조정위원회 전문위원
Faculty of Law, University of British Columbia(Visiting Scholar)
2018, Albert Nelson Marquis Lifetime Achievement Award 수상
2018, 2019, 2020, 2021 Marquis Who's Who 등재
현) 한국해법학회 부회장
현) 국립 한국해양대학교 국제대학 해사법학부 교수

지 상 규

한국해양대학교 대학원 졸업(법학박사)
공무원시험 · 계리사시험 · 손해사정인시험 출제위원
공공기관 법률자문위원
한국법학회 · 한국해사법학회 · 한국법학교수회 · 한국전자상거래학회 이사
현) 국립 한국해양대학교 국제대학 해사법학부 교수

한 병 호

서울대학교 대학원 법학과 졸업(법학박사)
현) 국립 한국해양대학교 국제대학 해사법학부 교수

바다를 둘러싼 법적 쟁점과 과제 Ⅳ

초판인쇄 2020년 12월 25일
초판발행 2020년 12월 30일

지은이 김인유 · 김철수 · 이용희 · 정 대 ·
정영석 · 지상규 · 한병호
펴낸이 박노일

총괄기획 김중용 · 최준규
편 집 심성보 · 김인숙

펴낸곳 pnc publishing and culture 피앤씨미디어
경기도 고양시 일산동구 강송로 153 310-1501
등록 제396-2012-000203호
전 화 070)7550-3758 팩 스 02)718-8554
홈페이지 www.pncmedia.co.kr 이메일 pnc@pncmedia.co.kr
ISBN 979-11-5730-627-5 94360
979-11-5730-595-7 (세트)

※ 무단복사 및 전재를 금합니다. 파본 및 낙장본은 교환하여 드립니다.

정 가 30,000원